하늘에 계신 우리 아버지여, 이름이 거룩히 여김을 받으시오며, 나라이 임하옵시며, 뜻이 하늘에서 이룬 것 같이 땅에서도 이루어지이다. 오늘날 우리에게 일용할 양식을 주옵시고, 우리가 우리에게 죄 지은 자를 사하여 준 것같이 우리 죄를 사하여 주옵시고, 우리를 시험에 들게 하지 마옵시고, 다만 악에서 구하옵소서. 대개 나라와 권세와 영광이 아버지께 영원히 있사옵나이다. 아멘.(마태복음 6:9-13)

주기도문으로 기도하기

소요리문답과 마태복음 관점에서 본 주기도문 이해

오광만 지음

생명나무

주기도문으로 기도하기

초판 1쇄 발행   2016년 3월

지은이   오광만
펴낸이   노천상
펴낸곳   생명나무
전화   02-977-2780
팩스   02-977-2780
등록일   2011. 11. 9
등록번호   306-2011-31
주소   서울, 중랑구 묵2동 234-15
홈페이지   www.rcw.co.kr

총판   (주)비전북출판유통
              경기도 고양시 일산서구 덕이동 1347-7
              전화: 031-907-3927
              팩스: 031-905-3297
디자인   토라디자인(908-5538)

ISBN   978-89-967691-6-3   03230
가격   10,000원

주기도문으로 기도하기

소요리문답과 마태복음 관점에서 본 주기도문 이해

오광만 지음

Let's Pray with the Lord's Prayer:

Understanding the Lord's Prayer with the Perspective of

the Westminster Shorter Catechism and the Gospel of Matthew

by

Oh, Kwang Man

저자서문

기도에 관한 책을 또 쓸 필요가 있을까? 이 책을 쓰면서 이따금씩 떠올랐던 생각이다. 기도는 신자를 불신자와 구별해주는 대표적인 종교행위이며, 특히 한국교회의 신자들은 기도를 잘(?)하고 있는데 말이다. 신자들 대부분은 성경공부와 달리 기도하는 법을 특별히 배우지 않고도 기도할 수 있다고 생각한다. 그래서 기도할 때 무슨 말을 어떻게 해야 할지 고민하지 않고 그냥 기도한다. 여기에 기도생활의 함정이 있다. 그만큼 자신이 기도를 바르게 하는지 돌아보지 않게 될 뿐더러 남이 하는 기도행위를 아무 생각 없이 그대로 따라할 가능성이 많이 있다. 말하자면 많은 사람이 기도의 의미가 무엇인지, 어떻게 바르게 기도할 수 있는지 고민하지 않은 채 타성에 젖어 습관적으로 기도하기가 쉬워진다.

필자는 모태신앙으로 어렸을 때부터 신앙생활을 했다. 그런데 필자의 기억에 교회에서 성경적으로 바르게 기도하는 법을 배워본 적이 없다. 그냥 기도했다. 필자는 신학을 공부하면서, 우리가 아무리 열심히 기도한다 하더라도 그 기도가 기도를 받으시는 하나님의 뜻에 맞지 않는다면 소용이 없다는 것을 알고 적이 놀랐다. 기도는 하나님의 자녀만이 누릴 수 있는 특권이며, 신자들에게 많은 유익을 주고 하나님과의 관계를 돈독하게 해주는 의미 있는 행위다. 그러나 하나님이 원하시는 기도의 바른 자세를 모른 채 기도한다면, 그 기도는 아무 의미가 없게 되는 것은 물론이고, 오히려 기도하는 당사자에게 심각한 문제를 야기할 수도 있다.

이 책은 하나님의 자녀만이 할 수 있는 기도를 어떻게 올바르게 할 것인지, 하나님의 말씀에서 지침을 찾기 위해 쓴 책이다. 그래서 이 책은 이미 기도의 용장들이 그들의 기도 경험에 바탕을 두고 기록한 기도의 효험, 기도의 능력을 증언한 책과는 그 성격이 다르다. 기도를 다룬 많은 책에서 저자들은 대부분 자신들이 기도하여 얻은 실천적인 유익과 터득한 기도 방법, 그리고 경우마다 다양하게 기도할 수 있는 갖가지 기도의 종류를 소개한다. 이런 유의 책들과는 다르게, 이 책은 기도에 대한 성경적인 지침을 제시하고 설명하는 데 주력했다.

필자가 주목한 성경적인 지침은 두 가지다. 첫째는 개혁교회가 오랫동안 신조로 삼아왔던 웨스트민스터 소요리문답에 나타난 기도의 정신이다. 여기서 우리는 성경에서 가르치는바 기도가 무엇인지, 기도할 때 무엇을 어떻게 구해야 할지를 총체적으로 배울 수 있다. 둘째는 교회가 성경적인 기도의 지침으로 오랫동안 사용해온 우리 주님이 가르쳐주신 기도다. 통상적으로 주기도문이라고 부르는 이 기도는 성경의 모든 기도 지침 중에서 최상이다.

이 책에서 필자는 두 가지 방식으로 주기도문의 의미를 설명하려 한다. 첫째는 소요리문답에 제시된 주기도문 이해를 전체 방향으로 제시하고 그 의미를 간략히 설명하는 것이다. 둘째는 주기도문이 들어 있는 마태복음 본문(마 6장)과 누가복음 본문(눅 11장)의 문맥에서 주기도문의 의미를 살펴보고 주석학적으로 해설하는 것이다. 필자가 주기도문을 이해하는 중심사상은 하나님을 "하늘에 계신 아버지"로 이해하는 데 있다. 본문을 설명하면서 곳곳에서 언급하겠지만, 구약시대와 1세기 유대인들이 하나님께 기도하던 방식과 예수님이 제자들에게 가르친 기도의 결정적인 차이는 하나님을 "하늘에 계신 아버지"로 알고 기도하느냐에 달려 있다. 한 마디로 말해서, 다른 종교와 구별되는 기독교적인 기도의 특징은 하나님을 "아버지"로 인식하고 기도하는 것이다.

주기도문을 설명한 책은 이미 필자가 2007년에 생명의말씀사에서 『그러므로 이렇게 기도하라』라는 제목으로 출간한 적이 있다. 이 책은 필자가 교회에서 주기도문을 설교한 내용을 정리했던 것이었다. 그런 까닭에 독자들이 쉽게 이해하도록 설명이 장황했고 예화가 많았다. 이 것을 개편하여 주기도문 자체를 마태복음에 비춰 좀 더 주해적인 방식으로 설명해야 할 필요를 느끼고, 이번에 완전히 새로운 책으로 만들었다. 이 책에서 필자는 이전 책에서 언급한 주기도문의 관점을 그대로 고수하면서도 1세기의 배경과 산상설교의 핵심적인 교훈을 무게 있게 다뤘다. 거기에 웨스트민스터 소요리문답의 기도에 대한 부분을 개혁교회의 기도의 지침으로 제시하고 마태복음 6장의 문맥을 분석하여 마태복음의 신학적 관점에 초점을 맞췄다.

감사할 분들을 언급하고 싶다. "기도"라는 단어를 떠올릴 때마다 다시 보고 싶어지는 어머니 고 박옥봉 권사님. 새벽마다 교회에서 또는 방에서 엎드려 기도하시던 모습이 선하다. 필자는 이런 어머니에게서 자연스럽게 기도하는 법을 배웠다. 기도를 종교행위가 아니라 전인적인 하나님과 나누는 대화임을 성경적으로 깨우쳐주신 미국 웨스트민스터신학교의 여러 은사님들. 본서의 내용이 단순한 학문적인 논의를 넘어 교회의 현장에서도 얼마든지 전달되고 시행될 수 있는 실천적인 문제임에 동감해준 강변교회의 여러 교우들. 독자 입장에서 초고를 읽고 글의 흐름을 부드럽게 하라고 제안하고 오자와 탈자를 바로 잡아준 권민서 전도사님. 매번 필자의 책을 멋지게 만드느라 아이디어를 내며 수고해준 김진우 실장님. 그리고 이 책을 한국교회의 여러 신자들과 나눌 수 있게 출판에 앞장서신 노천상 목사님께 감사를 표한다.

　이 책에서 다룬 주기도문의 기도정신에서 교훈을 받아 우리의 기도가 종교개혁자들이 가르치고 실행한 기도 정신에 좀 더 가까이 조율되고, 우리 주님이 제자들에게 가르치신 바른 기도자세로 회복하기를 소망한다. 이 책을 통하여 한국교회가 하나님이 기쁘게 받으시는 바른 기도의 모습을 가지고 자주 하나님께 가까이 나아가기를 즐겨한다면 우리 하늘 아버지께서 무척 기뻐하실 것이다. 주기도문으로 기도함으로써 하나님의 은혜를 받고 하나님께 영광을 돌리기를 앙망한다.

2015년 11월
대한신학대학원대학교 연구실에서
저자 씀

차 례

은혜의 수단인 기도

은혜의 수단인 기도

세계의 여러 교회들 중에서 한국교회는 유독 기도를 많이 하고 잘하는 교회로 알려졌다. 식사하기 전에 기도하는 것은 교회에 나가는 사람이라면 누구나 하는 행위로서 어디서나 신자임을 알아 볼 수 있게 해주는 외적인 표시다. 식사기도와 교회의 공예배 시에 하는 기도 이외에도 한국교회는 기도를 많이 한다. 대표적으로 새벽기도회를 들 수 있다. 새벽기도회를 하지 않는 교회는 적어도 한국에서는 "정상적인 교회가 아닐지도 모른다"는 의심을 사거나, 그런 교회는 "부흥하기를 기대하지 말라"는 말이 나돌 정도다. 실제로 한국에서 새벽기도회로 부흥한 교회도 있다. 한국교회는 말한다. 새벽기도회는 1909년에 길선주 목사가 처음 시작한 이래 한국교회가 계속해서 보유해온 좋은 전통이라고.[1] 이후에 교회는 주일예배 후에 삼일 기도회라는 이름으로 기

---

[1] 한국교회의 최초 새벽기도가 유래된 과정과 새벽기도가 한국교회에 토착화되어 영성 확립에 끼친 영향에 대한 간략한 글(옥성득, "토착화된 새벽기도회의 유래와 본질 – 성속 경계를 연결하는 영혼의 새벽종소리")은 http://www.newsnjoy.or.kr/news/articleView. html?idxno=200426에서 찾을 수 있다. 2015년 10월 14일 오전 9시 40분에 접속.

도 모임을 가졌다. 주로 성경공부를 했고 설교하는 시간이 더 길었음에도, 그 모임은 공식적으로 "삼일 기도회"라고 불려왔다. 1980년대에 들어서는 또 다른 기도 모임인 금요 심야 기도회라는 것이 생겼다. 몇몇 교회에서 저녁 10시부터 12시까지 행해지던 기도회 중심의 모임을 시작한 것이, 얼마 지나지 않아 전국 교회로 퍼졌고, 지금은 웬만한 교회는 다 금요 기도회를 한다. 금요 기도회는 중간중간 찬송을 부르기는 하지만, "기도회"라는 이름에 걸맞게 기도를 열심히 하는 모임이다. 그것도 통성기도로써 말이다.

이처럼 기도를 잘하는 신자들과 교회에 기도와 관련하여 무슨 문제가 있을까? 기도는 그냥 하면 되지, 기도하는 데 무슨 이론이 필요하며, 더군다나 기도하는 법을 다시 배울 필요가 있겠는가? 필자가 생각하기에 적어도 두 가지 이유에서 한국교회에는 바른 기도의 방향을 제시하고, 기도와 관련하여 일종의 종교개혁이 필요한 책이 필요하다. 첫째, 기도는 몇 안 되는 은혜의 수단인 까닭이다. 하나님께 은혜를 받기를 바라는 신자들은 은혜의 풍성함을 누리기 위해서라도 기도의 본래 의미를 배워야 한다. 둘째, 역설적으로 들리겠지만 기도행위 자체는 의롭지 않기 때문이다. 우리의 삶의 다른 영역과 마찬가지로, 기도는 기도의 대상이신 하나님이 원하시는 대로 해야 한다. 하나님의 뜻에 맞는 기도를 해야 한다는 의미다.

(1) 은혜의 수단인 기도

기도는 은혜의 수단이다. 은혜는 우리의 노력이나 공로와 상관없이 하나님이 우리에게 값없이 주시는 선물이다. 웨스트민스터 소요리문답은 그리스도가 이루신 것을 우리에게 전해주시는 은혜를 몇 가지로 요약한다. 죄인이 용서함을 받아 하나님 앞에서 옳다 인정하시고 그리스도의 의를 우리에게 돌려주신 것(칭의, 33문답), 우리를 하나님의 자녀로 삼으셔서 자녀의 모든 특권을 누릴 권세를 갖게 하는 것(양자됨, 34문답), 하나님의 형상을 좇아 새 사람이 되고, 죄에 대하여 점점 죽고 의에 대하여 사는 것(성화, 35문답) 등이 하나님이 값없이 주시는 은혜에 속한다. 바울이 말한 내용과 동일하다. "너희는 그 은혜에 의하여 믿음으로 말미암아 구원을 받았으니 이것은 너희에게서 난 것이 아니요 하나님의 선물이라 행위에서 난 것이 아니니 이는 누구든지 자랑하지 못하게 함이라"(엡 2:8-9). 이 본문에 따르면, 구원은 하나님의 은혜로 받는다. 우리 편에서 "믿음"으로 구원을 받는다고 표현되었지만, 소요리문답 86문답은 "예수 그리스도를 믿는 믿음"을 "구원의 은혜"라고 정의한다. 믿음마저도 하나님의 은혜라는 거다. 그래서 우리는 "구원을 받기 위하여 복음이 전하는 예수 그리스도를 영접하고 그분만을 의지"해야 한다. 은혜는 전적으로 하나님에게서 나온다. 그런 까닭에 우리에게는 받은 은혜에 대해 자랑할 것도 없고 당연히 받을 만해서 받는다고 할 수 없다.

　그런데 소요리문답은 우리가 이러한 구원의 은혜를 받을 수 있는 외적인 수단이 있다고 설명한다. 은혜는 하나님이 거저 주시는 것이지만, 그것을 받는 사람들이 사용하는, 겉으로 드러나는 방도가 있다는 말이다. 소요리문답 88문답은 은혜의 수단을 이렇게 설명한다.

제88문: 그리스도가 우리에게 구원의 은혜를 주려고 사용하시는
외적인 수단은 무엇입니까?

답: 그리스도가 우리에게 구원의 은혜를 주려고 사용하시는
외적이고 통상적인 수단은 그의 규례들인데, 특히 말씀과 성례와
기도입니다. 이 모든 것이 택함 받은 자들의 구원에 효과 있게
됩니다.

그리스도가 은혜를 주려고 사용하시는 외적인 수단에는 말씀과
성례와 기도 등 세 가지가 있다. 은혜의 수단을 너무 많이 만들어 수
단 자체만을 의지하거나, 은혜의 수단을 아예 무시한 채 구원의 유익
을 얻으려는 기독교의 몇몇 교파가 있지만, 둘 다 성경적인 가르침에
서 멀다. 전자에 해당하는 교파는 로마 가톨릭이며, 후자에 해당하
는 교파는 퀘이커 교도와 구세군이다. 로마 가톨릭은 세례(baptism),
성찬(eucharist), 견신례(confirmation), 고해 성사(penance), 종부 성사
(anointing), 서품(敍品, orders), 혼례(marriage) 등 일곱 가지 성례를 주장
한다. 반면에, 구세군은 하나님의 은혜로 죄에서 구원받은 사람은 남
을 구원하기 위하여 구원을 받은 군병으로서 믿지 않는 사람들을 그리
스도께로 인도하는 데에만 관심을 갖는다. 구세군의 지상 사명은 가난
한 자를 구제하는 것이다. 구세군은 심지어 세례와 성찬도 예배에 포
함시키지 않는다.

그러나 성경에서는 말씀과 성례와 기도가 은혜의 수단으로 제시되

었다.2) 이 사실을 고려한다면, 교회는 은혜의 수단을 중요하게 여겨야한다. 필자가 이 책에서 다루려는 주제가 기도에 대한 내용이기 때문에, 말씀과 성례 문제는 다루지 않고 기도 문제에만 초점을 맞추어 은혜의 수단을 다루려고 한다. "기도"가 그리스도께서 구원의 은혜를 주려고 사용하시는 은혜의 수단이라는 사실은 너무도 놀랍다. 많은 신자들에게 이것은 뜻밖의 명제로 들릴 것이다. 기도가 구원의 은혜를 주시는 수단이라고 한 까닭은 하나님께 기도하는 것이 하나님의 백성만이 할 수 있는 행위라는 사실에서 찾을 수 있다. 아무나 기도의 형식을 빌려 하나님께 기도한다고 해서 하나님이 들으시는 것이 아니라는 의미다. 하나님의 구원 받는 백성만 할 수 있는 특권이다. 기도가 어떻게해서 은혜의 수단인지 좀 더 자세히 살펴보자.

태초에 아담과 하와는 에덴동산에서 하나님과 거닐며 하나님과 교제했다(참조. 창 3:8). 하나님과 사람 사이를 가로막는 것이 없었다. 그러나 사람이 죄를 범하자 그 관계는 깨지고 말았다. "모든 사람이 죄를 범하였으매 하나님의 영광에 이르지 못하더니"(롬 3:23)라는 말씀대로, 타락하여 부정하게 된 인간은 거룩하고 영광스러운 하나님 앞에 나아가지 못하게 되었다. 하나님과 사람 사이의 교제는 단절되었고 둘은 원수가 되었다. 사람은 "하나님의 낯을 피하여 숨었으며," 하나님의 심

---

2) 말씀을 은혜의 수단으로 사용한 예는 시 19:7-9; 느 8:8; 살전 3:2에서, 성례(세례와 성찬)를 은혜의 수단으로 사용한 예는 고전 10:16-17; 12:13; 벧전 3:21에서 찾을 수 있다. 이 두 가지는 그리스도가 부활 후 사도들에게 명하신 내용이며(마 28:19-20) 초대교회가 실천했던 교회의 의식들이다(행 2:42, 46-47).

판대 앞에서 발가벗긴 것 같음을 알고 하나님의 임재를 "두려워해야" 하는 처지로 전락했다(창 3:10-11).

이 관계를 회복하려고 하나님은 구약시대에 제한된 방법이기는 하지만 사람이 하나님께 나아갈 수 있는 수단을 마련하셨다. 제사제도가 그 수단이었고, 성막과 성전이 하나님께 나아가 그분을 만날 수 있는 유일한 장소였다. 죄인에게는 정말로 소망스러운 소식이다. 하나님께 나아갈 수가 있으니 말이다. 그러나 하나님께 나아가는 이러한 수단에는 한계가 있었다. 성전에 나아갈 수 있는 사람이 제한되었기 때문이다. 대제사장만 하나님께 나아갈 수 있었고, 그나마 대제사장도 1년에 한 번, 그것도 피를 가져야 하나님께 나아갔다(히 9:7).

성전과 관련한 이러한 행위에 구약시대에는 제약이 있었지만, 하나님은 이 제한된 방법을 사용하셔서 그의 백성이 자신의 이름을 부르며 부르짖을 때 그 기도에 귀를 기울이시겠다고 약속하셨다. "환난 날에 나를 부르라 내가 너를 건지리니 네가 나를 영화롭게 하리로다"(시 50:15). 하나님의 은혜로운 응답을 기대하며 구약의 신자들은 구원을 바랄 때든지 환난 중에 있을 때 등 어느 상황에서나 하나님께 기도했고 하나님은 그 기도를 들으셨다.

> 내 의의 하나님이여 내가 부를 때에 응답하소서. 곤란 중에 나를 너그럽게 하셨사오니 내게 은혜를 베푸사 나의 기도를 들으소서 (시 4:1).

> 나의 왕, 나의 하나님이여, 내가 부르짖는 소리를 들으소서. 내가

주께 기도하나이다(시 5:2).

내가 주께 부르짖을 때에 주께서 나의 간구하는 소리를
들으셨나이다(시 31:22).

여호와여 나의 기도를 들으시며 나의 부르짖음에 귀를 기울이소서.
내가 눈물 흘릴 때에 잠잠하지 마옵소서. 나는 주와 함께 있는
나그네이며 나의 모든 조상들처럼 떠도나이다(시 39:12)

여호와여 나를 반기시는 때에 내가 주께 기도하오니, 하나님이여
많은 인자와 구원의 진리로 내게 응답하소서(시 69:13).

그의 귀를 내게 기울이셨으므로 내가 평생에 기도하리로다
(시 116:2).

하나님은 은혜로우시며 선하시며, 그 인자하심이 영원하시다(시 136
편). 기도는 특히 성전과 관련이 있었다. 백성들은 성전을 향하여 기도
를 하거나(왕상 8:30, 35, 38; 단 6:10), 성전에서 기도했다(왕상 8:33-34; 눅
18:9-14; 행 3:1).

주의 종과 주의 백성 이스라엘이 이곳을 향하여 기도할 때에 주는
그 간구함을 들으시되 주께서 계신 곳 하늘에서 들으시고 들으시사
사하여 주옵소서(왕상 8:30).

내가 주의 지성소를 향하여 나의 손을 들고 주께 부르짖을 때에
나의 간구하는 소리를 들으소서(시 28:2).

만일 주의 백성 이스라엘이 주께 범죄하여 적국 앞에 패하게
되므로 주께로 돌아와서 주의 이름을 인정하고 이 성전에서
주께 기도하며 간구하거든, 주는 하늘에서 들으시고 주의 백성
이스라엘의 죄를 사하시고 그들의 조상들에게 주신 땅으로
돌아오게 하옵소서(왕상 8:33-34).

내가 환난 중에서 여호와께 아뢰며 나의 하나님께 부르짖었더니
그가 그의 성전에서 내 소리를 들으심이여, 그의 앞에서 나의
부르짖음이 그의 귀에 들렸도다(시18:6).

그러나 이런 방식으로 하나님께 나아가는 데에는 제약이 따랐고 한
계가 있었다. 그래서 누구나 언제든지 하나님께 나아갈 수 있는 방법
이 필요했다. 이런 제약을 극복하려고 하나님의 아들이 오셨다. 그리
스도는 단번에 속죄의 죽임을 당함으로써 구약의 모든 제사제도를 폐
하시고, 누구나 언제 어디서나 하나님께 나아갈 수 있는 길을 여셨다.
"형제들아 우리가 예수의 피를 힘입어 성소에 들어갈 담력을 얻었나
니, 그 길은 우리를 위하여 휘장 가운데로 열어 놓으신 새로운 살 길
이요"(히 10:19-20). 그리스도는 우리의 큰 대제사장이시다(히 3:1; 4:14;
6:20; 7:28; 10:21). 그리스도를 믿는 사람이라면 언제든지 하나님께 나아
갈 수 있다. "우리가 그 안에서 그를 믿음으로 말미암아 담대함과 확신

을 가지고 하나님께 나아감을 얻느니라"(엡 3:12). 신자들은 자신의 부족함을 느끼며 멈칫거리며 하나님께 나아가는 것이 아니라 당당하게 나아갈 수 있게 되었다(히 10:22).

이러한 특권적인 시대에 사는 신자들이라면 누구나 다 하나님께 담대히 나아갈 수 있다. 그리스도가 신자들로 하여금 하나님께 자유롭게 나아갈 수 있는 산 길을 여셨기 때문이다(히 10:20). 이것이 그리스도가 신자들에게 주신 은혜다. 신자들이 하나님께 나아가는 것은 기도할 때 가장 잘 실현된다. 기도는 그리스도의 구속의 은혜를 받는 수단일뿐더러, 하나님께 나아가 교제할 수 있는 구체적인 방도이기도 하다. "너희가 내 이름으로 무엇을 구하든지 내가 행하리니 이는 아버지로 하여금 아들로 말미암아 영광을 받으시게 하려 함이라. 내 이름으로 무엇이든지 내게 구하면 내가 행하리라"(요 14:13-14). 그리스도가 오시기 전에는 신자들이 그리스도, 즉 메시아의 이름으로 하나님께 나아가지 않았고, 그리스도의 이름으로 하나님께 구하지 않았다. 그가 땅에 계시지 않았기 때문에 그럴 수가 없었다. 그러나 이제 그리스도가 세상에 오셨으니, 모든 신자들을 하나님 앞으로 이끄신 그리스도로 인해 우리는 그리스도를 의지하여 하나님께 구할 수 있게 되었다.

> 내가 진실로 진실로 너희에게 이르노니 너희가 무엇이든지
> 아버지께 구하는 것을 내 이름으로 주시리라. 지금까지는 너희가
> 내 이름으로 아무 것도 구하지 아니하였으나 구하라. 그리하면
> 받으리니. 너희 기쁨이 충만하리라(요 16:23-24).

우리는 하나님의 말씀을 읽고 하나님을 찬송하면서 은혜를 받듯이, 기도로써 하나님에게서 오는 구원의 은혜를 받는다. 기도는 예수님을 주와 그리스도라고 고백하는 신자들만 누릴 수 있는 특권이며, 하나님을 예배하는 사람들만이 가질 수 있는 은혜의 자리다. 그래서 히브리서 저자는 신약교회 신자들에게 나아가 힘을 얻을 분이 있음을 제시하면서, 이렇게 권한다.

> 그러므로 우리에게 큰 대제사장이 계시니 승천하신 이 곧 하나님의
> 아들 예수시라. 우리가 믿는 도리를 굳게 잡을지어다.…… 그러므로
> 우리는 긍휼하심을 받고 때를 따라 돕는 은혜를 얻기 위하여
> 은혜의 보좌 앞에 담대히 나아갈 것이니라(히 4:14, 16).

기도가 하나님의 은혜를 받는 수단인 까닭에, 신·구약 시대의 많은 성도들이 기도를 통해 하나님께 나아가 은혜를 받았고, 역사상 많은 신자들도 정기적으로 하나님께 나아가 기도하고 은혜를 경험했다.

(2) 기도란 무엇인가?

그렇다면 기도가 무엇인가? 기도를 어떻게 이해하는 것이 바른가? 기도는 하나님과 나누는 대화, 기도는 하나님께 나아가 자신을 돌아보고 하나님의 세미한 음성을 듣는 것, 기도는 우리의 소원을 하나님께 아뢰는 것, 기도는 힘든 일이나 슬픈 일 그리고 괴로운 일이 있을 때 하나님께 도움을 청하는 것, 기도는 하나님이 우리에게 주신 것에 감

사하는 것 등 기도에 관해 많은 정의를 내릴 수 있다. 그리고 실제로 신자들 중에서는 기도를 이렇게 이해하고 기도하는 사람들이 많다. 맞는 말이다. 하지만 또 다른 요소도 고려해야 한다. 소요리문답 98문답은 기도를 이렇게 정의한다.

> 제 98문: 기도란 무엇입니까?
> 답: 기도는
>
> 우리의 소원을 하나님께 올림이요,
>
> 그의 뜻에 맞는 일을 구하고,
>
> 그리스도의 이름으로 구하며,
>
> 우리의 죄를 고백하고,
>
> 그분의 자비하심을 깨달아 감사하는 것입니다.

소요리문답은 다섯 가지 요소로써 기도를 정의한다. 이 정의에는 대부분의 신자들이 기도할 때 사용하는 내용이 포함되었다. 소요리문답은 제일 먼저 기도를 우리의 소원을 하나님께 올리는 것으로 정의한다. 기도의 대상에 대한 문제다. 그리고 우리의 소원은 하나님의 뜻에 맞아야 할 것과 그 소원을 그리스도의 이름에 의지하여 구한다는 사실을 주지시킨다. 기도의 이름을 빌려 아무거나 내가 원하는 것을 구하는 것이 아니라 우리의 소원을 하나님의 뜻에 맞춰야 한다는 의미다. 더욱이 우리 스스로 하나님께 무엇을 구할 수 있는 자격이 있지 않고 그리스도를 의지하여 구해야 한다는 사실을 일깨운다.

소요리문답에는 기도하는 사람 자신에 대한 성찰도 포함되었다. 그는 하나님께 용서를 받아야 하는 죄인이라는 사실과 하나님의 자비하심에 감사하는 마음으로 하나님께 나아가야 한다는 사실을 명심해야 한다. 찬찬히 살펴보면, 소요리문답에서 기도할 때 강조하는 몇 가지 측면이 눈에 띈다. 이 내용은 영어로 된 소요리문답에 더욱 분명하게 표현되었다.

> 98. Q. What is prayer?
>
> A. Prayer is an offering up of our desires
>
> unto God,
>
> for things agreeable to his will,
>
> in the name of Christ,
>
> with confession of our sins,
>
> and thankful acknowledgement of his mercies.

기도는 한 마디로 "우리의 소원(바람)을 올림"이다. 누구나 공감하는 보편적인 정의다. 기도하는 사람은 무엇인가 소원이 있어서 하나님께 나아가 그 소원을 올려드린다. 여기서 소요리문답은 성경적인 바른 기도에 반드시 포함해야 할 기도의 요소가 있음에 주의를 환기시키면서 이것을 네 개의 전치사구(unto, for, in, with)로 표현했다.3)

---

3) 소요리문답 98문답이 전치사구로써 기도의 지침을 가르친다는 사실은 황희상 선생에게서 아이디어를 얻었다. 황희상은 unto, in, with 등 세 어구에 주목했지만, 필자의 생각에는 for까지 첨가하여 네 전치사에 주목하는 것이 좋을 것 같다. 황희상, 『특강 소요리문답(하)』 (안산: 흑곰북스, 2012), 271-73.

첫째는 기도의 대상에 대한 문제다. 누구에게 기도하는지, 기도하는 대상이 누구인지를 알라는 것이다. 기도의 대상은 성경의 하나님이다. 기도는 우리의 소원(욕망)을 단지 아무 신에게 빌어 올려드리는 것이 아니다. 우리의 소원을 하나님께 드려야 한다. 첫 번째 전치사구(unto God)에서 이 부분이 강조된다. 막연한 천지신명이 기도의 대상이 아니다. 또 로마 가톨릭에서 가르치는 성모 마리아나 성인들도 기도의 대상이 아니다. 하나님만이 기도의 유일한 대상이시다. 그러므로 소요리문답은 우리의 기도의 대상이 하나님이심을 분명히 알라고, 기도는 반드시 하나님께만 드리는 것이라고 일깨운다. 우리는 나무나 돌로 만든 우상에게 기도하는 것이 아니라 인격적인 하나님께 기도한다. "여호와여 주는 온 땅 위에 지존하시고 모든 신들보다 위에 계시니이다"(시 97:9). 반면에, "조각한 신상을 섬기며 허무한 것으로 자랑하는 자는 다 수치를 당할 것이다"(시 97:7a). 그러므로 하나님께만 경배하고, 그에게만 기도해야 한다(참조. 시 97:7b).

둘째는 기도의 내용에 대한 문제다. 기도는 그 내용이 무엇이 되었든지 나의 욕망(desires)을 하나님께 아뢰는 것이 아니다. 두 번째 전치사구(for things agreeable to)는 우리가 바라는 것이 있다면 그 무엇이 되었든지 기도의 행위를 빌려 하나님께 이루어달라고 할 수 있는 것이 아님을 알려준다. 우리의 소원은 "하나님의 뜻에 일치하는 것"이어야 한다. 나의 바람을 하나님의 뜻에 맞춰야 한다. 하나님은 죄인의 말을 듣지 아니하시고, "경건하여 그의 뜻대로 행하는 자의 말을" 들으신다(요 9:31). 누구나 기도하는 대로 하나님이 그대로 해주신다는 것이 아니라는 의미다. 하나님은 우리의 기도를 들어주실 의무가 없으시다. 하나님은 창조자이시고 우리는 피조물이며, 하나님은 거룩하시며 높은 곳에 계시기 때문이다. 전도서 저자는 백성들에게 하나님의 집에 들어갈 때에 이 사실을 명심하라고 경고한다. "너는 하나님 앞에서 함부로 입을 열지 말며 급한 마음으로 말을 내지 말라. 하나님은 하늘에 계시고 너는 땅에 있음이니라"(전 5:2). 그러나 우리에게는 하나님께 기도하면서 "그의 뜻대로 무엇을 구하면 들으"신다는 확신이 있다(요일 5:14). 우리는 하나님의 뜻대로 무엇이든지 구하면 하나님이 기도하는 바를 들으신다는 것을 알기에, 하나님께 구한 그것을 얻은 줄도 확신한다(요일 5:15).

셋째는 기도가 기도하는 사람 자신의 의에 의존하는 것이 아님을 알려준다. 기도하는 사람 자신에게는 기도할 자격이 없다. 그는 혼자 힘으로 기도할 수 없다. 중보자를 의지하여 기도해야 한다. 그 중보자는 우리 주 예수 그리스도이시다. 이것은 "그리스도의 이름으로" 기도해야 한다는 세 번째 전치사구(in the name of Christ)에서 표현되었다. 앞에서 우리는 예수님이 "너희가 무엇이든지 아버지께 구하는 것을 내 이름으로 주시리라"고 약속하신 것을 살펴보았다(요 16:23). 은혜를 주시겠다고 약속하신 주님은 은혜의 수단인 기도에서조차 그분이 중보자로 작용하시는 은혜를 베푸신다. 정말 큰 은혜다. 하나님과 우리 사이의 중보자는 그리스도 한 분밖에 없다. 교황도 신부도 목사도 이 중보자 역할을 대신할 수 없다. 모든 신자는 하나님께 나아가려면(기도하려면) 그리스도만을 의지해야 한다.

대요리문답 180문답은 그리스도의 이름으로 기도한다는 것이 무슨 뜻인지를 매우 함축적으로 설명한다. 그리스도의 이름으로 기도한다는 것은 "그리스도의 명령에 순종하며, 그분의 약속을 신뢰하면서 그리스도의 공로에 의지하여 자비를 구하는 것"이다. 그러므로 기도하고 맨 마지막에 언급하는 "예수님의 이름으로 기도합니다"라는 말은 주문이 아니며 자동적인 기도 보호 장치도 아니다. 기도하는 사람이 전심으로 그리스도를 신뢰하고 그분을 의지하여 기도한다는 일종의 신앙고백이다. 예수님의 이름으로 기도할 때 그 기도가 하나님의 뜻에 따라 구하는 기도라는 것을 인정하며, 기도할 때에 하나님이 그 기도를 들어주신다는 확신과 소망을 가질 수 있다.

바울은 신자들이 기도할 때 성령님이 그들의 연약함을 도우신다는 사실을 상기시켜, 기도의 은혜가 어떤 것인지를 더욱 자세히 설명한다. 우리는 "마땅히 기도할 바를 알지 못하나 오직 성령이 말할 수 없는 탄식으로 우리를 위하여 친히 간구하시느니라"(롬 8:26). 하나님은 과거에 다윗의 집과 예루살렘 주민에게 "은총과 간구하는 영"을 부어주셨듯이(슥 12:10), 신약교회 신자들에게 하나님의 영이시며 그리스도의 영이신 성령님을 주셔서 우리로 하여금 하나님의 뜻을 알게 하시고 하나님의 뜻을 구하게 하신다(고전 2:10-12, 16). 성령님은 우리를 도와 하나님께 나아가게 하시며, 우리로 하여금 하나님의 뜻에 맞는 것을 간구하게 하신다.

넷째는 우리가 앞의 세 가지를 염두에 두면서 기도해야 하는 이유를 제시한다. 네 번째 전치사구(with confession…… and thankful acknowledgement)는 우리가 기도할 때 반드시 염두에 두어야 할 내용이 무엇인지 주지시킨다. 그것은 우리가 뻔뻔스럽게 하나님께 우리의 소원을 요구할 수 있는 위치에 있는 사람이 아니라 죄인이며, 우리가 이미 하나님의 자비를 입은 존재라는 자의식이다. 소요리문답에서 가르치는 네 번째 교훈은 우리가 죄인이라서 스스로의 힘으로는 하나님께 기도할 자격도 없는 존재임을 의식해야 한다는 것이다. 우리는 하나님의 긍휼과 자비에 의지해야 하는 존재다. 이것은 앞에서 언급한 우리가 "그리스도의 이름"으로 기도하는 것과도 관련이 있다. 사람의 죄악됨이 너무도 커서 사람은 중보자가 없이는 하나님께 나아갈 수가 없다(대요리문답 181문답). 불경건한 자는 환난이 닥쳤을 때 아무리 필사적으로 하나님께 부르짖는다고 해도 하나님은 결코 그를 듣지 않으신다(욥 27:8-9). 그런 까닭에 앞의 세 전치사구로 표현된 내용을 명심하고 기도해야 한다. 칼빈은 그 이유를 이렇게 설명한다.

> 사람에게 선이란 전혀 없으며 자기 스스로 구원을 취득할 수 있는
> 수단도 전혀 없다는 게 분명하다. 그러므로 사람이 자기의 절실한
> 처지에 대하여 도움을 얻으려면, 자기가 아닌 다른 누군가에게
> 구해야 한다. 그 다음에, 하나님은 자기의 뜻을 따라 기꺼이
> 자기 자신을 그리스도 안에서 나타내신다는 사실이 드러난다.
> 하나님은 그리스도 안에서 우리의 비참한 처지를 씻어내고……
> 그의 사랑하시는 아들에게로 돌아가 온전한 기대를 갖고 그를
> 의지하며,…… 온전한 소망을 가지고 그를 붙들 수 있도록
> 해주신다.[4]

---

4)   존 칼빈, 「기독교 강요」 제 3권. 20장. 1.

칼빈은 기도의 정신을 정확히 간파했다. 기도는 도움을 얻으려고 하나님께 나아가는 행위다. 사람은 도움이 필요하고 자기가 어찌 할 능력이 없는 존재이기에 하나님께 기도한다. 칼빈은 기도하는 사람이 자신의 비참함 때문에 하나님께 나아갈 수밖에 없다는 사실을 주지시킨다.

계속해서 소요리문답은 우리에게 확신을 준다. 비참한 우리에게 도움을 주시는, 흔들림이 없는 중보자가 계시다고 말이다. 하나님은 그의 아들 예수 그리스도 안에서 우리의 비참한 처지를 씻어주신다. 하나님과 예수 그리스도를 의지하는 법을 배우는 데, 기도만큼 중요한 은혜의 수단은 없다.

주기도문으로
기도하기

기도의 지침인 주기도문

제 1 장

기도의 지침인 주기도문

한국의 많은 신자들은 열심히, 자주, 많이 기도한다. 정말 좋은 일이고 바람직한 일이다. 그런데 앞에서 언급한 것처럼 소요리문답에서 가르치는 기도가 무엇인지에 대한 내용을 진지하게 생각하면서 기도하는가? 소요리문답에서 제시하는 기도의 정의에 알맞은 지침을 어디서 얻을 수 있을까?

(1) 기도에 지침이 있는가?

기도를 열심히 하는 사람들 대부분은 기도하는 법을 배울 필요가 없다고 생각한다. 기도는 그냥 하면 되는 것이라고 믿고, 기도의 내용보다는 기도하는 행위 자체를 더 중요하게 여기는 까닭이다. 어느 면에서 교회도 부분적인 책임이 있다. 교회는 신자들에게 바르게 기도하는 법을 가르치지 않는다. 기도가 다른 종교에는 없는 기독교만의 독특한 종교행위라면, 틀림없이 교회는 교회에 가입하는 사람들에게 기도가 무엇이며 기도를 어떻게 해야 하는지를 가르칠 것이다. 신자들은 교인이 된 순간부터 성경의 지침을 받아 기도하기를 시작할 것이다. 그러나 실제로 이렇게 하는 교회나 신자들은 거의 없다.

기도는 기독교 이외의 종교에서도 행해지고 있는 종교행위일 뿐만 아니라, 그리스도인이든 아니든 간에 하나님(또는 신)과 사람을 연결해주는 행위로 인식되고 있다. 겉으로 보기에 기도행위 자체에는 종교 간에 구별이 없는 것 같다. 단지 기도하는 시간을 엄격하게 정하여 하는지(이슬람교도처럼), 횟수를 정해놓고 하는지(불교 신도들처럼), 구체적인 기도 제목을 가지고 끈덕지게 기도하는지(기독교의 일부 교파처럼), 아니면 이미 정해진 기도문을 읽는 것(성공회나 로마 가톨릭처럼) 등이 다를 뿐이다.

기도는 지극 정성을 드려 하는 것이라는 보편적인 생각에, 또 어느 종교에나 있는 의식이라는 판단 하에 교회에서는 특별히 기도를 가르치려고도 배우려고도 하지 않는다. 단지 기도를 많이 하라고, "쉬지 말고 기도하라"(살전 5:17)고 권할 뿐이다. 그뿐만 아니라 많은 사람들이 기도를 많이 하고, 오래 하고, 자주하는 사람을 칭찬한다. 그래서 어느 사람에게 어려운 일이 발생하면 서슴지 않고 "기도해야지"라고 말하면서 바로 그 문제를 해결해 달라고 하나님께 호소하며 기도한다. 그러다 보니, 기도를 기도하는 사람의 문제를 해결해 주는 애절한 호소쯤으로 생각하는 사람들이 많아졌다.

대부분의 신자들이 이러한 환경에서 신앙생활을 하는 까닭에, 기도에 대한 이해가 제각각이고, 각자의 열심에 따라 기도한다. 그러나 성경에서 기도를 어떻게 가르치는지, 성경대로 기도하는 것이 다른 종교의 기도와 어떻게 다르고 구별되는지 모르고 기도하면, 기도는 단순한 종교행위에 그치게 되거나 소원 성취의 도구로 전락하기 쉽다. 기도의 은혜의 수단이라는 사실은 아랑곳하지 않고 말이다. 당신은 기도를 정확하게 이해하고 있는가? 기도에 대해 오해하는 것은 없는가? 당신의 기도행위에 근거하여 다른 사람들에게 당신이 하는 기도처럼 하라고 부추기지는 않는가? 상식적인 말이지만, 기도는 하나님께 하는 것이다. 그러므로 기도는 하나님이 들으셔야 의미가 있고 효과를 발휘한다. 하나님이 듣지 않으신다면 기도는 의미가 없다. 그래서 기도는 무턱대고 할 수 있는 것이 아니라 하나님이 기도하는 사람에게 요구하는 것이 무엇인지를 알아야 한다. 그렇다면, 하나님이 받으시는 기도는 어떤 기도인가? 우리는 어떻게 기도해야 할까? 이 장에서는 이 문제를 집중적으로 다룰 것이다. 소요리문답 99문답은 이 문제를 다루면서, 기도의 법칙을 다음과 같이 제시한다.

> 제 99문: 기도를 지도하시기 위하여 하나님이 우리에게 무슨
> 법칙을 주셨습니까?
> 답: 하나님의 모든 말씀이 우리의 기도를 지도하기에 유용합니다.
> 하지만 특별한 지침은 그리스도가 제자들에게 가르쳐주신 기도, 곧
> 일반적으로 "주기도문"이라고 부르는 기도입니다.

소요리문답은 먼저 하나님의 말씀인 성경이 기도를 지도하는 데 유용하다고 선언한다. 구약시대의 신자들은 주로 시편을 가지고 하나님께 기도했다. 시편에는 하나님이 하나님의 백성에게 행하신 놀라운 업적을 찬양하는 기도도 있고, 은혜에 감사하는 기도도 있으며, 위험한

일을 만났을 때 구원과 보호를 요청하는 간구도 있고, 억울한 일을 당하거나 무고히 고난을 받을 때 슬퍼하며 부르짖는 애가 등 다양한 기도가 있다.[1] 이 모든 기도에는 소요리문답 98문답에서 가르치는 기도의 다섯 가지 요소가 들어 있다. 구약의 신자들은 자기의 죄를 통회하고 하나님만을 의뢰(믿음)하며, 하나님만이 유일한 하나님이라는 신앙고백을 하면서 하나님을 찬양하기도 했고, 감사하기도 했으며, 구원해달라고 하나님께 요청하기도 했다. 대표적인 기도 몇 가지를 예로 들어보자.

> 홀로 기이한 일들을 행하시는 여호와 하나님 곧 이스라엘의
> 하나님을 찬송하며 그 영화로운 이름을 영원히 찬송할지어다 온
> 땅에 그의 영광이 충만할지어다(시 72:18-19).

> 내가 주의 성전을 향하여 예배하며 주의 인자하심과 성실하심으로
> 말미암아 주의 이름에 감사하오리니 이는 주께서 주의 말씀을 주의
> 모든 이름보다 높게 하셨음이라(시 138:2).

> 내 생명을 칼에서 건지시며 내 유일한 것을 개의 세력에서
> 구하소서(시 22:20).

---

1) 시편에 나타난 다양한 종류의 기도를 소개하고 설명한 필자의 『시편강설: 구약 신자는 무엇을 기도했나?』(서울: 여수룬, 1997)를 참조하라.

여호와여 내가 주께 부르짖으오니 나의 반석이여 내게 귀를 막지 마소서. 주께서 내게 잠잠하시면 내가 무덤에 내려가는 자와 같을까 하나이다(시 28:1).

시편 기자는 하나님을 찬양하는 기도를 올렸으며, 하나님께 감사하며, 구원해주시기를 바랐고, 자신의 절망적인 상황을 아뢰었다. 이 이외에도 이와 유사한 기도가 많이 있다. 도움이 하나님에게서만 온다는 믿음("나의 도움은 천지를 지으신 여호와에게서로다." 시 121:1)과 하나님의 영원하신 보호("여호와께서 너의 출입을 지금부터 영원까지 지키시리로다." 시 121:8)를 고백하는 시가 바로 그것이다.

(2) 주님이 가르쳐주신 기도 – 주기도문

소요리문답 99문답은 성경의 여러 본문들 중에서 그리스도가 제자들에게 가르쳐주신 기도가 하나님이 우리에게 기도를 지도하기에 유용한 특별한 지침이라고 일러준다. 일반적으로 "주기도문"이라고 부르는 기도 말이다. 주기도문이 성경 전체에서 기도의 지침서로 가장 탁월하고 중요한 기도라는 의미다.

신약성경에는 주기도문이 두 군데에 등장한다. 그 하나는 마태복음 6:5-13에, 다른 하나는 누가복음 11:1-4에 등장한다. 누가복음의 주기도문은 기도를 다룬 일련의 본문(눅 11:1-4, 5-8, 9-10, 11-13) 맨 앞에 등장한다. 반면에, 마태복음의 주기도문은 예수님이 산상설교를 하시는 중에, 당대 종교 지도자들의 잘못된 여러 종교행위를 지적하고 주의를 주는 맥락(마 6:1-8, 16-18)에 등장한다. 필자는 이 책에서 주로 마태복음의 주기도문을 중심으로 주기도문 내용을 설명하려고 한다. 그러나 필요할 때에는 누가복음의 주기도문을 마태복음의 그것과 비교하여 설명할 것이다.

마태복음 주기도문의 배경

주기도문은 그리스도인의 예배와 기도 중에서 핵심적인 위치를 차지한다. 학자들 중에는 주기도문이 예수님의 산상설교의 중심이라고 주장하는 사람들이 많이 있다.[2] 산상설교가 예수님의 교훈의 핵심적인 내용을 요약한 것이라면 주기도문은 산상설교의 중심이라고 말할 수 있다. 이런 의미에서 주기도문은 복음의 요약이라고 해도 과언이 아니다. 주기도문이 들어 있는 마태복음 6장은 예수님이 제자들에게 하늘과 땅, 하나님 앞에서 행하는 것과 사람들 앞에서 행하는 것을 대조하면서, 하늘에 속한 것을 구하고 하나님을 의뢰하라는 주제를 다룬다.

6장은 "사람에게 보이려고 의를 행하지 않도록 주의하라" 그렇게 하지 않으면 "하늘에 계신 너희 아버지께 상을 받지 못한다"는 간략한 도입부(마 6:1)에 이어, 구제(6:2-4), 기도(6:5-8), 금식(6:16-18) 등 이와 관련된 구체적인 종교행위 몇 가지를 소개한다. 주기도문은 기도 문제를 다룬 문단과 금식 문제를 다룬 문단 사이에 배치되었다. 구제와 기도와 금식과 관련한 예수님의 말씀은 "사람에게 보이려고 의를 행하

---

2) 대표적으로 Ulrich Luz, *Matthew 1~7* (Minneapolis: Fortress Press, 1989), 352; Grant R. Osborne, Matthew, ECNT (Grand Rapids; Zondervan, 2010), 222.

지 않도록 주의하라"는 큰 원칙과 관련이 있다. 마태복음 5:20에서 예수님은 제자들에게 "너희 의가 서기관과 바리새인보다 더 낫지 못하면 결코 천국에 들어가지 못하리라"고 경고하셨다. 여기서 해결해야 할 문제는 "의"가 무엇인지, 종교지도자들보다 낫다는 말의 의미가 무엇인지이다.

마태복음에서 "의"는 "하나님의 은혜"에 근거하여 "하나님의 뜻에 따라 사는 삶과 행위"를 가리킨다.[3] 하나님의 은혜를 받은 사람은 그리스도로 말미암아 하나님과 새로운 관계에 들어가서 하나님과 관련한 삶을 산다. 그래서 하나님의 뜻을 행한다는 것은 사람의 관점에서 행동하는 것이 아니라 하나님이 자기 백성에게 기대하시는 대로 행하는 것을 의미한다. "우리가 이와 같이 하여 모든 의를 이루는 것이 합당하니라"(마 3:15). 그래서 "의를 이루는 것" 앞에 "하나님의"라는 소유격이 붙지 않아도, "의"라는 말 자체가 하나님의 뜻에 부합하게 행하는 것으로 이해된다.[4] 그러나 하나님의 뜻을 이루려면, 그의 삶이 하나님의 주권아래 있고 하나님의 통치를 받는다는 것이 분명하게 드러나야 한다.[5]

이 사실을 염두에 두고, 예수님이 제자들에게 천국에 들어가기 위해 "너희 의가 서기관과 바리새인보다 더 낫지 아니하면 결단코 천국에 들어가지 못하리라"는 말의 의미를 생각해보자. "더 낫다"는 것은

---

3) 로버트 궐리히, 『산상설교 I』, 배용덕 옮김 (서울: 솔로몬, 1994), 128.

4) Hans Dieter Betz, *The Sermon on the Mount* (Minneapolis: Fertress Press, 1995), 190; R. T. France, *The Gospel of Matthew* (Grand Rapids: Eerdmans, 2007), 119.

5) John Nolland, *The Gospel of Matthew*, NIGTC (Grand Rapids: Eerdmans, 2005), 154.

"풍성하다, 능가하다"는 뜻이다. 제자들의 의가 서기관과 바리새인의 그것보다 더 풍성하고 그것을 능가한다는 것이 무엇인지 알려면, 서기관과 바리새인들이 행하는 의가 무엇인지를 밝혀야 한다. 그런데 그들의 의를 설명하는 자료가 많지 않아 그들이 행한 의가 구체적으로 어떤 것인지 우리로서는 알 도리가 없고 어렴풋하게 추측할 따름이다. 하지만 마 23:3에서 우리는 그들의 문제가 의에 대한 이해나 가르침 문제가 아니라 그들의 행위와 관련한 어떤 문제라는 암시를 받는다. 예수님은 사람들에게 서기관들과 바리새인들이 "말하는 바는 무엇이든지 행하고 지키되 그들이 하는 행위는 본받지 말라 그들은 말만 하고 행하지 아니"하는 사람들이라고 경고하신다. 서기관과 바리새인들은 말은 잘 하는데, 행함에는 심각한 문제가 있는 사람들이다.

이 사실에 비춰 볼 때, "사람에게 보이려고 그들 앞에서 너희 의를 행하지 않도록 주의하라"(마 6:1)는 예수님의 선언은 이렇게 이해된다. 여기서 문제가 되는 것은 그들이 사람들 앞에서 무언가 행하는 것 자체가 아니라 "사람에게 보이려고" 행하는 그들의 의도에 있다는 것이 분명하다. 서기관과 바리새인은 구제와 기도와 금식을 행하면서 "사람에게서 영광을 받으려고"(6:2) 또 "사람에게 보이려고" 행했다(6:5, 16). 예수님은 서기관과 바리새인들이 사람들을 의식하고 종교행위를 하는 데 그들의 문제가 있다고 지적하셨다. 이런 맥락에서 예수님은 제자들에게 주기도문을 가르치셨다. 그래서 일차적으로 주기도문은 사람들을 의식하면서 행하는 모든 기도행위를 배격한다.

이 문제를 기도에 적용해 보자. 마 6:5-8에 유대인들의 잘못된 기도의 태도와 방법이 다뤄졌고, 주기도문(6:9–13)은 이 문제를 염두에 두면서 바른 기도의 자세와 방법으로 제시되었다. 두 단락이 이처럼 논리적으로 연결되었기에, 마 6:5–8은 주기도문이 나오게 된 배경 역할을 한다고 봐야 한다. 여기서 예수님은 유대인들 사이에서 잘못 행해지고 있는 기도행위 두 가지를 지적하신다.

> 또 너희가 기도할 때에 외식하는 자와 같이 되지 말라. 저희는
> 사람에게 보이려고 회당과 큰 거리 어귀에 서서 기도하기를
> 좋아하느니라. 내가 진실로 너희에게 이르노니 저희는 자기 상을
> 이미 받았느니라. 너는 기도할 때에 네 골방에 들어가 문을 닫고
> 은밀한 중에 계신 네 아버지께 기도하라. 은밀한 중에 보시는
> 네 아버지께서 갚으시리라.
> 또 기도할 때에 이방인과 같이 중언부언하지 말라. 저희는 말을
> 많이 하여야 들으실 줄 생각하느니라. 그러므로 저희를 본받지
> 말라. 구하기 전에 너희에게 있어야 할 것을 하나님 너희 아버지가
> 아시느니라(마 6:5–8).

이 본문에서 예수님은 경건한 유대인들조차 기도를 잘못하고 있음을 일깨우신다. 그들이 잘못 기도하고 있다는 예수님의 지적은 당대 사람들에게 충격으로 받아들여졌을 것이다. 유대인만큼 철저하게 기도생활을 하는 민족도 드물다. 이슬람교도들이 하루 다섯 번씩 메카를 향해 기도하듯이, 유대인들도 시간을 정해 놓고 하나님께 기도했다. 그들은 해 뜰 무렵과 해질 무렵, 또는 아침(오전 9시, 행 2:15)과 저녁(행

3:1) 등 두 번 쉐마(Shema)를 이용하여 기도했다. 아침과 정오와 저녁 등 세 번 기도하는 경우도 있다(다니엘, 단 6:10, 13; 베드로, 행 10:9). 이럴 경우 그들은 쉐모네 에쉬레(Shemone Eshre)를 낭독함으로써 기도했다.**6)** 기도는 기본적으로 성전에서 해야 했다. 기도시간은 대부분 성전의 제사시간에 맞춰졌기에, 기도시간이 되면 성전 근처에 있는 사람들이 성전으로 몰려들어 이방인 뜰은 기도하는 사람들로 북새통을 이루었을 것이다(참조. 눅 18:10). 물론 성전에서 멀리 떨어진 곳에 있는 사람들은 성전을 향하여 기도했다. 주변이 탁 트인 시장이나 사거리도 기도하기에 좋은 장소였다(마 6:5). 기도행위는 의의 행동으로 여김을 받았다.

유대인 남자들 대부분은 서서 손을 들고 기도했다(딤전 2:8). 그래서 마 6:5에 언급된 서서 기도하는 것은 누구나 취하는 기도의 기본자세를 언급하는 것이 분명하다. 아마도 예수님이 보실 때 기도하는 자세 자체는 문제가 없었던 듯하다. 기도할 때, 남자들은 토타포트라고 하는 기도 상자를 이마에 차거나 손목에 두르고 기도한다. 기도 상자를 신체에 고정시키기 위해서는 경문(테필림)이라고 부르는 띠를 손에 매는데, 예수님은 서기관과 바리새인들 중에는 일반적인 폭보다 더 넓게 하여 사람들 눈에 잘 띄게 하는 사람들도 있었다고 지적하신다(마 23:5). 종종 망토 같이 생긴 기도 수건을 쓰기도 했다.

기도는 개인적인 내용을 아뢰기보다는 고정화된 기도 내용이 있어

---

6) Rabban Gamaliel은 "모든 사람은 매일 18기도문을 기도하라"고 말했으며, R. Akibah, R. Joshua도 18기도문을 기도하라고 말했다. John Lightfoot, *A Commentary on the New Testament from the Talmud and Hebraica*, vol. 2: Matthew–Mark (Peabody: Hendrickson, 1859, 1989), 147. 또한 빌리발트 뵈젠, 『예수 시대의 갈릴래아』, 황현숙 옮김 (서울: 한국신학연구소, 1998), 367–69도 참조하라.

서 기도할 때 그것을 낭송했다. 쉐마가 가장 기본적인 기도다. "이스라엘아 들으라(쉐마)"로 시작하는 이 기도문은 하나님만을 사랑하라는 내용으로 이루어졌다(신 6:4-9). "우리 하나님 여호와는 오직 유일한 여호와이시니 너는 마음을 다하고 뜻을 다하고 힘을 다하여 네 하나님 여호와를 사랑하라." 쉐마 이외에 랍비들이 드린 기도문들을 표준으로 삼거나 시편을 기도의 내용으로 사용되었다. 당대 유대인들의 기도문 중에서 쉐모네 에쉬레(18개의 기도문)와 카디쉬(Kaddish) 기도문이 특히 유명하다. 쉐모네 에쉬레는 18 축복문으로도 불렸는데, 열여덟 개의 기도문으로 구성되었기 때문에 붙여진 이름이다. 그 중에 몇 개를 소개한다.[7]

> 1번. 오 주님, 축복을 받으소서(또는 찬송을 받으소서)
> 당신은 우리의 하나님, 우리 조상의 하나님이시며
> 아브라함의 하나님, 이삭의 하나님, 야곱의 하나님이십니다.
> 위대하고 전능하시며 경이로우신 하나님
> 지극히 높으신 하나님, 천지의 창조주
> 우리와 우리 조상의 방패이시요
> 모든 세대를 거쳐 우리의 피난처가 되십니다.
> 아브라함의 방패이신 주님, 축복을 받으소서.

---

7) 여기서는 마틴 맥나마라, 『신구약 중간시대의 문헌 이해』, 채은하 옮김 (서울: 이화여자대학교 출판부, 1995), 216-21에 실려 있는 것을 인용한다.

3번. 당신은 거룩하시며 당신의 이름은 놀라우십니다.

당신 이외에는 어떤 신도 없습니다.

거룩하신 하나님, 축복을 받으소서.

4번. 우리의 아버지, 당신이 이해하는 대로 우리를 불쌍히 여기사

당신의 토라(율법)에서 나온 이해력과 통찰력을 주시옵소서

은혜로운 미쉬나(율법 해석)의 공급자이신 주님, 축복을

받으소서.

6번. 우리를 용서하옵소서, 우리의 아버지, 우리가 당신께

범죄하였나이다.

당신 앞에서 지은 모든 잘못들을 깨끗하게 하옵소서.

당신은 사랑이 많으신 분이시나이다.

언제나 용서해 주시는 주님, 축복을 받으소서.

9번. 우리의 주 하나님, 우리를 위해 이 한 해를 축복해 주소서.

풍족한 열매를 허락해 주시고

우리를 구원하실 그 때가 어서 속히 오게 하소서.

이 땅에 이슬과 단비를 내리시고

당신의 세계를 선한 창고로 축복하소서.

우리의 날들을 축복하시는 주님, 축복을 받으소서.

16번. 우리의 주 하나님, 시온에 사는 것이 당신의 뜻입니다.

당신의 종들이 예루살렘에서 당신을 예배하게 하소서.

우리가 당신께 신실함으로 예배하오니, 주님 축복을

받으소서.

위의 기도문에서 보다시피, 쉐모네 에쉬레는 다양한 내용의 기도문을 담고 있다. 열여덟 개에서 몇 개 간추린 이 기도문에는 우리가 본서에서 다룰 주기도문과 비슷한 내용이 많이 들어 있다. 유대인들은 이 기도문으로써 족장들부터 시작하여 오늘까지 역사를 이어오면서 하나님이 그들을 지켜 방패가 되어주신 것을 찬양했다(1번). 또한 하나님의 거룩하심을 인정하고 그러한 까닭에 하나님이 그들의 유일한 신이 되심을 고백했으며(3번), 그들의 삶을 지도하는 율법을 주신 하나님께 감사하고(4번), 자신들의 죄를 고백하고 하나님의 사랑에 근거하여 하나님께 용서를 구했다(6번). 농경 사회에서 한해살이는 전적으로 비에 의존한다. 심음부터 거둠까지 하나님이 비를 주시기를 구하는 기도는 하나님께 일용할 양식을 구하는 주기도문의 내용과 비슷하다(9번). 시온에서 하나님을 예배하는 것이 하나님의 뜻이므로 백성들이 한 마음으로 예배할 수 있게 기도한다(16번).

다음으로 유대인들 사이에서 가장 인기가 있고 잘 알려진 기도문은 카디쉬 기도문이다. 이 기도문은 짧은 기도문인데, 세월이 가면서 내용이 조금씩 덧붙여져 몇 가지 주제를 담고 있다. 그 중에서 주기도문

의 내용과 비슷한 내용을 담고 있는 전반부를 소개하겠다.[8]

> 하나님이 그의 뜻대로 창조한 온 세계를 통해 그의 위대한 이름이
> 영화롭게 찬송받기를 원합니다. 그분으로 하여금 당신이 살아 있는
> 동안에, 그리고 이스라엘 전체가 살아 있을 동안 어서 속히 그의
> 나라를 임하게 하소서. 아멘.

> 그의 위대한 이름이 세세토록 축복(찬송)을 받으소서. 거룩하신
> 이의 이름을 찬미하고, 영화롭게 높이며 영예롭게 하소서. 모든
> 축복과 찬양으로 그가 찬송을 받기를 원합니다. 이 땅에서
> 들려오는 찬송과 위로로 복되게 하소서. 아멘.

카디쉬 기도문은 주기도문에서 하나님의 이름을 거룩하게 하는 것과 하나님의 나라가 임하기를 구하는 내용과 비슷한 내용을 기도한다.

여기서 필자가 유대인들의 기도를 소개한 것은 예수님이 당대 사람들이 기도를 잘못한다고 지적한 이유가 그들의 기도 내용보다는 그들의 의도와 기도 방식에 있다는 사실을 일깨우려 했음을 상기시키려는데 있다. 만일 그들이 성전에서 기도하는 것이 성경에 근거해 있고, 또 사람들이 모인 곳에서 "서서" 기도하는 것이 요구되었다면, "외적인 행위" 자체는 문제가 되지 않는다. 그렇다면 그들의 문제는 어디에 있었을까? 가장 결정적인 문제는 사람에게 "보이려고" 기도하는 것, 즉 기

---

8)   맥나마라, 『신구약 중간시대의 문헌 이해』, 227에 언급된 내용을 약간 수정하여 인용함.

도를 "과시하려는 데" 있었다는 점이다. 그것도 기도를 하나님께 향하지 않고 "사람에게 보이려고" 기도하는 데 문제가 있었다.

예수님은 마태복음 6:5-8에서 유대인들의 기도생활에 잘못된 행위 두 가지를 지적하셨다. 하나는 "외식하는 기도"이며, 다른 하나는 "중언부언하는 기도"다. 오랜 세월 기도하면서 유대인들의 몸에 배어 있는 이 두 가지는 거의 대부분의 경건한 유대인들 사이에서 습관이 되다시피 한 기도행위였다. 당대 사람들 모두가 실제로 이런 식으로 기도하고 있었기에, 예수님이 그들의 행동이 잘못되었다고 지적하셨을 때 그들은 적잖은 충격을 받았을 것이다. 도대체 무엇이 문제란 말인가? 어떻게 기도하라는 말씀인가? 이 내용들을 하나씩 살펴보자.

외식하는 자

예수님은 "너희는 기도할 때에 외식하는 자와 같이 하지 말라"는 말로 잘못된 기도와 관련한 첫 번째 문제를 꺼내셨다(마 6:5). 예수님이 외식하는 자와 같이 기도하지 말라는 말로 운을 떼셨으니, 잘못되게 기도하는 몇 사람만을 겨냥하여 이 말씀을 하셨을 것으로 생각되겠지만, 예수님이 예로 든 것은 오늘날 신자들도 "저렇게 기도하면 좋겠다"고 생각하면서 본받으려 하는, 당대 사람들이 일반적으로 행하던 보편적인 기도행위였다.

예수님은 당대 종교인들을 가리켜 "외식하는 자(헬라어로, 휘포크리테스, ὑποκριτης)"라고 명명하셨다. 현대인들에게 "외식(外飾)"은 성의가 없는 행위나 가식 또는 위선으로 이해되지만, 고전 헬라어에서 "외식하는 자"의 단어적인 의미는 가면아래에서 행하는 사람이다. 그는 뭔가를 진지하게 행하지만 가면을 쓰고 연기하는 것처럼 행한다. 가면을 쓰고 행하는 행위는 관객들에게 "보이기" 위한 것이다. 그래서 비록 이 단어 자체에는 겉과 속이 다르다거나 가식이라는 의미는 없지만, 속임은 발생한다. 가면을 쓰고 행하는 행동이 대본에 의한 연기라고 생각하지 않고, 사람들은 그것을 참이라고 착각하고, 본인도 "스스로 속는다"(self-deceived).9)

이것을 기도에 적용하면 이렇다. 외식하는 자는 진지하게 기도하고, 자기가 남을 속이고 있다고는 생각하지 않는다. 물론 하나님을 속이면서 기도하는 척한다고도 생각하지도 않는다. 그는 단지 다른 사람에게 자기가 하는 행위가 좋은 인상을 주려는 데에 관심이 있어서, 사람이 자기의 행동을 칭찬하고 인정해주기를 기대한다. 바로 여기에 허점이 있다. 그러는 과정에서 그는 "하나님의 의"를 실천하지 않는다(마 7:21-22). 마태복음 23:23-28에서도 예수님은 서기관과 바리새인들의 행동을 지적하시면서 본질적인 것을 빠뜨린 채 겉으로만 행하는 자들이라고 평가하시면서 "외식하는 자"라고 언급하신다. 그래서 기도하는 사람 자신은 본인이 진지하게 기도한다고 생각하지만, 사실 그 사람이 심혈을 기울여 행하는 행동에 본질적인 것은 결여되었다. 그의 기도는 기껏해야 멋진 연기에 불과하다.

연기자들은 좋은 연기를 하려고 감정 몰입을 한다. 하지만 그 연기는 자신의 문제와 상관이 없이 대본에 쓰여 있는 것을 관객에게 전달하

---

9) France, *Matthew*, 237.

는 행위다. 연기자는 관객이 없으면 연기를 하지 않는다. 연기 연습만할 뿐이지. 외식하는 사람은 사람에게 보이려고 자신의 의를 내세우며, 기도의 본질인 하나님의 의를 묵과한다. 그러므로 본문에서 예수님이 문제를 삼으신 것은 바로 종교의 본질이 빠진 채 외형만 남은 기도행위다.

사람에게 보이려고

계속해서 예수님은 외식하는 사람들이 연기하듯 하는 기도행위의 저의를 지적하신다. 그것은 "사람에게 보이려"는 데 있다. 이 말은 "사람에게 보일 목적으로"(헬라어로, 프로스 토 데아데이나이, πρὸς τὸ θεαθῆναι) 기도한다는 의미다. 연기자가 극장에서 관객에게 보이고 박수를 받으려고 연기하는 것처럼, 기도하는 사람 역시 사람에게 보이려는 의도를 가지고 기도한다. 그러다보니 자연히 마음보다는 외형에 더 신경을 쓰게 된다. 연기자는 극장의 규칙을 따르며, 기도하는 사람은 사람의 규칙을 따른다.

마음과 본질에 대해서는 관심이 없어 더러움과 불법을 용인하면서도 겉만을 화려하게 보이려는 서기관과 바리새인들의 이와 같은 외형중심의 종교생활을 예수님은 이렇게 비난하신다.

> 화 있을진저 외식하는 서기관들과 바리새인들이여, 잔과 대접의
> 겉은 깨끗이 하되 그 안에는 탐욕과 방탕으로 가득하게 하는도다.
> 눈 먼 바리새인이여 너는 먼저 안을 깨끗이 하라 그리하면 겉도

깨끗하리라(마 23:25-26).

화 있을진저 외식하는 서기관들과 바리새인들이여. 회칠한
무덤 같으니 겉으로는 아름답게 보이나 그 안에는 죽은 사람의
뼈와 모든 더러운 것이 가득하도다. 이와 같이 너희도 겉으로는
사람에게 옳게 보이되 안으로는 외식과 불법이 가득하도다
(마 23:27-28).

  기도의 가장 기본적인 의미는 "하나님께" 올려드리는 것이다. 그
래서 하나님과 기도하는 당사자 간의 관계와 소통이 중요하다. 사람이
있든지 없든지 하나님 앞에서 행해야 한다. 교회에서 공동체를 대표하
여 기도하든지, 여러 사람이 함께 모여 기도하는 자리에서 개인적으로
기도하든지 상관없이, 기도는 하나님과 기도하는 당사자 간의 바른 관
계가 전제되어야 한다. 둘 사이에 다른 어떤 존재가 개입해서는 안 된
다. 더욱이 기도가 하나님께 자기의 소원을 올리는 것인 까닭에 기도
내용의 전달과 기도 응답은 하나님과만 관련이 있다. 하나님이 들으시
면 그만이지, 사람들에게 감동을 주거나 교훈을 줄 목적으로 기도하지
않는다. 만일 하나님을 염두에 두지 않거나 하나님이 그 기도를 듣지
않으신다면, 골백번 기도하더라도 소용이 없다. 이런 이유로 "사람에
게 보이려고" 기도하는 한, 그 기도는 더 이상 하나님께 소원을 올리는
기도가 아니라 사람들 앞에서 행하는 연기(외식)로 전락한다.
  예수님은 이번에는 외식하는 사람들이 사람에게 보이려고 기도하
는 구체적인 장소를 문제 삼아 말씀을 계속하셨다. 그들에게는 회당과

큰 거리 어귀가 자기들의 경건을 과시하기에 좋은 장소였다. 예수님이 특정한 장소가 기도하기에 부적합하다고 그들을 비난하시는 것은 아니다. 그 곳이 회당과 큰 거리와 같은 사람들이 많이 모이는 장소가 되었든지, 아니면 개인 골방에서 혼자서 기도하는 것이든지, 기도하는 사람이 가지고 있는 마음 자세를 문제 삼으셨다. 외식하는 자에게는 사람들이 가장 많이 모이는 곳, 그래서 기도하는 모습을 가급적이면 잘 보이게 하여 사람들에게 좋은 인상을 줄 만한 곳이 기도하기에 최적의 장소가 된다.

사실 예수님은 사람 앞에서 기도하는 것 자체를 문제 삼지 않으셨다. 어차피 공동체 기도는 사람들이 있는 곳에서 행해지기 때문이다. 또한 회당에서 하든지, 큰 거리 어귀에 서서 하든지 장소도 문제가 되지 않는다. 대부분의 사람들은 성전을 비롯하여 이런 곳에서 기도했고, 이런 장소가 당대에 기도하는 공식적인 장소였기 때문이다. 여기서 문제가 되는 것은 기도하는 사람이 의도적으로 회당이나 큰 거리 어귀를 기도의 장소로 택했다는 데 있다. 굳이 그곳에서 기도하지 않아도 되는 데 말이다. 그 사람에게 기도하는 목적이 "사람에게 보이려는" 데 있다면, 그 목적을 달성하는 곳으로 회당과 큰 거리 어귀야말로 최적의 장소였다. 과시를 목적으로 기도하고, 더욱이 그 대상이 "사람으로" 바뀐 데 기도의 결정적인 문제가 있다. 기도는 "하나님께" 하는 것인데 말이다.

사람들을 의식하면서 그들에게 보이려고 기도하려 한다면, 외식하는 기도는 어느 특정한 장소에서만 아니라 다른 여러 가지에 있어서도 외식의 실체가 드러난다. 실제로 사람들은 기도를 잘(?) 하려고 여러 가지 방법을 동원한다. 미사여구를 사용한다거나, 성경말씀을 적당히 인용하여 교훈하려 하고, 사람들이 미처 생각해내지 못한 멋진 표현들을 사용해가며 기도하기도 한다. 이 모든 것이 사람들에게 좋은 인상을 주기 위한 것이라면, 외식하는 사람들이 "사람에게 보이려고" 기도하는 것에 해당한다.

왜 그들은 기도하면서까지 사람에게 보이려고 할까? 사람들에게서 무엇을 기대하는가? 기도와 관련해서 그들이 기대하는 것이 구체적으로 언급되지 않았지만, 동일한 패턴으로 종교행위 세 가지를 언급하고 있는 구제와 관련한 문단에서 그 해답을 찾을 수 있다. 그들이 바라는 보상은 "사람에게서 영광을 받는 것"이다(마 6:2). 기도와 관련해서, 그들이 기대한 "영광"은 사람들에게서 칭찬을 받는 것과 기도 잘하는 사람으로 인정받는 것이 분명하다. 사람들이 듣고 감동을 받아서 기도하는 사람에게 "기도에 은혜를 받았다"라는 말을 듣는 것과 "오늘 기도 너무 좋더라"고 칭찬해주기를 바란다면, 그 사람은 사람에게서 영광을 받은 것이다. "그들은 자기의 상을 이미 받았느니라."

골방에 들어가

예수님은 잘못된 기도가 무엇인지를 지적하신 후에 그런 식으로 기도하는 사람을 향하여, "그들은 자기의 상을 이미 받았다"고 말씀하셨다(마 6:5). 왜 예수님이 잘못 기도한 사람에게 이렇게 말씀하셨는지, 그 이유를 아는 것은 그리 어렵지 않다. 앞에서 필자는 기도가 다른 사람에게 감동을 주기 위해서라든가 다른 사람에게서 좋은 반응을 얻으려고 하는 것이 아니라고 말했다. 기도는 "하나님께 아뢰는 것"이고 그것을 내 힘으로 말하는 것이 아니라 "그리스도의 공로와 그분의 힘을 입어서" 하는 것이다. 기도는 하나님이 받고 들으셔야 한다. 사람들에게 감동을 주려는 기도는 기도가 아니다. 거기에 "나"의 의가 들어갈 자리가 어디에 있겠는가. 기도하면서 사람에게서 어떤 유든 칭찬을 받기를 기대했고 실제로 칭찬을 받았다면, 그것으로써 그 사람은 기도한 "소기의 목적은 달성한" 셈이다. 그는 하나님이 들으라고 기도한 것이 아니고 사람에게서 어떤 평가를 받을지를 기대했으니, 자기가 기대한 상을 받았다. 사람에게서 기대했던 것이 충족되었으니, 더 이상 하나님에게서 받을 것은 없다.

예수님은 이런 위험을 피할 수 있는 방법을 알려주셨다. "기도할 때에 네 골방에 들어가 문을 닫고 은밀한 중에 계신 네 아버지께 기도하"는 것이 최상의 방법이다(마 6:6). "골방"은 집안에서 가장 안쪽에 있는 방이다. 그러므로 "골방"은 군중들과 분리될뿐더러 심지어 가족들과도 분리된 공간이다. 예수님은 골방을 언급하심으로써 기도가 개인과 하나님만의 "사적인 친밀감"을 나누는 것이라는 사실을 강조하신다.10) 이 사실이 중요하기에, "골방에 가서 문을 닫고 기도하라"는 것은 기도하는 사람에게 반드시 기도의 골방이 필요하다는 의미로 주신 말씀이라고 이해해서는 안 된다. 사람에게 보이고 그들에게서 영광을 얻으려는 생각을 고치려면, 기도가 "하나님을 향한 것"이 되어야 한다고, 사람에게 보이려고 할 만한 모든 요소를 차단하고 오직 하나님께만 기도

---

10) Betz, *The Sermon on the Mount*, 363.

하라는 의미다. 회당이나 예루살렘 성전과 같은 공공장소에서 기도하든지 집안에서 기도하든지, 또는 사람들이 보든지 듣든지 상관없이, 기도는 하나님이 들으시는 데에 관심을 두고 하나님께만 향해야 한다. 외형적인 기도가 아니라 본질적인 기도가 되려면 하나님만을 의식하고 하나님께만 올리는 기도여야 한다.

중언부언

기도할 때 조심해야 할 두 번째 문제는 마 6:7a절 언급되었다. 이 방인과 같이 "중언부언하는 기도"가 그것이다. "중언부언"(바탈로게오, βαρραλογέω)은 신약성경에서 이곳에서만 사용되었기 때문에 성경적인 의미를 찾기는 힘들지만, 성경 이외의 여러 자료들에서는 그 의미가 분명하다. 사전에는 이 단어의 뜻이 "생각 없이 말하는 옹알이와 횡설수설"이라고 정의되었다. 이것은 의미 없이 반복해서 하는 말을 의미한다. 베츠는 이 단어가 "반복해서 하는 말"과 "장황하게 하는 말"(폴뤼로기아, πολυλογία)과 동의어라고 설명한다.[11] 이유는 이렇다. 이교도들은 종교행위를 할 때 알아들을 수 없는 말(unintelligible)을 횡설수설하기보다는 무엇인가 의미 있는 말을 하는 까닭이다. 그것이 마술적인 주문

---

11) Betz, *The Sermon on the Mount*, 364, 367. 베츠의 견해는 중언부언이 그 밑에 숨겨진 내용이 무엇인지 알 수 없는 "쓸데없는 말을 지껄이는 것"이라고 이해하는 슈트레커의 견해와 상반된다. 슈트레커는 중언부언을 무술(巫術)적인 주문으로서, 이를 수단으로 신성을 점유하려는 것으로 이해한다. 게오르그 슈트레커, 『산상설교 — 그 신학적 해석』, 전경연, 강한표 옮김 (서울: 대한기독교서회, 1992), 127.

이 되었든지,[12] 아니면 열정과 간절함이 배어 있는 애절한 간구가 되었든지 간에, 중언부언 행위에는 이방종교의 신관이 반영되었다. 고대의 거의 대부분의 종교는 인간이 변덕스러운 신들을 바르게 대우해주어야 한다는 점에서 말을 많이 하는 기도를 창안해냈다. 로핑크(G. Lohfink)는 고대인들이 왜 기도하면서 말을 많이 하는지를 다음과 같이 요약한다.

> 인간은 어려울 때면 신들에게 주의를 환기시켜 자비를 베풀게
> 해야 하며, 일이 잘되어 갈 때에는 신들의 주의를 딴 데로 돌려
> 자신의 행복을 깨뜨리지 않게 해야 했다. 인간은 신들을 불러내고,
> 강청하고, 영향을 주고, 생각을 바꾸게 하고, 부드러워지게 하고,
> 화해하게 하고, 달래고, 의무를 지워야 했다. 때를 따라서는 몸으로
> 신들을 붙들어야 했다. 무엇인가 신들에게서 얻어내려면 으레
> 거기에 걸맞은 공적을 제공해야 했다. (이것을 한 마디로) "do ut
> des," 즉 "받기 위해 준다"고 표현할 수 있다.[13]

이것은 기도를 자신의 이기적인 욕심을 채우기 위한 수단으로 이해

---

12) 기도를 주술로 사용한 예는 "가계에 흐르는 저주를 끊는 법"을 주창한 사람들에게서도 찾을 수 있다. 그들은 기도를 사술과 사탄적인 것을 끊는 방법으로 사용한다. 대표적으로 이윤호, 『가계에 흐르는 저주를 이렇게 끊어라』 (서울: 베다니출판사, 1999), 182를 들 수 있다. 이러한 잘못된 기도를 비판한 필자의 글 "가계에 흐르는 저주 이론, 무엇이 문제인가?" Knowing the Times 6 (2016, 2), 164-66을 보라.

13) 게르하르트 로핑크, 『산상설교는 누구에게? ─ 그리스도교 윤리를 위하여』, 정한교 역 (왜관: 분도출판사, 1990), 205.

한 대표적인 케이스인데, 놀랍게도 우리는 이런 심상을 고대의 종교에서만 아니라 현대의 종교에서도 발견할 수 있다. 제법 많은 그리스도인이 기도를 공적 쌓기로 여기고, 그가 행한 기도를 자신의 의로 생각한다. 그리고 그동안 행한 기도에 의거하여 하나님께 무엇인가 얻어내려고 한다. 이 점에서는 기도를 이처럼 잘못 이해하고 있는 것에서 바뀐 것이 거의 없다.

예수님이 염두에 두신 것이 틀림없이 이와 같은 생각을 가지고 말을 많이 하는 기도였을 것이다. "그들은 말을 많이 하여야 들으실 줄 생각하느니라." 그렇다면 예수님이 지적하신 잘못된 기도는 기도의 질(質)이 아니라 기도의 양(量)에 집착하는 데 문제가 있다. 장황한 말, 길게 기도함, 반복해서 늘어놓아 말을 많이 함으로써 기도 행위 자체에서 만족감을 얻고, 누군가에게 인정을 받으려는 것이 문제다. 사람들은 기도할 때 말을 많이 하는 것이 자동적으로 효과를 낸다고 믿어 그런 중언부언의 기도를 의지하게 된다.

앞에 인용한 고대인들의 기도 심상에 표현되었듯이, 대부분의 사람들은 기도를 길게 하거나 간청하거나, 기도하기 전에 무엇인가 바친다. 신에게서 무엇인가를 받기 위해서다. 특히 종교적인 행위와 관련하여 "중언부언"은 우상을 숭배하는 사람들이 자기네 신에게 기도하는 경우에 극명하게 나타난다. 그들이 말을 많이 하는 것은 어쩌면 그들의 신이 요구하기 때문이 아니라 사람들이 만들어놓은 신관에 영향을 받았을 가능성이 많다. 그들의 신은 말을 많이 하여야 기도를 듣는다고 판단하기 때문이다.

그러나 성경은 다른 방식으로 이 문제를 설명한다. 이방인들이 그들의 신에게 이런 식으로 행동하는 것은 그들의 신이 죽은 신이기에 신도들이 부르짖는 소리를 들을 수 없고 응답할 수도 없기 때문이다. "그들의 우상들은 은과 금이요 사람이 손으로 만든 것이라. 입이 있어도 말하지 못하며…… 귀가 있어도 듣지 못하며…… 목구멍이 있어도 작은 소리조차 내지 못하느니라"(시 115:4-7). 그러니 자기들의 신에게서 반응이 없거나 그 반응이 더디다면, 신도들은 신에게 자극을 주려고 동일한 말을 반복할 수밖에 없다. 오히려 사람은 자기들 수준에서 자신에게 맞는 신을 만들어 그 신을 떠받든다.

이와는 다르게, 하나님은 살아있는 인격적인 신이다. "여호와는 살아 계시니 나의 반석을 찬송하며 내 구원의 하나님을 높일지로다"(시 18:46). 우상에게 기도하는 사람은 기도가 살아 계신 하나님과 나누는 인격적인 대화인 것을 알지도 못하고 이해하지도 못한다.

엘리야 선지자가 이스라엘 백성이 바알 신을 섬기는 것을 보고 한탄했던 이유가 바로 이 내용과 관련이 있다(왕상 18:21). 엘리야는 바알 선지자들에게 여호와와 바알 중에 어느 신이 참 신인지 확인하자고 제안했다. 방법은 각자 자기 신의 이름을 불러 제단에 불을 내리게 하는 것이다. 바알의 선지자들은 아침부터 낮까지 계속 바알의 이름을 불러댔다. 그러나 바알이 그들의 기도에 응답할 리가 없다. 그러자 엘리야는 바알 선지자들에게 "큰 소리로 부르라 그는 신인즉 묵상하고 있는지 혹은 그가 잠깐 나갔는지 혹은 그가 길을 행하는지 혹은 그가 잠이 들어서 깨워야 할 것"이라고 조롱했다(왕상 18:27). 바알의 선지자들은 미친 듯이 떠들면서 애절하게 "바알"을 불러댔지만 바알은 여전히 대답이 없었다(18:29). 죽은 신이며, 사람들이 만들어낸 허구에 불과한 존재이기 때문이다. 바알 선지자들이 행한 기도행위는 중언부언이 어떤 뜻인지를 이해할 수 있는 가장 좋은 예다.

중언부언은 신관(神觀)과 관련이 있다

이처럼 미친 듯이 주문 같은 것을 외우면서 반복된 말로 기도하지만, 그 말이 공허하고 의미 없는 말인 경우는 이교도들의 기도에서 흔하다. 그래서 살아계신 하나님께 기도하는 사람은 이와 같은 중언부언의 기도를 본받지 않도록 주의해야 한다. 기도하는 사람 자신은 자기가 하는 말이 중요한 말이라고 생각하면서 힘주어 강조하고 또 강조하지만, 그럴수록 그 말이 공허한 말임이 드러난다. 중언부언은 헛된 말을 하거나 동일한 말로써 동일한 내용을 반복해서 말하는 것뿐만 아니라, 다양한 어구를 사용하여 말을 바꿔가면서 하는 것에도 해당된다. 살아 계시고 인격적인 하나님에게 기도한다면 이와 같은 장황한 말을 늘어놓을 필요가 없기 때문이다. 진실한 말은 간단하고 소박하다(참조. 마 5:37). 이교도들의 장황한 기도에는 "말을 많이 하면 신(하나님)이 그 기도를 들으신다"는 그들의 신념이 깔려 있다(마 6:7b).

유대인들은 매사에 자신들이 이방인들과 구별되었다고 생각했다. 그런데 예수님은 유대인들이 "이방인들처럼" 기도하고 있다고 꼬집으신다. 유대인들은 오랫동안 성경적인 내용으로 기도하고, 살아계시고 한 분뿐이신 하나님께 기도한다고 믿었지만, 예수님은 그들이 하는 기도의 모습에서 주변의 이방인들이 하는 것과 동일한 기도의 모습을 발견하셨다. 유대인들은 이교도들을 업신여기고 멸시하면서도 가나안 땅에 사는 동안 차츰 이방인의 기도 습관에서 영향을 받아 그들의 행위를 따라했다. 예수님은 그렇게 된 것이 어쩔 수 없는 것이라고 눈감아주시지 않고 이런 기도는 잘못되었으니 고치라고 지적하신다.

이방인들이 왜 말을 많이 하여야 신(하나님)이 기도를 들으신다고 생각했는지, 이유는 분명하다. 그들의 신은 죽은 신이기 때문이다. 아니, 신이 아니라 헛것이기 때문이다. 그들의 신은 신도가 열 번 말해도 듣지 못한다. 신도들의 입장에서 보면 여러 번 말을 해야 잠자고 있는 신을 깨울 수 있다고 생각할 수밖에 없다(왕상 18:27). 반면에, 전도서 저자는 하나님 앞에서 말을 많이 하는 것을 어리석은 사람이 하는 짓이라고 지적한다. "우매한 자는 말을 많이 하거니와 사람은 장래 일을 알지 못하나니"(전 10:14). 그러나 성경의 하나님은 살아계신 하나님이고 사람이 아니기에, "졸지도 아니하시고 주무시지도 아니 하신다"(시 121:4). 그렇다면 중언부언의 문제는 하나님이 어떤 분이신지, 즉 신관과 관련된 문제라는 것이 분명하다. 예수님이 "그들은 말을 많이 하여야 (신이 자기의 기도를) 들으실 줄 생각"한다고 실상을 콕 집어 지적하시고, "그러므로 저희를 본받지 말라"(마 6:7b-8a)고 말씀하신 까닭이 바로 이것이다.

이방인들처럼 말을 많이 해야 신이 기도를 잘 들으시고 신속하게 응답하신다고 생각하는 것은 세계의 여러 종교에서 발견할 수 있는 공통적인 현상이다. 세상의 모든 종교가 신봉하고 있는 신은 유일하고 참되신 하나님과 상관이 없는 신이기 때문이다. 하나님은 "온 땅 위에 지존하시고 모든 신들보다 위에 계시다"(시 97:9). 그러므로 "위로 하늘에나 아래로 땅에 오직 여호와는 하나님이시요 다른 신이 없는 줄을 알아 명심"해야 한다(신 4:39).

예수님은 다른 신과 구별되는 하나님을 믿는 유대인들 중에서도 하나님을 마치 이방인의 죽은 신으로 인식하고 그에게 나아가 기도하는 사람들이 많이 있다는 것을 아셨다. 거룩하고 살아계신 하나님을 믿는 유대인들이 중언부언하는 이방인의 기도를 본받아 그들도 말을 많이 하여 종교적인 열심을 인정받으려고 했으니, 이 얼마나 앞뒤가 맞지 않는 행동인가. 중언부언 기도는 하나님께 기도하면서 기도를 길게 하고 말을 많이 하는 것이 무슨 공적을 쌓는 일이라고 생각한다. 그래서 중언부언은 자연스레 그 공적에 근거하여 하나님께 자기의 소원을 들어달라고 요청하는 것으로 이어진다. 바른 기도는 길고 지속적인 기도가 아니라 하나님 앞에 마음의 진실함을 털어놓는 소박한 기도다(참조. 눅 18:1-8).

우리는 이보다 나은가? 유대인들의 이런 행동이 오늘날 우리의 기도 모습과 상관없는 일일까? 한국교회는 신자들에게 열심히 기도하라고 권한다. 금식하며 기도하고, 작정 기도하는 이름으로 40일 또는 100일 동안 기도하기도 한다. 소리 내어 기도하고, 눈물을 흘려가며 기도하고, 기도하면서 몸부림을 치고, 심지어 손뼉을 치면서 기도하기도 한다. 그뿐만 아니라 기도의 길이에 의미를 두어, 한두 시간 기도하거나 심지어 밤을 새워 기도하고, 많은 사람들이 단잠을 자는 새벽에 일어나서 기도하는 것을 칭찬한다. 사생결단하고 하는 기도, "죽기 내기로 하는 기도"를 흠모하는 실정이다. 우리가 열정을 다해 열심히 기도한다는 것이 하나님에 대한 바른 신앙에 근거한 것일까? 물론 그럴 수도 있다. 그러나 혹시 그것이 하나님께 그의 기도열정을 인정받으려고 하는 것은 아닐까? 혹은 열정적으로 기도하는 것이 하나님께 자기가 기도하는 내용이 얼마나 간절한 것인지, 자신의 애절함을 하나님께 전달하려는 의도가 반영되지는 않았는가? 하나님이 남들이 하는 기도보다 자신이 하는 기도를 더 기쁘게 받아 응답해주시기를 기대하면서 그런 행동을 하지는 않는가? 자신의 열심을 기도의 효과나 기도의 간절함과 동일시하지는 않는가?

더 나쁜 상황은 이러한 기도의 열심과 많은 말을 사용하여 하는 기도가 사람들(교인들)에게 기도 잘하는 사람이라고 인정을 받으려는 심사가 지배한 경우다. 매일 하나님께 동일한 내용을 반복해서 기도하고, 자주 기도하는 것에서 중언부언의 위험이 도사리고 있을 가능성이 많이 있다. 더 심각한 것은 그러한 열정이 하나님을 인격적인 하나님으로 생각하지 못하고, 하나님을 죽은 신으로 또는 졸거나 주무시는 신으로(비교, 시 121: 3, 4), 혹은 멀리 계신 신으로(대조, 시 139편) 생각하는 이방인의 신관이 자리하고 있는 것은 아닌지 두렵다.

우리의 하나님은 하늘에 계시면서 동시에 우리 가까이 계셔서 우리의 기도를 들으시는 하나님이시다. 하나님은 우리가 "그를 부를 때에 (언제든지) 들으"신다(시 4:3). 그 때가 새벽이 되었든지(46:5), 아침이 되었든지(5:3), 아니면 저녁과 아침과 정오가 되었든지(55:17) 상관이 없다. 이런 구절을 성경이 기도하는 시간을 정해준 것으로 이해해서는 안 된다. 이들 본문은 우리가 부르짖을 때 그 때가 언제가 되었든지 하나님이 즉각 들어주신다는 사실을 가르친다.

하나님은 곤고한 자가 부르짖든지(34:6), 의인이 부르짖든지(34:17), 궁핍한 자가 도움을 청하든지(69:33) 아니면 갇힌 자의 탄식이든지

(102:20) 누구에게나 동일하게 응답하신다. 그의 백성이 기도하시면 하나님은 누구의 기도든 들으신다. 그래서 기도하는 사람의 인종이나 종교심을 구별하지 않고 모든 사람이 주께 나아가 기도할 수 있다(65:2). 하나님이 이처럼 기도를 들으신다는 확신이 있기에, 기도한 사람은 그가 구한 내용을 받을 때까지 열심이라는 명목 하에 끈덕지게 조르며 기도하는 것이 아니라, 그가 기도한 것을 하나님이 응답해주실 때까지 조용히 평온한 마음을 가지고 기다릴 수 있다. "내가 여호와를 기다리고 기다렸더니 귀를 기울이사 나의 부르짖음을 들으셨도다"(시 40:1).

예수님은 중언부언으로 기도하는 사람을 "본받지 말라"고 엄히 경고하신다(마 6:8a). 하나님의 백성이라도 이방인들이 하는 열성적인 기도를 쉽게 본받아 잘못된 기도를 할 수 있다고 보신 까닭이다. 이어서 예수님은 이와 같은 기도행습을 교정하는 방법으로, "구하기 전에 너희에게 있어야 할 것을 하나님 너희 아버지가 아신다"는 사실을 상기시키신다(마 6:8b). 예수님의 이 지적은 무척 중요하다. 어떤 유든 중언부언 기도를 피할 수 있는 가장 좋은 방법은 하늘에 계신 아버지가 기도하는 사람에게 필요한 것이 있다는 것을 먼저 아시고 호의를 베푸신다는 사실을 인식하는 것이다. 하나님이 내게 필요한 것을 먼저 아신다는 사실에서 기도의 동기를 찾아야 한다. 그런데도 기도를 죽기 살기 식으로 해야 할까? 꼭 그렇게 할 필요가 있을까? 그것이 기도의 열심이거나 하나님께 나의 간절함을 전달하려는 수단으로 이해될 수가 있을까? 오히려 이런 기도가 이방인들이 죽은 신에게 한 기도에서 본받은 것은 아닌지 반성할 필요가 있다.

이 말씀(마 6:8b)으로써 예수님은 기도의 대상자가 누구인지를 아는 것이 기도의 가장 중요하고 본질적인 요소임을 지적하신다. 우리가 기도하는 대상은 "아버지"이신 하나님이시다. 그리고 하나님은 우리가 구하기 전에 우리에게 있어야 할 것을 아는 분이시다. 이쯤 되면, 하나님은 우리가 조용히 말하더라도 기도를 들으시고, 소원하는 바를 간단히 한 번 말하더라도 우리에게 필요한 것이 무엇인지 알고 주실 준비를 하고 계시다는 확신을 얻을 수 있다. 하나님은 후히 주시고 꾸짖지 아니 하시는 하늘 아버지이시기 때문이다(약 1:5). 그런 하나님 앞에서 이방인들처럼 말을 많이 하여 하나님을 설득하거나 내게 관심을 돌이키게 한다는 것이 얼마나 우스운가. 죽은 신을 섬기는 사람들은 기도할 때 말을 많이 하여야 자기의 신이 들으시는 줄 안다. 그러나 하나님이 참으로 아버지이심을 아는 사람은 조바심을 갖지 않는다. 말을 많이 할 필요도 없이, 필요한 말 몇 마디만 하더라도 하나님이 기도를 들으신다는 것을 믿고 기도한다. 하나님이 구하기 전에 있어야 할 것을 아신다는 것은 우리에게 그 하나님이 살아계시고 관대한 하나님이심을 일깨운다. 하나님은 멀리 계신 분이 아니라 우리 가까이 계신 인격적인 "아버지"이시다.

하나님이 "아버지"가 되신다는 사실은 우리가 열성을 보여 하나님을 설득하지 않더라도 자녀들이 필요한 것과 구하는 내용을 다 "알고" 주시는 분이심을 암시한다. 그 아버지는 은혜롭고 긍휼이 풍성한 아버지이시기 때문이다. "늘 은밀히 보시는 주님 큰 은혜를 베푸시리"(찬송가 539장 후렴)라는 찬송가의 노랫말처럼, 기도하는 사람은 은혜를 주시는 하나님의 사랑과 너그러움을 확신하면서 기도할 수 있다. 골방에 들어가 "은밀한 중에 보시는 하나님"하고만 대면하여 기도하라는 예수님의 말뜻이 이것이다. 하나님은 우리가 구하는 것이 (꼭 필요한 것이라면) 우리에게 있어야 할 것을 반드시 주시고, 줄 준비를 하신다. 반대로, 사람들은 하나님이 어떤 분이신지를 알지 못하기에 응답을 빨리 받는 별의별 방법을 동원하여 기도한다. 하나님을 은밀한 중에 보시는 하나님으로 아는 것이 중언부언을 피할 수 있는 가장 좋은 방법이다.

앞에서 고대인들의 예에서 보았듯이, 중언부언하며 기도하는 이유는 하나님이 기도하는 사람의 필요를 잘 알지 못한다고 믿거나 기도에 열심을 내는 사람에게 기도를 응답한다고 생각하기 때문이다. 여기에는 기본적으로 공로 사상이 깔려 있다. 우리는 다 부정한 자 같고, 의는 다 더러운 옷 같다(사 64:6). 그런데도 인간의 행위를 의지하여 다른 사람보다도 더 먼저 더 빨리 하나님께 기도 응답을 받으려 하는 것은 자기의 행위를 의지하고 하나님의 은혜와 자비를 의지하지 않는 태도다. 이교도들이 신에게 가서 자기들이 필요한 것들을 구하여 뭔가를 얻어내려면 신에게 자기가 필요한 것을 주지시키고 신의 관심을 끌려고 여러 가지 방법으로 신을 감동시키고, 또 신에게 자신을 인상적이게 보이고 자기에게 간절함이 있다는 것을 알리려고 생각한다. 이것은 신에게 가까이 가기 위해 사람들이 만들어낸 방법이지, 살아계신 하나님이 일러주신 자신에게 나아오게 하신 방법이 아니다(참고. 출 19:9-13).
불교 신자들 중에 불심이 깊은 사람들은 삼천 배(拜)를 한다. 새벽불경을 드리고, 선행을 행하고 공덕을 많이 쌓고 득도하고 해탈하여 극락 장생에 이르려한다. 불교야 저 높은 곳에 신이 있다고 생각하지 않으니까 불교 신자들이 하는 행동이 우리가 여기서 다루는 문제와 상관이 없다고 생각할 수 있지만, 공덕으로 인정을 받으려는 사람들의 마음은 샤머니즘부터 각 나라의 민속 종교에 이르기까지 어디서나 찾아볼 수 있다. 교인이나 그렇지 않은 사람이나 누구를 막론하고 종교적인 열심을 이런 식으로 이해한다.

교인들 중에는 기도시간에 하나님께 겸손하게 나아가 자기의 간절함을 토해내고 하나님을 의지하는 사람도 있지만, 여전히 많은 사람들이 자기의 열심을 보이려고 반복해서 기도하고, 별 생각 없이 "이것 주십시오. 저것 주십시오. 주실 줄 믿습니다"라고 외친다. 자신이 열심을 내어 기도한다고 생각하는 사람은 하나님을 인격적이고 자비로운 아버지로 이해하고 있는지 돌아봐야 한다. 그러므로 "중언부언"은 반복해서 말하는 것과 관련된 문제만 아니다. 하나님을 인격적인 분, 즉 아버지로 인식하지 못하고 자신의 열심을 의지하는 갖가지 행위 전반에 적용할 수 있다.

말하는 것과 관련해서 지적할 것이 하나 더 있다. 사람들은 기도하는 시간의 분량을 중요하게 생각하여 오래, 길게 기도하는 것에 가치를 매기는 경향이 있다. 그래서 기도할 때 쉬지 않고 끊임없이 말을 많이 하는 것을 기도 잘 하는 것으로, 또는 기도에 열심히 있다거나 기도에 정성을 드리는 것으로 생각한다. 그러니 자연히 기도하면서 있는 말 없는 말을 많이 하고, 그렇지 않으면 했던 말을 반복하면서 시간을 많이 보내려 한다. 모두 중언부언과 관련이 있다.

하나님을 아버지로 인식하는가?

바로 이어서 예수님은 "그러므로 너희는 이렇게 기도하라"고 말씀하시고, 주기도문을 소개하신다. 특히 예수님은 그의 제자들이 무리들(마 5:5a)과 다르게 기도해야 한다는 것을 알리시려고, 예수님의 교훈의 대상들과 구별하여 "너희는"이라고 직접 제자들을 겨냥하여 말씀하신다. 그러므로 주기도문은 예수님을 믿고 그를 따르는 사람들만이 할 수 있는 기도이고, 이 기도는 다른 종교와 다를뿐더러 심지어 유대인들의 당대 기도행습과도 구별되는 기도다. 누가는 주기도문을 예수님이 기도를 가르쳐달라는 제자들의 요구에 응하여 주신 기도로 제시한다. 이를테면, 주기도문은 기도의 표본이다. 누가복음의 주기도문은 매우 소박하다. "아버지여"로 시작하는 네 가지 청원으로 구성되었을 뿐이다. 여기서 핵심은 하나님을 "아버지"로 제시되었다는 데 있다. 주기도문은 자녀가 아버지에게 하는 기도다.

아버지와 자녀의 관계에 근거하여 하나님께 기도하는 것은 기독교 이외에는 그 유례가 없다. 예수님은 기도하는 사람이 가장 기본적으로 알아야 할 것을 우리가 하나님을 "아버지"라고 부르는 자녀로 그분에게 나아가는 것이라고 가르치신다. 하나님을 아버지로 인식한다는 의미는 이것이다. 하나님은 우리가 필요로 하는 것을 모르고 계시다가 우리가 기도를 해야 비로소 주시고, 또 정성스럽게(화려한 기교와 장황하게 그리고 길게 열심을 내어) 기도해야 가상히 여겨 빨리 응답하는 하나님이 아니라는 것이다. 땅에 있는 육신의 아버지가 자식에게 대하는 것처럼, 아니 그 이상으로 아버지이신 하나님은 그의 자녀들을 친근하게 대하시고 그들에게 넉넉한 사랑을 베푸신다. 이방인들이 중언부언하는 것과 비교하여, 하나님을 아버지로 인식하고 기도하라는 예수님의 말씀은 이렇게 풀어 쓸 수 있다. "너희 아버지 하나님은 너희에게 있어야 할 것을 아신다. 그러니까 기도할 때 장황하게 말을 늘어놓지 말고 단순하게 기도하고, 할 말을 요점만 간단하게 말하라." 의미 없는 말을 반복해서 말함으로써 기도 시간을 때우는 데 관심을 갖지 말고, 자녀가 아버지와 대화를 나누거나 무엇을 해달라고 부탁할 때 하듯이 꾸밈 없이 소박하게 참된 말만 하라고 말이다(참조. 마 5:37).

그러므로 주기도문은 어떤 의미에서 앞의 내용에 대한 반제로서 주셨다고 할 수 있다(비교. 마 5:21-22, 27-28, 31-32, 33-34, 38-39, 43-44). 특히 8b절에 "하나님 너희 아버지"가 등장하고, 9절의 주기도문이 "하늘에 계신 우리 아버지"가 등장하는 것은 주기도문이 앞에서(6:5-8) 예수님이 기도에 대해 가르치신 것을 염두에 두고 주셨다는 분명한 증거다. 그렇다면 주기도문의 중요한 정신과 출발은 "하나님을 (하늘에 계신) 아버지로 알고 기도하느냐?"에서 찾아야 한다. "하나님은 신자들의 아버지이시다"라는 깨달음과 확신은 우리의 기도생활을 바르게 할 수 있는 중요한 원리이고 지침이다. 하나님은 우리의 아버지이시고, 우리는 그의 자녀들이다.

초대교회의 교부 중에 한 사람이었던 터툴리안(주후 150-225년에 살았던 카르타고 출신의 교부)은 주기도문이 단순히 기도를 가르치는 것만이 아니라 하나님이 누구이신지, 우리가 어떤 존재인지, 하나님과 우리의 관계가 어떤 것인지를 가르치는, 말하자면 복음 전체의 요약이라고 주기도문의 가치를 매겼다. 터툴리안은 주기도문을 올바르게 이해한 사람이야말로 예수님의 복음 선포의 핵심과 복음의 구조와 복음의 독특함을 파악하게 된다고 주기도문의 중요성을 정확하게 파악했다. 주기도문은 기도하는 사람이 하나님을 바르게 믿고 이해하고 있는지, 그가 받아들인 복음이 진정으로 성경적인 것인지를 검증하는 리트머스 종이이다.

소요리문답과 마태복음 관점에서 본 주기도문 이해

주기도문으로
기도하기

기도의 대상

제 2 장

기도의 대상
"하늘에 계신 우리 아버지"

주기도문은 마태복음 6:9b-13에 들어있다. 예수님은 제자들에게 잘못된 기도의 예를 들어 바르게 기도해야 할 필요를 가르치셨다. 외식하는 사람처럼 기도를 해서는 안 된다(마 6:5). 사람에게 보이려고 기도하는 사람은 골방에 들어가 "은밀하게 보시는" 하나님께 기도하라(6:6). 하나님은 은밀한 중에 보시는 하나님이시다. 하나님은 말을 많이(중언부언) 하여야 들으신다고 생각하지 말라(6:7). 하늘 아버지는 기도하기 전에 무엇이 필요한지 아신다(6:8). 그러시면서 예수님은 잘못된 기도를 교정하는 방법으로 주기도문을 가르치셨다. 잘못된 기도의 예에서 주기도문으로 넘어가는 전환구로 예수님은 "그러므로 너희는 이렇게 기도하라"는 어구를 사용하신다(6:9a). 이 어구가 주기도문을 이해하는 데 어떻게 작용하는지, 그리고 이 어구의 중요한 점이 무엇인지를 먼저 살펴보자.

"그러므로 너희는 이렇게" 기도하라

"그러므로 이렇게 기도하라"는 말씀(6:9a)은 주기도문(마 6:9b-13)이 앞에서 다룬 주제(6:5-8)와 관련이 있음을 암시한다. 또한 예수님이 "너희는" 이렇게 기도하라시면서 교훈의 대상을 구체적으로 언급하신 것은 그가 제자들에게 당대 유대인들이 기도하는 것과 구별되게 기도하기를 기대하셨음을 암시한다. "그러므로 이렇게 기도하라"는 것은 주기도문의 내용을 기계적으로 사용하여("이 내용대로") 기도하라는 의미가 아니라 주기도문의 내용을 지침으로 삼아 이런 정신으로("이런 방식으로") 기도하라는 의미다. 이 어구는 앞에 잘못된 기도를 제시하신 것과 비교하여 기도의 바른 태도와 기도의 내용을 알려준다. 주기도문은 모든 기도의 기초다(참조. 소요리문답 99문답).

주기도문이 "하늘에 계신 우리 아버지"로 시작하는 것 역시 예수님이 앞에 언급한 내용과 대조하려는 의도에서 기도의 지침으로 주셨음을 알려준다. 예수님은 사람에게 보이려고 기도하는 사람에게 골방에 들어가 "네 아버지께" 기도하라고 하셨고, "네 아버지"가 갚으신다고 말씀하셨다(6절). 중언부언을 하는 사람들에게는 구하는 것을 "하나님 너희 아버지"께서 아신다는 사실을 주지시키셨다(8절). 자녀는 아버지를 본받는다. 하나님과 아버지 관계에 있는 자녀는 이방인을 본받지 말고 "우리 아버지"이신 하나님을 본받아야 한다.

주기도문을 시작하는 말인 "하늘에 계신 우리 아버지"는 앞서 예로 든 잘못된 기도를 시정할 수 있는 유일한 방법이다. 우리는 기도가 기도하는 사람과 그 기도를 들으시는 하나님과의 관계가 아버지와 자녀의 관계에서 이루어진다는 것을 알아야 한다.

하나님은 이스라엘에게 자신을 아버지로 알리셨다. 이스라엘은 하나님의 아들로 불렸다(출 4:22). 하지만 예수님 당대의 유대인들의 기도문 중에 하나님을 아버지라고 부르는 기도 몇 군데(쉐모네 에쉬레 4번, 6번)를 제외하고는 구약성경에서 기도에 하나님을 "아버지"라고 부른 예가 없다.[1] 하나님을 아버지라고 지칭한 것은 예수님이 처음이며, 유대인들에게는 파격적인 사건이었다. 예수님이 하나님을 아버지라고 부른 것은 주기도문이 들어 있는 마태복음을 특징짓고, 그것을 다른 공관복음서와 구별해주는 특히 주목할 만한 현상이다.[2] 그래서 예수님이 제자들에게 하나님을 "하늘에 계신 우리 아버지"라고 부르고 기도하라고 가르치신 것은 외식하는 사람들의 기도와 중언부언으로 기도하는 것과 결정적으로 다른 기도를 할 수 있는 출발점으로 이해된다. 예수님이 이 어구로써 교훈하려 하신 내용은 무엇일까? 소요리문답 100문답은 주기도문의 머리말에서 교훈하는 내용을 이렇게 요약한다.

제 100문: 주기도문의 머리말이 우리에게 가르치는 것은
무엇입니까?
답: 주기도문의 머리말, 곧 "하늘에 계신 우리 아버지여"라고 하는
    것은 자녀들이 언제든지 도와줄 능력이 있고 도와주려고 하는

---

1) 제2성전 시대의 외경과 위경에 "아버지"라는 단어가 열다섯 번 사용된 것이 전부다. 홍창표, 『산상보훈 해설』(서울: 크리스챤북, 1997), 234에 있는 자료를 보라.

2) Jonathan T. Pennington, *Heaven and Earth in the Gospel of Matthew* (Grand Rapids: Baker Academic, 2009), 217–18, 231–34.

아버지에게 하듯이, 우리로 하여금 모든 거룩한 존경과 확신을
가지고 하나님께 나아갈 것을 가르치며, 우리가 다른 사람과
함께 기도하고 다른 사람을 위하여 기도할 것을 가르칩니다.

소요리문답은 주기도문의 머리말에서 네 가지를 교훈한다고 설명
한다. 아버지에게 하듯이 하나님에게 언제든지 자녀를 도와주실 능력
과 그러려는 의지가 있음을 믿을 것, 기도하면서 하나님께 존경과 확
신을 가지고 하나님께 나아갈 것, 개인적으로만 아니라 다른 사람들과
함께 기도할 것, 그리고 자신을 위해서만 아니라 다른 사람들을 위해
서도 기도할 것 등이다. 특히 여기서는 하나님과 우리의 관계가 "아버
지와 자녀의 관계"라는 것이 강조되었다. 이 사실에 근거하여, 하나님
에 대한 태도와 다른 사람에 대한 태도를 나타내야 한다. 하나님이 우
리 아버지이시므로, 주기도문 머리말은 우리에게 존경과 확신을 가지
고 하나님께 나아가기를 독려한다. 이 사실을 염두에 두고 주기도문의
머리말의 의미와 중요성을 살펴보자.

우리 "아버지"

기도를 들으시는 하나님은 "우리 아버지"이시다. 신자들 대부분은
기도할 때 "하나님 아버지"라는 말로써 시작하니까, 그들에게 주기도
문의 머리말에 있는 이 어구는 별 의미가 없어 보일지도 모른다. 그런
데 예수님 당대에는 유대인들이 하나님을 아버지(나의 아버지, 우리 아버
지)로 인식은 했어도, 하나님을 부르는 호칭으로서 "아버지"라는 용어

를 사용한 적이 없었다.3) 이 말은 예수님이 짧은 주기도문에서 하나님을 부르는 호칭으로 "우리 아버지"라고 부른 것이 특이할 만한 사실임을 일깨운다. 앞에서 설명한 내용(마 6:1, 5-8)과 관련하여, 예수님은 외식하는 사람들의 기도에 결정적인 문제가 기도의 대상이 어떤 분인지 알지 못한 데 있다고 지적하셨다. 예수님은 이방인과 같이 중언부언하지 말아야 하는 이유로, "하나님 너희 아버지께서" 구하기 전에 우리에게 있어야 할 것이 무엇인지를 아신다고 가르치셨다. 예수님은 제자들에게 기도의 대상이 기도하는 사람의 "아버지"이심을 반복적으로 상기시키셨다.

아람어로 "아빠(abba)"에 해당하는 "아버지"는 자녀와 가장 친근한 관계에 있는 인격체를 가리킨다. 아빠는 젖 뗀 아이가 제일 처음 배우는 단어이며, 일상어이고 가정 용어다. 그런 까닭에 "아빠"라는 호칭에는 무척 친근하고 깊은 신뢰가 담겨있다. 이것은 기도하는 사람과 하나님 사이에도 이와 같은 친근함과 깊은 신뢰가 있어야 함을 일깨운다. 하나님은 종종 자신의 무한한 사랑과 보호를 설명하실 때 아버지가 아들을 사랑하는 것에 비유하셨다(시 103:13; 잠 3:12; 마 7:11). 하나님을 아버지라고 부르는 것은 하나님을 창조자로 인식한다는 의미이기도 하다. "그는 네 아버지시요 너를 지으신 이가 아니시냐? 그가 너를 만드시고 너를 세우셨도다"(신 32:6.). 이스라엘 백성들은 그들이 "한 아버지"를 가지고, "한 하나님이 지으신 바"가 되었다고 고백했다(말 2:10).

동시에 하나님을 "아버지"라고 부른다는 것은 기도하는 사람이 하

---

3) Joachim Jeremias, *The Prayers of Jesus* (London: SCM, 1967), 29.

나님과 언약 관계에 있다는 것을 상기시킨다. "언약"은 하나님과 특별한 관계를 표현하는 용어다. 이 관계는 아버지와 아들로 표현되었다. "나는 그에게 아버지가 되고 그는 내게 아들이 되리라"(삼하 7:14. 참조. 대상 17:13; 28:6; 렘 31:9). 왕과 백성, 주인과 종, 목자와 양처럼, 아버지와 자녀는 보호자와 피보호자의 관계를 알려주는데, 특히 아버지와 자녀는 하나님과 이스라엘의 언약 관계를 강조한다(말 1:6). 하나님은 온 세상에서 이스라엘을 택하여 아들로 삼으시고 그들의 아버지가 되셨다. "여호와의 말씀에 이스라엘은 내 아들 내 장자라. 내가 네게 이르기를 내 아들을 보내 주어 나를 섬기게 하라 하여도 네가 보내 주기를 거절하니 내가 네 아들 네 장자를 죽이리라 하셨다 하라"(출 4:22-23. 참조. 렘 31:9).

신약시대에는 하나님과 그의 백성 사이에 아버지와 자녀의 관계가 더욱 충만히 드러났다. 하나님의 아들이신 예수님이 오셔서 하나님을 아버지라고 부르셨고(마 11:25-26; 요 5:17, 19), 예수님을 믿는 자들에게 하나님을 "너희 아버지"라고 부르라고 하셨기 때문이다(마 5:45, 48; 23:9). 예수님 덕택에 그를 믿고 하나님께 나아가 기도하는 사람은 누구나 하나님을 "아버지"라고 부를 수 있는 신분과 특권을 가졌다(참고. 요 1:12; 롬 8:15). 그래서 하나님을 아버지라 부른다는 것은 하나님과 아들이라는 특별하고도 배타적인 관계에 들어가는 것을 의미한다. 하나님을 아버지라고 부를 수 있는 사람은 그리스도를 믿는 사람이다.

비록 "아버지"라는 단어가 사용되지 않았지만 하나님이 아버지로서 우리를 어떻게 사랑하시는지를 회화적으로 묘사한 본문이 있다. "여인이 어찌 그 젖 먹는 자식을 잊겠으며 자기 태에서 난 아들을 긍휼히 여

기지 않겠느냐 그들은 혹시 잊을지라도 나는 너를 잊지 아니할 것이
라"(사 49:15). 하나님 아버지가 자식을 사랑하는 사랑은 이보다 더 크
다. 언약의 아버지는 긍휼을 베푸는 아버지이시다. "아버지가 자식을
긍휼히 여김 같이 여호와께서는 자기를 경외하는 자를 긍휼히 여기시
나니"(시 103:13).

　우리가 하나님께 기도하여 무엇이든 얻을 수 있다면, 그것은 하나
님이 우리의 아버지이시기 때문이다. "주는 우리 아버지시니이다. 우
리는 진흙이요 주는 토기장이시니, 우리는 다 주의 손으로 지으신 것
이니이다. 여호와여,…… 구하오니 보시옵소서. 보시옵소서. 우리는
다 주의 백성이니이다"(사 64:9-10).

"하늘에 계신" 아버지

　우리 아버지는 하늘에 계신 아버지이시다. 하나님이 "하늘"에 계시
다는 것은 피조물이 사는 "땅"과 구별되는 영역에 계심을 의미한다. 여
기서 "하늘"은 막연한 창공이 아니라 경이롭고 신비로운 영역을 가리
킨다. 솔로몬이 고백했듯이, 하나님은 지극히 거룩한 분이시므로, 심
지어 하늘들의 하늘이라도 하나님을 용납하지 못한다(왕상 8:27). 하나
님은 땅에 있는 모든 부패하고 변화 가능한 피조물과 구별되시며, 우
리의 감각적인 인식을 초월하시고 세상적인 모든 것을 초월해 계시다.
하나님은 하늘에서 땅에 있는 사람들을 굽어보시며 능력으로 세상을
다스리신다. "여호와께서 그의 보좌를 하늘에 세우시고 그의 왕권으로
만유를 다스리시도다"(시 103:19). 그러므로 하나님 앞에서 사람들은 잠

잠하고 경외심을 가져야 한다. 칼빈은 "하늘에 계신"이라는 어구가 이와 같은 속성을 지니신 하나님의 영광을 달리 생각할 방법이 없어서 사용된 표현이라고 정확히 지적한다.[4]

그런데 마태는 단순히 하나님이 멀리 거룩한 곳에 계신 분(초월성)이신 것만을 강조하지 않는다. 주기도문(마 6:9-13)이 바로 앞에 언급된 기도에 대한 교훈(6:5-8)과 연결되었기 때문에, 본문의 "하늘에 계신 우리 아버지"라는 어구는 6절에 언급된 "은밀한 중에 계신 네 아버지"에 대해 무엇인가를 알린다는 사실을 생각해야 한다. 마음을 살피시는 하나님은 사람이 행하는 일을 어디서나 다 보고, 말하는 것을 들으신다. 사람이 "사람에게 보이려고" 기도하는 것은 하나님이 하늘에 계시다는 사실을 모르기 때문이다. 하늘에 계신 하나님은 은밀한 중에서도 사람들의 행위를 살펴보시기 때문이다. 이런 의미에서, "하늘에"와 "은밀한 중에"는 동의어라고 할 수 있다.[5] 이사야는 하늘을 하나님 아버지께서 그의 백성을 굽어보시는 "거룩하고 영화로운 처소"로 이해했다. 이스라엘의 선조는 후손들을 잊었어도, 하늘 아버지는 그의 백성을 잊지 않으신다는 확신을 가지고 말이다.

> 주여 하늘에서 굽어 살피시며 주의 거룩하고 영화로운 처소에서
> 보옵소서.…… 주는 우리 아버지시라. 아브라함은 우리를 모르고
> 이스라엘은 우리를 인정하지 아니할지라도, 여호와여, 주는

---

4) 칼빈, 『기독교강요』, 제3권, 20장, 40.

5) 페닝톤이 이 점을 정확히 간파했다. *Pennington, Heaven and Earth*, 237.

우리의 아버지시라. 옛날부터 주의 이름을 우리의 구속자라

하셨거늘. …… 원하건대 주의 종들 곧 주의 기업인 지파들을

위하사 돌아오시옵소서(사 63:15-17).

이러한 까닭에 하나님을 하늘에 계신 아버지라고 부르고 기도하는 것은 그의 자녀가 은밀한 중에 기도하는 것을 보고 상 주실 것을 바라며 기도하는 것을 의미한다. 자녀는 아버지 하나님께 보이고 그 아버지에게서만 (인정을) 받기 위해 기도한다(참조. 6:6, 18). 다른 사람이 자기가 기도하는 것을 보아 주기를 기대하거나 의도적으로 사람에게 보이려고 기도하지 말아야 하는 이유가 여기에 있다. 기도는 하늘 하나님께 하는 것이기 때문이다.

하나님이 "하늘에 계신 우리 아버지"가 되신다는 것은 "하늘"에 계신 하나님이 다른 신과 구별되고 능력이 많은 하나님이시라는 뜻이기도 하다. 역대하 20:6에는 하늘에 계신 하나님이 이렇게 표현되었다. "우리 조상들의 하나님 여호와여 주는 하늘에서 하나님이 아니시니이까? 이방 사람들의 모든 나라를 다스리지 아니하시나이까? 주의 손에 권세와 능력이 있사오니 능히 주와 맞설 사람이 없나이다." 능력이 많으신 하나님은 세상을 창조하셨고, 이스라엘을 구원하셨고 보호하시고 먹을 것과 마실 것을 공급하신다. 바로 이 하나님은 세상의 모든 나라를 다스리기도 하신다. "오직 우리 하나님은 하늘에 계셔서 원하시는 모든 것을 행하셨나이다"(시 115:3). 이와 같은 하나님 아버지를 의지하는 사람은 그에게서 나오는 도움을 얻는다. "이스라엘아 여호와를 의지하라. 그는 너희의 도움이시요 너희의 방패시로다"(9절).

자녀의 특권과 의무

당신은 기도하면서 하나님을 "아버지"라고 부를 때 어느 정도의 무게를 가지고 그렇게 부르는가? 또 "아버지"라는 의미를 어떻게 이해하고 있는가? 성경에서 하나님이 아버지라고 할 때 함의하는 바는 다음과 같다. 첫째, 그것은 우리가 하나님의 자녀가 되었음을 의미한다. 신자들은 하나님과 원수가 되었던 신분(롬 5:10; 8:7; 엡 2:16)과 죄와 율법의 종이었던 신분에서(롬 6:11-20) 하나님을 "아바, 아버지"라고 부를 수 있는 신분으로 바뀌었다. "너희는 다시 무서워하는 종의 영을 받지 아니하고 양자의 영을 받았으므로 우리가 아빠 아버지라고 부르짖느니라"(롬 8:15. 참조. 갈 4:6). 우리는 예수님을 믿음으로써 하나님의 자녀가 되었다. "너희가 다 믿음으로 말미암아 그리스도 예수 안에서 하나님의 아들이 되었으니"(갈 3:26; 참고, 요일 5:1). 성령님은 친히 우리의 영과 더불어 우리가 하나님의 자녀인 것을 증언하신다(롬 8:16).

우리는 하나님의 독생자이신 예수 그리스도 안에 있기 때문에 하나님을 아버지라고 부를 수 있다. "영접하는 자 곧 그(하나님의 아들이신 예수님의) 이름을 믿는 자들에게는 하나님의 자녀가 되는 권세를 주셨으니, 이는…… 하나님께로부터 난 자들이니라"(요 1:12-13). 하나님의 자녀는 하나님의 자녀로서 특권이 있다. 자녀로서 지니는 특권은 아무런 방해를 받지 않고 아버지에게 당당히 나아가는 것이다. 예전에는 교회에서 성인들을 의지하여 기도하라고 가르쳤고, 목사와 신부와 같은 성직자의 도움을 받아 하나님께 나아가도록 가르쳤다. 그러나 이것은 성경의 가르침이 아니다. 성경은 예수님을 믿는 사람은 누구나 언제든지 어떤 문제를 가지고서든지 하나님께 당당히 나아갈 수 있다고 격려한다. 우리가 의지할 수 있는 중보자는 오직 예수 그리스도 한 분뿐이시기 때문이다. 예수 그리스도만이 하나님께로 가는 유일한 "길"이다(요 14:6; 히 10:19-20).

칼빈은 그리스도만이 유일한 중보자이심을 강조하면서(『기독교강요』, 제3권, 20장, 17-20), 우리가 중보자에 의지하여 방해를 받지 않고 하나님께 얼마든지 나아갈 수 있음을 이렇게 표현하였다.

> 하늘 아버지께서는…… 우리를 단번에 자유케 하시려고 그의 아들 우리 주 예수 그리스도를 우리의 대언자요(요일 2:1) 중보자로(딤전 2:5; 참조, 히 8:6; 9:15) 주셨다. 그러므로 그의 인도하심을 받아 하나님 앞에 안전하게 나아갈 수 있으며, 아버지께서 그 아들의 간구를 들어 주시지 않는 것이 없듯이 그분의 이름으로 구하는 것은 무엇이든 응답을 받을 것임을 의심치 않는다.[6]

우리를 하나님의 자녀임을 확신시켜 주는 이 교훈은 또한 우리가 하나님의 사랑의 대상이라는 사실을 알려준다. "보라 아버지께서 어떠한 사랑을 우리에게 베푸사 하나님의 자녀라 일컬음을 받게 하셨는가, 우리가 그러하도다"(요일 3:1). 하나님은 예수님을 사랑하신 것처럼 우리를 사랑하시며 우리와 인격적인 교제를 나누신다. "아버지께서 나를 사랑하신 것 같이 나도 너희를 사랑하였으니 나의 사랑 안에 거하라"

---

6) 칼빈, 『기독교강요』, 제3권, 20장, 17.

(요 15:9). 그래서 그리스도 안에 있는 사람은 기도의 담대함을 갖는다. 예수님은 약속하셨다. "너희가 내 안에 거하고 내 말이 너희 안에 거하면 무엇이든지 원하는 대로 구하라. 그리하면 이루리라"고(요 15:7).

바울은 우리가 하나님의 자녀인 것을 상기시키면서 자녀로서 장차 얻게 되는 특권을 언급한다. "자녀이면 또한 상속자 곧 하나님의 상속자요 그리스도와 함께 한 상속자니라"(롬 8:17). 성경의 이런 교훈에 비춰 볼 때, 기도는 사람이 지극 정성으로 기도하는 데 가치가 있는 것이 아니라, 하나님의 자녀가 된 사람이 자녀로서 갖는 특권을 인지하고 아버지께 나아가는 행위라는 것을 알 수 있다. 아버지는 신뢰와 사랑의 대상이다. 그래서 주기도문을 기도하는 사람은 하나님을 신뢰하는 마음과 태도로 나아가 기도한다. 하나님께 나아가는 사람은 하나님을 사랑하는 사람이다. 하나님이 우리를 사랑하셨듯이 우리도 하나님을 사랑하며 존경한다.

둘째, 하나님의 자녀에게는 하늘 아버지께 기도할 수 있는 특권만 있는 것이 아니라 자녀로서 가져야할 의무와 책임도 있다. 자녀로서의 책임은 하나님을 사랑하고 의존하고 순종하는 것이다. 자녀로서 우리는 아버지를 사랑하고 그의 계명을 지킨다. "우리가 하나님을 사랑하고 그의 계명들을 지킬 때에 이로써 우리가 하나님의 자녀를 사랑하는 줄을 아느니라"(요일 5:2). 요한은 교회가 아버지 하나님께 받은 계명대로 진리를 행하는 것을 기뻐했다(요이 4; 요삼 4). 이처럼 자녀가 아버지께 할 수 있는 최상의 덕은 바로 순종이다. 그런데 아들이면서도 하나님을 의존하지 않고 세상의 강대국이나 우상을 의존하고, 하나님을 기뻐하지 않고 그분께 순종하지 않는다면, 그 사람을 과연 하나님의 자녀라고 할 수 있을까? 구약시대의 이스라엘 백성들이 그러했다. 이사야 선지자는 이 불순종하는 백성들을 향한 하나님의 마음을 다음과 같이 표현하였다.

> 하늘이여 들으라. 땅이여 귀를 기울이라. 여호와께서 말씀하시기를,
> "내가 자식을 양육하였거늘 그들이 나를 거역하였도다. 소는
> 그 임자를 알고 나귀는 그 주인의 구유를 알건마는 이스라엘은
> 알지 못하고 나의 백성은 깨닫지 못하는도다" 하셨도다. 슬프다
> 범죄한 나라요 허물 진 백성이요 행악의 종자요 행위가 부패한
> 자식이로다. 그들이 여호와를 버리며 이스라엘의 거룩하신 이를
> 만홀히 여겨 멀리하고 물러갔도다(사 1:2-4).

하나님은 이스라엘 백성이 소나 나귀만도 못하다고 책망하신다. 하나님은 그들을 자식으로 양육했지만, 정작 이스라엘은 하나님을 아버지로 알지 못했고 행위가 부패한 자식으로 전락하고 말았다. 이런 백성들은 자기들이 간절히 바라는 것이 있어 아무리 지극 정성으로 구한다고 해도, 하나님은 귀를 막고 그들의 기도를 들어주지 않으신다. 종교행위 자체는 가치가 전혀 없다는 말이다. "사람이 귀를 돌려 율법을 듣지 아니하면 그의 기도도 가증하니라"(잠 28:9). 기도는 자동판매기처럼 돈을 넣으면 언제든지 원하는 것을 자동적으로 얻을 수 있는 장치가 아니다. 기도한다고 자동적으로 문제가 해결되지 않는다는 뜻이다. 기도는 마술 상자를 여는 주문이 아니다. 기도는 아들과 아버지의 인격

적인 대화다. 그래서 둘 사이의 바른 관계가 중요하다. 기회 있을 때마다 기도를 많이 해두면 위급할 때 기도의 효험을 볼 수 있다고, 기도를 마치 적금처럼 축적해두었다가 나중에 찾아 쓸 수 있는 은행통장쯤으로 이해하는 것도 기도를 바르게 이해한 것이 아니다. 우리는 존경하고 신뢰하는 마음으로 하나님과 지속적으로 교제해야 한다. 가정에서 부모와 자녀가 지속적으로 좋은 관계를 유지하듯이 말이다.

하나님께 순종하지도 사랑하지도 않는 사람이 하나님께 기도하거나 자기의 소원을 아뢰어 성취 받을 가능성은 없어 보인다. 하지만 하나님은 자녀들이 회개하고 돌아오면 아버지가 자녀를 용서하듯이 용서하신다. "내가 네 허물을 빽빽한 구름 같이, 네 죄를 안개 같이 없이하였으니 너는 내게로 돌아오라. 내가 너를 구속하였음이니라"(사 44:22). 아버지께 순종하지 않아서 징계를 받은 자식을 향해 하나님은 이렇게 말씀하신다. "이스라엘아 네가 돌아오려거든 내게로 돌아오라"고(렘 4:1). 본성상 죄로 가득하여 하나님께로 돌아가려는 의지도 없고 그럴 능력도 없는 자녀에게 우리 하나님은 아버지의 넉넉한 자비와 사랑을 베푸신다. "내가 여호와인 줄 아는 마음을 그들에게 주어서 그들이 전심으로 내게 돌아오게 하리니, 그들은 내 백성이 되겠고 나는 그들의 하나님이 되리라"(렘 24:7). 이런 까닭에 아버지의 넉넉한 사랑을 아는 신자들은 이렇게 기도한다. "여호와여 우리를 주께로 돌이키소서. 그리하시면 우리가 주께로 돌아가겠사오니, 우리의 날들을 다시 새롭게 하사 옛적 같게 하옵소서"(렘애 5:21).

하나님은 자기에게 돌아온 자녀들을 구원하겠다고 약속하신다. 하나님의 자녀는 하나님의 구원의 대상이다. 하나님은 자녀들을 죄에서 용서하시고 세상에서 구원하실 뿐만 아니라 모든 불의에서 구원하셔서 우리의 구원자가 되신다. 이사야 43:1–11에 이 사실이 아름답게 묘사되었다.

> 야곱아 너를 창조하신 여호와께서 지금 말씀하시느니라.
> 이스라엘아 너를 지으신 이가 말씀하시느니라. 너는 두려워하지
> 말라. 내가 너를 구속하였고 내가 너를 지명하여 불렀나니 너는
> 내 것이라. 네가 물 가운데로 지날 때에 내가 너와 함께 할 것이라.
> 강을 건널 때에 물이 너를 침몰하지 못할 것이며 네가 불 가운데로
> 지날 때에 타지도 아니할 것이요 불꽃이 너를 사르지도 못하리니.
> 대저 나는 여호와 네 하나님이요 이스라엘의 거룩한 이요 네
> 구원자임이라.…… 내 이름으로 불려지는 모든 자 곧 내가 내
> 영광을 위하여 창조한 자를 오게 하라.…… 나는 여호와라. 나 외에
> 구원자가 없느니라(사 43:1–11).

기도는 하나님의 구원받은 자녀들의 특권이며 의무다.

"우리" 아버지

하나님이 "아버지"라는 사실에서, 우리의 주목을 끄는 것은 하늘 아버지가 "우리" 아버지시라는 언급이다. 예수님이 제자들에게 하나님을 "우리 아버지"라고 부르라고 가르치셨을 때, "우리"라는 단어는 처음에 예수님의 제자들을 가리켰다(참조. 마 5:1, 2). "우리"는 제자들만 포

함되지 믿음이 없는 군중들은 포함되지 않는다. 이 사실에 이어서, "우리"라는 집단에는 예수님을 믿고 하나님의 백성 무리에 들어온 사람들 모두 포함된다. 신자라면 누구나 하나님의 자녀라는 말이다. 그들은 하나님께 당당히 나아가며 바라는 것을 기도할 수 있다.

그런데 하나님을 "우리" 아버지라고 부를 때, 반드시 기억해야 할 것은 기도가 우선적으로 "우리"라는 공동체의 관심사와 관련이 있고 개인적인 소원을 염두에 둔 것이 아니라는 사실이다. 비록 기도는 개인적으로도 할 수 있고 실제로 개인이 혼자서 기도하는 경우도 많지만, 주기도문에서 다루는 내용은 공동체의 관심사와 관련이 있다. 그래서 주기도문의 라틴어 명칭이 "파테르 노스테르"(Pater Noster, 우리 아버지)인 것은 비록 그 명칭이 주기도문을 시작하는 말에서 따온 것이기는 하지만 "우리 아버지"는 초대교회가 일찍이 주기도문을 공동체의 기도로 인식했음을 방증한다.

하나님을 아버지라고 부르며 기도하는 사람들은 공동의 관심사를 기도하고 서로를 위해 기도한다. 바울은 교회를 위해 기도했다(엡 1:16; 골 1:3; 살후 1:11). 그리고 교회에게 자신을 위해 기도해달라고 부탁했다(고후 1:11; 골 4:3; 살전 5:25). 하나님이 우리를 사랑하고 우리가 하나님을 사랑하는 것처럼, 우리 모두 형제자매로서 서로 사랑하고 서로를 위해 기도해야 한다. "우리는 기회 있는 대로 모든 이에게 착한 일을 하되 더욱 믿음의 가정들에게 할지니라"(갈 6:10). "그러므로…… 서로 기도하라. 의인의 간구는 역사하는 힘이 큼이니라"(약 5:16).

주기도문의 머리말, 즉 "하늘에 계신 우리 아버지"의 의미를 알게 되면, 우리가 하나님께 기도하는 것은 교회 바깥에 있는 사람들이 저마다 자기가 받고 싶은 것을 기원하고 지극 정성으로 기도하는 것과 다르다는 것을 알게 된다. 성경에서 가르치는 기도는 평상시 하나님의 인도를 받지 않고 하나님을 의식하지도 않고 살던 사람이 갑자기 위험한 상황에 처하여 "하나님, 부처님" 부르면서 미지의 신에게 기도하고, 자신이 처한 어려운 상황에서 구해달라고 비는 것과 전적으로 다르다. 하나님을 "아버지"라고 부르면서 기도한다는 것은 하나님과 아버지와 자녀의 관계에 있는 사람이 아버지께서 기뻐하시는 것이 무엇인지 헤아려 소원을 올려드려야 한다는 것을 의미한다. 많은 사람들이 하나님을 막연히 알고 있기에 기도하는 시늉만 하거나 기도를 마치 묵상이나 명상쯤으로 이해한다. 그래서 그들은 하나님이 원하시는 것을 구하지 않고, 기도를 자신이 필요할 때 소원을 빌기만 하면 언제라도 하나님은 그 기도를 들어주는 의무가 있다고, 그래서 기도한 것을 당연히 이루어주는 도깨비 방망이 정도로만 여기는 것이다.

주기도문은 주술처럼, 그 내용을 앵무새처럼 외우라고 주신 것이 아니다. 기도는 우리가 하나님의 크신 은혜로 그의 자녀가 되었다는 사실을 알고 하나님을 신뢰하는 터 위에서 하나님께 올려드리는 자녀가 아버지에게 아뢰는 행위다. 하나님은 인격적인 분이시다. 우리를 사랑하고 돌보시는 보호자이시면서, 우리를 징계하는 아버지이시다. 친근하면서도 위엄이 있으시며 예배와 경배와 존귀를 받기를 기대하는 아버지이시다.

첫 번째 간구

제 3 장

첫 번째 간구
"이름이 거룩히 여김을 받으시오며"

주기도문의 첫 번째 간구는 (하나님 아버지의)"이름이 거룩히 여김을 받으시오며"다. 이것은 기도의 첫 번째 관심사가 하나님의 이름과 관련된 무엇을 구하는 데 있음을 가르친다. 소요리문답 101문은 이 내용을 다음과 같이 설명하였다.

제 101문: 첫 번째 간구에서 우리는 무엇을 기도합니까?
답: 첫 번째 간구, 곧 "이름이 거룩히 여김을 받으시오며"로, 우리는
하나님께서 우리와 다른 사람으로 하여금 하나님께서 자신을
계시하신 모든 방법으로 하나님을 영화롭게 하게 하시고,
모든 일을 하나님 자신의 영광을 위하여 처리하여 주시기를
구합니다.

소요리문답은 주기도문의 첫 번째 간구가 우리나 다른 사람들이 하나님을 영화롭게 하는 데 관심을 갖고 구할 것과 이 세상에서 일어나는 모든 일이 하나님의 영광이 되도록 기도하기를 가르치는 것이라고 설

명한다. 사람의 제일 되는 목적이 "하나님을 영화롭게 하는 것"이라는 소요리문답 1문답의 내용과 직접 관련이 있다. 모든 일에서 영광을 받으실 분은 하나님 우리 아버지이시며, 영광스럽게 될 이름이 우리 아버지의 이름이기 때문이다. 주기도문에서 첫 번째로 관심을 갖고 구하기를 권하는 내용은 사람들 사이에서 아버지의 이름이 그 거룩한 이름에 합당한 대접을 받는 것이다.

"아버지의" 이름이

우리는 주기도문으로 기도할 때 간략하게 "이름이 거룩히 여김을 받으시오며"라고 말한다. 사실 이 기도는 우리말 어법에 비춰 볼 때 어색한 표현이다. 주기도문에서 하나님과 관련하여 구하는 세 간구는 동일한 패턴으로 이루어졌다. 구체적인 기도의 내용(이름, 나라, 뜻)이 있고, 각각의 내용은 아버지를 지칭하는 2인칭 단수 소유격("당신의")의 수식을 받는다. 그리고 그 기도 내용은 헬라어의 독특한 3인칭 수동태 명령("~하게 되기를")으로 표현되었다. 3인칭 사물이 어떻게 되기를 바란다는 명령 또는 간구는 우리말 표현에 없기에 우리말로 매끄럽게 표현하기가 어렵고, 그것이 정확히 무엇을 의미하는지 이해하기도 쉽지 않다.

첫 번째 간구와 관련해서, 예수님이 말씀하신 내용은 "당신의 이름이 거룩하게 되기를 (바랍니다)"이다. 여기서 "당신의"는 물론 하나님 "아버지의"를 가리킨다. 우리말 어법에 상대방을 지칭할 때, "당신의"든지 "아버지의"든지 대상을 언급하지 않는 습관 때문에 우리말 주기도문에 "당신의"를 생략하고 번역했지만, "당신의"라는 단어는 쉽게 빼버릴 그런 단어가 아니다. 이것은 기도할 때 우리가 구하는 내용이 기도하는 사람 자신의 어떤 것을 구하는 것이 아니라 "당신의"가 지칭하는 우리 아버지와 관련된 것을 구한다는 사실을 상기시킨다. 이 단어는 주기도문의 초점이 아버지이신 하나님께 있음을 알려준다. 우리가 구하는 것은 우리 자신이 영예롭게 되는 것이 아니라 "아버지의" 이름이 영예롭게 되고 거룩하게 되는 것이다.

주기도문이 "아버지의" 이름에 초점을 맞추는 이유는 주기도문이 들어 있는 마태복음(6장)의 맥락이 사람에게 보이려고 그들 앞에 "너희" 의를 행하지 않도록 주의하라(마 6:1)는 대(大) 전제로부터 시작하는 데 그 까닭이 있다. 유대인들은 자기의 의를 과시하기 위해 기도하고(마 6:5), 이방인들은 말을 많이 하여 자기의 열성을 보이려는 자기중심적인 기도(마 6:7)에 익숙했다. 하지만 하나님을 아버지라고 부르는 사람은 자신의 의를 행하려 하지 말고, 하나님의 의를 구해야 한다(마 7:21. 참조. 9:13; 11:26; 12:7, 50; 18:14). "아버지의" 이름과 관련된 것을 구한다는 것은 하나님의 자녀인 우리의 가장 우선되고 간절하고 절박한 관심사를 표현한다. 우리 아버지의 "이름이 거룩히 여김을 받는 것"은 주기도문의 모든 기원에 스며있는 정신적인 지주와 같은 소망이다.

평상시 기도할 때 제일 먼저 하는 말, 가장 많이 하는 말이 무엇인지 생각해보라. "하나님 우리 가정에 이런 문제가 있는데, 이렇게 해주세요, 저렇게 해주세요." "우리 교회를 이러저러하게 해 주세요." "하나님 이것 주세요. 저것 주세요" 등 자기에게 필요한 것을 달라고 "나" 중심적으로 기도하지 않는가? 그런데 예수님은 기도의 초점이 "나"나

"우리"가 아니라 "하나님" 중심으로 바뀌어야 한다고 알려주신다. "너희는 먼저 그의(하나님의) 나라와 그의 의를 구하라"는 말씀처럼(마 6:33), 하나님께 무언가 소원을 올려드릴 때 하나님과 관련된 것이 이루어지기를 먼저 기도하라는 말이다.

"이름"이 거룩히 여김을 받으시오며

"하나님의 이름이 거룩히 여김을 받기"를 구하는 기도에서 "이름"은 단순히 한 인물을 부르는 명칭이 아니다. 이름은 그 인물(실체)에 대한 설명이며, 그 인물의 존재와 성격을 규명한다. 그래서 어느 누구의 이름을 안다는 것은 그 인물의 본질(존재) 자체를 안다는 것을 뜻한다. "야곱"이라는 이름은 발뒤꿈치를 잡았다고 해서 붙여진 이름이다. 그런 야곱이 얍복 강에서 천사와 씨름하여 이겼기에 "이스라엘"로 이름이 바뀌었다. 예수님의 이름이 "예수"인 것은 그가 "자기 백성을 그들의 죄에서 구원할 자"이시기 때문이다. 예수님에게 "임마누엘"이라는 이름이 붙여진 것은 하나님께서 더 이상 성전에 계시지 않고 그의 백성 중에 거하시려고 그의 아들의 인격체로 함께 하신다는 것을 알려주시려는 데 있다.

이와 동일한 원리로 하나님은 일찍이 이스라엘에게 자신이 어떤 분인지 알리실 때 이름으로 알리셨다. 하나님은 애굽에서 노예 생활을 하고 있던 이스라엘 백성을 구하려고 모세를 이스라엘 백성에게 보내셨다. 모세는 그가 이스라엘 자손에게 가서 하나님이 자신을 그들에게 보내셨다고 하면, 틀림없이 그들이 "그의 이름이 무엇이냐?"고 물을 것이라고 예측했다. 그래서 모세는 하나님께 이렇게 여쭈었다. "내가 (하나님의 이름이) 무엇이라고 그들에게 말하리이까?" 그러자 하나님은 모세에게 자신의 이름을 "나는 스스로 있는 자"로 계시하셨다. 그러시면서 모세에게 이스라엘 자손에게 이렇게 말하라고 일러주셨다. "스스로 있는 자가 나를 너희에게 보내셨다"고(출 3:13, 14). 우리가 "여호와" 또는 "야웨"라고 일컫는 하나님의 이름이 바로 여기에 언급된 "나는 스스로 있는 자"라는 어구로 만들어진 이름이다. "여호와"는 구원받은 백성들에게 특별한 의미가 있는 이름이다. 그것은 하나님과 이스라엘 간의 특별한 관계, 즉 "언약 관계"를 상징하고 보증한다. 이스라엘은 하나님의 제사장 나라와 "거룩한 백성"이 되도록 부름을 받았다(출 19:6).

하나님은 자신의 이름을 찬송하게 하려고 이스라엘을 부르셨다. "이 백성은 내가 나를 위하여 지었나니 나를 찬송하게 하려 함이니라"(사 43:21). 하나님은 자신의 이름이 이스라엘 역사 속에 대대로 거룩히 지켜지기를 바라셨다. "너희는 내 성호를 속되게 하지 말라. 나는 이스라엘 자손 중에서 거룩하게 함을 받을 것이니라. 나는 너희를 거룩하게 하는 여호와요 너희의 하나님이 되려고 너희를 애굽 땅에서 인도하여 낸 자니 나는 여호와이니라"(레 22:32; 사 29:23; 겔 36:23). 하나님은 이 것을 십계명 세 번째 계명에 명기해 놓으셨다. "너는 네 하나님 여호와의 이름을 망령되게 부르지 말라"(출 20:7). 특히 제사장들은 "하나님의 이름을 욕되게 하지 말"아야 했다(레 21:6). 천사들은 이러한 하나님의 거룩하심을 칭송했다. "거룩하다 거룩하다 거룩하다. 만군의 여호와여 그의 영광이 온 땅에 충만하도다"(사 6:3). 하나님의 이름이 거룩히 인정을 받는다는 것은 하나님만이 유일한 하나님이심을 인정하는 것을 뜻한다. 이스라엘은 기도를 통해 이 사실을 정기적으로 고백했다. 앞에서 인용한 쉐모네 에쉬레 3번 기도문을 다시 보자.

> 당신은 거룩하시며 당신의 이름은 놀라우십니다.
> 당신 이외에는 어떤 신도 없습니다.
> 거룩하신 하나님, 축복을 받으소서.

하나님의 거룩함과 이름의 놀라움, 그리고 하나님만 유일한 참 하나님이 되심이 서로 연결되었다. 이런 이유로 이스라엘 역사 내내 하나님의 이름은 거룩히 지켜져야 했다. 성경 저자들은 하나님의 거룩하심과 그 이름의 아름다움을 노래했다. "여호와 우리 주여, 주의 이름이 온 땅에 어찌 그리 아름다운지요. 주의 영광이 하늘을 덮었나이다"(시 8:1). 하나님의 이름이 얼마나 아름답고 영광스러운지, 그 영광은 하늘에까지 뻗쳤다. 이런 까닭에 하나님의 이름을 안다는 것은 그 이름에 담아 전달하는 하나님 자신을 안다는 것을 뜻한다(창 32:28-29; 사 52:6). 이스라엘 백성이 하나님의 이름을 거룩하게 하는 것은 삶이며 의무였으며 동시에 신앙고백이었다.

그런데 이스라엘 역사 마지막 단계에서 하나님의 거룩하신 이름이 더럽혀졌다. 이스라엘 백성은 하나님을 위하여 지음 받고 하나님을 찬송하게 하려고 구원함을 받았는데, 그들은 하나님을 부르지 않았고 죄를 범함으로써 하나님의 마음을 "괴롭게 했다"(사 43:22, 24). 이스라엘 백성은 삶으로 종교행위로 하나님의 이름을 더럽혔으며, 백성 자신도 더럽혀졌다. 그래서 하나님은 죄를 지은 이스라엘을 하나님이 계신 예루살렘 성전과 가나안 땅에서 쫓아내셨다. 가나안 땅이 이스라엘의 행동으로 더럽혀지자, 하나님은 그들을 그 행위대로 심판하여 여러 나라에 흩으셨다(겔 36:17-19). 이스라엘 백성이 바벨론에 포로로 잡혀가게 된 상황은 하나님의 관점에서는 하나님의 이름이 더럽혀진 것으로 이해되었다.

> 그들이 이른바 그 여러 나라에서 내 거룩한 이름이 그들로
> 말미암아 더러워졌나니 곧 사람들이 그들을 가리켜 이르기를,
> "이들은 여호와의 백성이라도 여호와의 땅에서 떠난 자라"
> 하였음이라. 그러나 이스라엘 족속이 들어간 그 여러 나라에서
> 더럽힌 내 거룩한 이름을 내가 아꼈노라(겔 36:20-21).

거룩한 하나님의 이름이 더럽혀졌다는 것은 그의 백성이 저지른 죄로 인해 하나님의 이름이 열국 중에서 비방을 받았다는 것을 의미한다. 하나님의 계명을 가진 백성이 그 계명대로 살지 못할 때 하나님의 이름은 여러 나라에서 더럽혀지고 모독을 받는다. "율법을 자랑하는 네가 율법을 범함으로 하나님을 욕되게 하느냐? 기록된 바와 같이 하나님의 이름이 너희 때문에 이방인 중에서 모독을 받는도다"(롬 2:23-24).

이와 더불어 하나님을 모르는 세상과 세상의 군주들도 하나님을 모독하며 세상을 통치한다. "내가 보니 바다에서 한 짐승이 나오는데 뿔이 열이요 머리가 일곱이라 그 뿔에는 열 왕관이 있고 그 머리들에는

신성 모독 하는 이름들이 있더라"(계 13:1). 세상의 정치적인 통치자를 상징하는 바다에서 나온 짐승은 그의 정치적인 권력을 이용하여 하나님을 모독하고 비방한다(참조. 계 17:3, 8). 하나님을 대적하는 세상에서는 물론이고 하나님의 백성 안에서조차 하나님의 거룩하신 이름이 더럽혀지고 모독을 받는 상황에서 하나님의 경건한 자녀는 기도할 때 우선적으로 구할 것이 무엇일까? 당연히 우리의 아버지의 이름이 거룩히 여김을 받는 것을 기도해야 한다.

"거룩하게 한다"는 뜻

그렇다면, 하나님의 이름이 "거룩히 여김을 받으시오며"라는 어구의 정확한 뜻은 무엇인가? "거룩히 여김을 받다"는 말은 3인칭 수동태 명령형으로 표현되었다. 명령이나 부탁은 상대방(2인칭)에게 하는 것인데, 주기도문에서 앞의 세 간구는 모두 3인칭 명령형으로 이루어졌다. 3인칭 명령(또는 부탁)은 3인칭인 사물(여기서는 "하나님의 이름")이 어떠어떠하게 되었으면 하는 바람을 나타낸다. 동사가 수동태로 된 것은 "하나님"이 그 행동을 하신다는 것을 가리킨다. 이것을 신적 수동태(divine passive)라고 한다. "하늘에 계신 우리 아버지"라고 하나님을 부르고 나서, 3인칭 수동태 명령으로 말하는 것은 기도의 대상인 하나님께 3인칭의 내용을 이루어달라는 간구를 표현한다. 여기서는 "하나님 자신의 이름을 거룩하게 하는 것"으로 표현되었다.

기도하는 사람은 하나님의 이름이 거룩해지는 일이 너무도 엄청난 것이라서 하나님에 의해서만 이루어진다고 생각하면서 하나님께 부탁

한다. 이것을 능동태로 바꾼다면 이렇게 고쳐 쓸 수 있다. "아버지, 아버지께 부탁드릴 것이 있습니다. 아버지의 이름이 거룩해지게 친히 손을 쓰십시오." 자식으로서 애타는 바람은 하늘에 계신 아버지가 세상에서 그의 품격에 어울리는 영광스러운 대접을 받으시는 것이다.

하나님이 "거룩하다"는 것은 착하거나 마음씨가 좋다는 말처럼 도덕적인 개념만을 의미하지 않는다. 여기에는 물리적인 개념도 들어 있다. "거룩하다"는 말은 "구별되다"는 뜻이다. 무엇과 구별되었다는 걸까? 하나님은 마귀나 다른 우상과 구별된 분이시다. 또한 하나님은 인간과도 구별되셨다. 인간은 하나님을 의존해 있는 존재임에도 과학적인 사고를 한다고 우쭐해 하면서 하나님의 존재를 논하고 하나님의 성품에서 모순을 찾으면서 창조주에게 도전한다. 하나님은 창조주이시고, 인간은 피조물이다. 하나님과 피조물은 비교가 되지 않는다(사 45:9; 렘 18:2-6; 롬 9:21). 하나님은 하늘에 계시고 인간은 땅에 있다.

다른 복음서 저자와 다르게 마태가 "하늘에 계신 아버지"라는 용어를 사용한 것은 하나님이 세상적인 영역과 구별되게, 모든 세상을 통치하시는 신적인 영역에 계심을 강조하려는 데 있다.[1] 주기도문에 하나님이 특히 "하늘에 계신" 우리 아버지라고 언급된 것은 마태의 하나님 이해가 반영되었다. 그러므로 "하나님의 이름을 거룩하게 한다"는 것은 피조물과 달리 하늘에 계신 아버지께 그분의 영광에 걸맞은 존귀를 받으시기를 구하는 것을 의미한다. 어느 누구도 가까이 갈 수 없는 자리에 우리의 하늘 아버지가 계시다.

---

1)   Pennington, *Heaven and Earth*, 34.

이런 까닭에 하나님을 거룩하게 한다는 말을 거룩하지 않은 분을 거룩하게 만든다는 의미로 이해해서는 안 된다. 하나님은 피조물이 거룩하게 만들어서 거룩해지는 분이 아니시다. 하나님 자체가 거룩하시다. 우리가 하나님의 이름이 거룩히 여김을 받기를 기도하는 것은 거룩하신 하나님이 그에 합당한 대접을 받고, 하나님의 이름이 표현하는 바 거룩하심이 사람들과 피조물들 사이에서 멸시를 받지 않으시기를 소망한다는 것을 의미한다.

구약성경에서 하나님이 자신의 이름이 더럽혀졌다고 한 때는 이스라엘이 바벨론에서 포로생활을 할 때였다. 그때 하나님은 자신의 더럽혀진 이름을 친히 거룩하게 하시겠다고 약속하셨다. "여러 나라 가운데에서 더럽혀진 이름 곧 너희가 그들 가운데에서 더럽힌 나의 큰 이름을 내가 거룩하게 할지라. 내가 그들의 눈앞에서 너희로 말미암아 나의 거룩함을 나타내리니 내가 여호와인 줄을 여러 나라 사람이 알리라"(겔 36:23). 그것은 그의 백성들을 구원하시는 것과 그들의 마음을 변화시키는 것으로 가능하다. 그렇게 되면 하나님은 다시 거룩한 분으로 알려지실 것이다. 하나님의 이름이 거룩하게 되면, 심지어 민족들과 나라들도 하나님이 여호와이심을 알게 될 것이다. 하나님은 자신의 이름을 거룩하게 하려고 역사 가운데 새로운 일을 하시겠다고 여러 번 약속하셨다(레 18:21; 19:12; 암 2:7; 사 48:11; 겔 36:20, 22).

이런 의미에서, "하나님의 이름을 거룩하게" 하는 것은 사람이 하나님을 거룩하게 만들어서 이루어질 수 있는 것이 아니다. 사람들은 그렇게 할 수도 없다. 하나님이 거룩해지시는 것은 하나님 자신이 죄인들과 원수들에게 행하시는 심판을 통해, 또 자기 백성을 구원하시는 것으로써 이뤄진다. 원수들을 심판하시면 하나님의 의가 계시되며, 더럽혀진 하나님의 명예는 회복된다. 하나님의 이름이 더럽힘을 받을 때 세상 나라가 주권을 잡고 하나님을 멸시했지만, 하나님의 이름이 다시 거룩해지면 하나님께서 온 세상을 그의 주권아래 두시고 온 세상을 통치하실 것이다. 이사야 선지자는 죄인을 심판하시는 하나님의 행위로써 "오직 만군의 여호와는 정의로우시므로 높임을 받으시며 거룩하신 하나님은 공의로우시므로 거룩하다 일컬음을 받으시"게 될 것이라고 믿었다(사 5:16). 구약의 신자들은 하나님의 약속에 따라 하나님이 자신의 이름을 친히 거룩하게 하실 날을 바라보았을 것이다. 이런 의미에서 주기도문의 첫 번째 기도는 하나님이 구원하실 자를 구원하고, 심판하실 자를 심판함으로써 현재 우리의 삶에서 하나님의 거룩하심이 잘 드러나도록 하는, 어떤 의미에서 종말론적인 기도다. 심판으로써 하나님의 공의가 드러나고, 구원으로써 그의 자비가 나타나기 때문이다.

신약의 신자들은 하나님의 심판과 구원이 우리 주 예수 그리스도 안에서 어느 정도 이루어졌음을 믿는다. 하지만 하나님의 의로운 심판이 행해지고 온전한 구원이 베풀어지는 것은 여전히 미래에 있다(계 11:18; 19:1, 2). 그리스도가 다시 오실 때 그는 왕권을 가지고 세상에 와서 모든 사람을 심판하실 것이다(마 16:27). 그러므로 첫 번째 간구에서 우리는 그리스도 안에서 하나님의 심판과 구원이 이미 시작되었음을 확신하고, 아직 완성되지 않은 상황에서 하나님의 거룩함이 더욱 충만하게 되는 미래를 소망한다. 하나님이 악한 자를 심판하고 영원한 멸망에 던져 넣는 일은 세상 끝에 이루어질 것이기 때문이다(13:40-43).

그래서 주기도문의 첫 번째 간구는 우리의 관심사가 아니라 "아버지의 이름," 즉 하나님께 관심을 두는 기도다. 하나님이 거룩히 여김을 받는 일은 하나님 자신만이 하실 수 있는 일이기에, 우리는 하나님의 자녀로서 하나님의 이름이 거룩히 여겨질 수 있도록 그가 친히 조치를 취하시고 빠른 시일에 행동하시기를 염원해야 한다.

하나님의 이름이 거룩하게 되기를 바라는 사람의 책임

그러나 동시에 첫 번째 간구는 이 기도를 드리는 사람도 하나님의 이름을 거룩하게 하는 일에 동참한다는 고백이기도 하다. 신자들이 우리 아버지의 이름이 거룩하게 되기를 기도하는 만큼 하나님의 이름이 모독을 받는 세상에서 우리 역시 하나님의 이름을 거룩하게 하는 데 마음을 두고 하나님의 거룩함을 드러내는 데 힘을 쓰며 살아야 하는 까닭이다. 우리는 하나님의 자녀들이다. 산상설교에서 예수님은 제자들에게 하나님의 성품을 반영하는 삶을 살라고 가르치셨다. "너희 빛이 사람 앞에 비치게 하여 그들로 너희 착한 행실을 보고 하늘에 계신 너희 아버지께 영광을 돌리게 하라"(마 5:16). 그러한 삶은 세상에서 우리가 하나님의 자녀임을 입증하는 삶이다. "이같이 한즉 하늘에 계신 너희 아버지의 아들이 되리니"(5:45). 하나님의 백싱의 삶은 세상에 하나님의 이름을 드러내는 것과 직결된다.

예수님은 하나님의 아들로서 지상에 계실 때 하나님을 영화롭게 하는 삶을 사셨다. "아버지께서 내게 하라고 주신 일을 내가 이루어 아버지를 이 세상에서 영화롭게 하였사오니"(요 17:4). 하나님의 백성은 하나님의 거룩함을 세상에 나타내기 위해 지음을 받았다. 일찍이 하나님은 이스라엘 백성을 택하고 자신을 예배하도록 거룩한 백성으로 삼으셨다 (출 19:6). 이스라엘 백성에게 요구된 거룩함은 거룩하신 하나님을 본받는 것이었다. "나는 여호와 너희의 하나님이라 내가 거룩하니 너희도 몸을 구별하여 거룩하게 하고…… 스스로 더럽히지 말라. 나는 너희의 하나님이 되려고 너희를 애굽 땅에서 인도하여 낸 여호와라. 내가 거룩하니 너희도 거룩할지어다"(레 11:44-45). 이 요구는 정결한 음식과 부정한 음식을 구별해 먹음으로써 이스라엘 백성에게 거룩함의 중요성을 교훈하는 문맥에서 주신 말씀이다. 이스라엘 백성은 일상생활에서 거룩하게 되는 법을 배웠다. 주변의 가나안 사람들과 구별된 생활을 해야 했고, 내부적으로는 하나님의 영광을 드러내는 삶을 살아야 했다. 이스라엘 백성은 그들의 하나님이 거룩하신 까닭에, 세상에서 세상 사람들과 구별된 삶을 살아야 했다.

신약교회에게도 동일한 명령이 주어졌다. "너희는 택하신 족속이요 왕 같은 제사장들이요 거룩한 나라요 그의 소유가 된 백성이니 이는 너희를 어두운 데서 불러내어 그의 기이한 빛에 들어가게 하신 이의 아름다운 덕을 선포하게 하려 하심이라"(벧전 2:9). 교회는 처음부터 이스라엘 백성에게 붙여졌던 "택하신 족속이요 왕 같은 제사장들이요 거룩한 나라"라는 명칭으로 불림을 받았다. 그들이 부름을 받은 목적은 하나님의 "아름다운 덕"을 선포하는 데 있다. 이것은 하나님의 거룩함을 드러내는 것과 동일하다. 베드로는 이 사실에 근거하여, 하나님이 신자들의 아버지가 되신다는 사실을 상기시키면서, 그들에게 하나님의 "순종하는 자녀"로서 "모든 행실에 거룩한 자가 되라"고 권한다. 하나님께서 "내가 거룩하니 너희도 거룩할지어다"라고 말씀하셨기 때문이다(벧전 1:14-17). 그래서 신약의 하나님의 백성은 예수 그리스도 안에서 거룩하여진 "성도"(聖徒)이다(고전 1:2).

세상은 여전히 하나님의 통치를 거절함으로써 여전히 하나님의 이름을 더럽히고 있다. 예수님이 제자들에게 하늘에 계신 아버지에 관심을 집중시키고 이어서 하나님의 이름이 거룩하기를 구하라고 한 것은 예수님을 메시아(즉, 그리스도)로 믿는 사람들이 하나님께 충성하고 그들의 정체성을 하늘에 두고 하늘을 지향해야 함을 가르치시려는 데 그 목적이 있다.2) 하늘은 하늘 아버지가 계신 곳이기 때문이다. 즉, 하나님의 이름이 거룩히 여김을 받기를 기도하는 신자는 눈을 세상에서 돌려 하늘나라(천국)에 두며, 세상의 가치관과 구별되는 가치관을 가지고 살아야 한다. 하나님을 아버지라고 부르는 사람이 이 세상에서 나타내야 할 거룩함의 표준은 하나님이다.

예수님은 제자들에게 제자로서의 삶의 표준을 알려주셨다. 구체적으로 그것은 하나님을 본받는 것이다. "하늘에 계신 너희 아버지의 온전하심과 같이 너희도 온전하라"(마 5:48). 거룩함과 관련하여 바울이 교회를 일깨운 말씀을 새겨둘 필요가 있다.

> 너희는 믿지 않는 자와 멍에를 함께 메지 말라. 의와 불법이 어찌
> 함께 하며 빛과 어둠이 어찌 사귀며, 그리스도와 벨리알이 어찌

---

2) Robert Foster, "Why on Earth Use 'Kingdom of Heaven'?: Matthew's Terminology Revisited," *New Testament Studies* 48 (2002): 487-99, 특히, 490, 495.

조화되며, 믿는 자와 믿지 않는 자가 어찌 상관하며, 하나님의 성전과 우상이 어찌 일치가 되리요? 우리는 살아 계신 하나님의 성전이라. 이와 같이 하나님께서 이르시되, "내가 그들 가운데 거하며 두루 행하여 나는 그들의 하나님이 되고 그들은 나의 백성이 되리라. 그러므로 너희는 그들 중에서 나와서 따로 있고 부정한 것을 만지지 말라"(고후 6:14-17).

바울은 교회가 세상과 구별되었음을 강조하려고 교회에게 더러운 자들로부터 "나와서 따로 있고 부정한 것을 만지지 말라"고 요구하는 구약의 본문(사 52:11)을 마지막에 인용했다. 그렇게 한 이유는 분명하다. 하나님이 신자들의 "아버지"이시고 그들은 하나님의 "자녀"이기 때문이다(고후 6:18). 거룩한 백성(聖民)은 세상 사람들과 구별되어 하나님께 자신을 헌신한 사람이다. 그래서 그들은 성도(聖徒)다. 성도는 하나님보다 사람을 더 기쁘게 하지 않는다(참조. 갈 1:10). 그는 심지어 자기 자신을 기쁘게 하며 살지도 않는다. 성도는 하나님을 기쁘게 하려고 세상에서 구별함을 받은 사람이다. 그래서 성도들은 이제 자신에 대해서는 죽고 하나님에 대해서 살아야 한다(롬 6:11). 이런 정신을 깨달았던 종교개혁자들은 신앙고백 맨 처음에 사람의 제일 되는 목적을 신앙고백으로 표기했다. 웨스트민스터 소요리문답 제1문: "사람의 제일 되는 목적이 무엇입니까?" 이에 대한 답은 "사람의 제일 되는 목적은 하나님을 영화롭게 하는 것"이다(참고. 롬 11:36). 소요리문답 101문도 주기도문의 첫 번째 내용의 대의가 하나님을 영화롭게 하는 데 있다고 요약한다.

신자들이 거룩하게 살고 하나님을 영화롭게 한다는 것은 중요한 명제다. 하지만 이것은 다소간 추상적으로 이해될 수 있다. 구체적으로 어떻게 하는 것이 세상에서 구별되어 하나님을 위해 사는 것인가? 부흥회 때 결단의 시간에 사역자가 되기 위해 신학교에 가고, 복음을 전하러 해외에 선교사로 나가겠다고 결심하는 것이 하나님을 위해 사는 것일까? 아니면 헌금 많이 하기, 전도하기, 새벽기도하기, 금식과 성경읽기와 구제 등 특정한 종교행위를 하면서 하루 24시간을 보내는 것이 세상과 구별되어 하나님을 영화롭게 하는 삶인가? 아니다. 우리가 거룩하게 산다는 것은 일상생활에서 하나님이 "이렇게 저렇게 살라"고 요구하신 계명을 받아들이고 실천하는 것을 의미한다. 삶의 구석구석에서 하나님의 나라 백성의 시민 노릇하는 것이다.

하나님의 나라는 "하늘에" 있는 나라이므로, 세상 나라와 삶의 방식이 다르고 추구하는 것이 다르다. 하나님 나라의 삶은 하늘 아버지의 뜻을 알아 그의 뜻을 이루면서 사는 삶이다. "나더러 주여 주여 하는 자마다 다 천국에 들어갈 것이 아니요 다만 하늘에 계신 내 아버지의 뜻대로 행하는 자라야 들어가리라"(마 7:21). 천국에 들어가는 조건은 특정한 행위를 하는 것이 아니라(참조. 7:22) 하나님의 뜻을 행하는 데 있다. 하나님의 뜻을 행하는 것은 예수님의 말씀을 듣는 것으로 그치는 것이 아니라 듣고 행하는 것을 의미한다. "나의 이 말을 듣고 행하는 자는 그 집을 반석 위에 지은 지혜로운 사람 같으리니"(7:24). 반면에, 예수님의 말씀을 듣고 "행하지 않는 사람"은 어리석은 사람이다. 듣고 행하는 사람은 하늘에 있는 하나님 나라의 시민으로 사는 사람이다. 그러나 듣고 행하지 않는 사람은 세상 나라의 원리로 사는 사람이다.

하나님을 거룩하게 한다는 것은 하나님이 요구하시는 대로 사는 것을 의미한다. 여호수아는 하나님의 기업의 땅에 들어간 이스라엘 백성에게 이렇게 요구하였다. "너희는 여호와를 택하고 그를 섬기라"고(수 24:22). 하나님만을 섬겨야 하는 까닭은 여호와 하나님이 거룩하고 질투하는 하나님이시라는 데 있다(수 24:19). 마음을 오롯하게 하나님께만 향하도록 해야 한다. 삶의 전 영역에서 하나님이 명하신 말씀을 지켜 행하는 것이 하나님을 섬기는 삶이다.

이사야 선지자는 하나님이 거룩하신 것처럼 그의 백성이 거룩하게 되는 것과 하나님의 계명을 지키는 것을 연결하면서 이렇게 말했다. "그(야곱)의 자손은 내 손이 그 가운데에서 행한 것을 볼 때에 내 이름을 거룩하다 하며 야곱의 거룩한 이를 거룩하다 하며 이스라엘의 하나님을 경외할 것"이라고(사 29:23-24). 하나님의 거룩함과 영광스러움을 알고 하나님을 찬양하고, 하나님이 모든 사람에게 그의 거룩하심에 합당한 대접을 받으셔야 한다는 것을 고백한 아름다운 시편이 있다.

하나님은 우리에게 은혜를 베푸사 복을 주시고 그의 얼굴 빛을 우리에게 비추사

주의 도를 땅 위에, 주의 구원을 모든 나라에게 알리소서.

하나님이여 민족들이 주를 찬송하게 하시며 모든 민족들이 주를 찬송하게 하소서.

온 백성은 기쁘고 즐겁게 노래할지니.

주는 민족들을 공평히 심판하시며 땅 위의 나라들을 다스리실

것임이니이다(시 67:1–4).

　시인은 민족들이 주를 찬송하게 될 날을 바라보았다. 지금도 땅에 있는 수많은 사람들은 하나님이 어떤 분이신지 뻔히 알면서도 여전히 하나님께 영광 돌리기를 거부하고 온갖 우상숭배의 어리석음에 빠져 있다(롬 1:18–32). 그러나 하나님의 자녀는 하나님을 경외하는 것이 지식의 근본이요 생명이라는 것을 안다(잠 1:7). 하나님을 경외하고 하나님을 높이는 것은 하나님의 자녀임을 특징짓는 기본적인 삶이다.

　주기도문은 우리에게 우리의 기도의 관심과 목적을 어디에 두어야 할지를 알려준다. 우리 삶의 방향은 모든 민족들이 주를 높이고 영화롭게 하며, 주님의 다스림을 잘 받도록 하는 데 맞춰져야 한다. 하나님의 이름이 거룩히 여김을 받기를 기도하는 것은 소극적으로는 하나님의 이름을 함부로 부르지 않고 하나님을 경망스럽게 대하지 않는 것을 의미하지만, 적극적으로는 하나님의 뜻이 어디에 있는지를 찾아 그대로 살아 우리의 삶으로 거룩하신 하나님의 영광을 드러내는 것을 의미한다. "너희가 열매를 많이 맺으면 내 아버지께서 영광을 받으실 것이요 너희는 내 제자가 되리라"(요 15:8). 예수님의 제자가 되는 것과 삶으로 하나님께 영광이 되는 열매를 맺는 것은 같이 간다.

　주기도문의 첫 번째 간구는 이후에 이어지는 두 번째 간구인 "(당신의) 나라가 임하시오며"와 세 번째 간구인 "(당신의) 뜻이 이루어지이다"와 깊은 관련이 있다. 그래서 "하늘에 계신 우리 아버지, 아버지의 이름이 거룩히 여김을 받으시오며"라고 기도하는 신자들은 하나님이 친히 그의 구속 활동과 자신의 백성을 통해 자신을 역사 속에 궁극적으로 나타내시기를 간구한다. 주기도문은 예배를 마치면서 속사포처럼 외우고 마는 기도가 아니다. 하나님을 섬기는 일에 자신을 드리는 표현이며, 마지막 날에 우리 아버지께서 거룩한 분이심을 온 세상 사람들이 두 눈으로 똑똑히 볼 수 있게 나타내시기를 바라는 마음을 실어 드리는 그의 자녀들의 소망을 올려드리는 기도다.

주기도문으로
기도하기

두 번째 간구

제 4 장

두 번째 간구

"나라가 임하시오며"

주기도문의 두 번째 간구는 하나님의 나라가 임하기를 구하는 기도다. 하나님의 나라가 임한다는 약속 역시 하나님의 이름이 더럽혀진 바벨론 포로기에 주어졌다. "이 여러 왕들의 시대에 하늘의 하나님이 한 나라를 세우시리니, 이것은 영원히 망하지도 아니할 것이요 그 국권이 다른 백성에게로 돌아가지도 아니할 것이요 도리어 이 모든 나라를 쳐서 멸망시키고 영원히 설 것이라"(단 2:44). 이것은 바벨론 왕 느브갓네살이 장래 일, 즉 마지막 때에 될 일을 궁금해 할 때 하나님이 그에게 장래 일을 알려주면서 예언하신 내용이다(2:29, 45). 마지막 때에 하늘의 하나님이 한 나라를 세우시겠다는 것이 예언의 핵심이다. 친히 자신의 나라를 세우시겠다는 하나님의 의지는 약소국가로서 박해를 받고 압제 하에 있는 이스라엘 백성들에게는 기대에 찬 소망의 약속이었다. 능력이 많으신 하나님이 자기 백성의 원수를 심판하시고, 그 백성을 구원해 주시는 날이 올 것이기 때문이다. 이와 비슷한 예언은 이외에도 여러 번 주어졌다. 하나님의 나라가 세워진다는 예언을 극명하게 표현한 또 다른 메시지를 보자.

아름다운 소식을 시온에 전하는 자여.…… 두려워하지 말고 소리를 높여 유다의 성읍들에게 이르기를 "너희의 하나님을 보라" 하라. "보라 주 여호와께서 장차 강한 자로 임하실 것이요 친히 그의 팔로 다스리실 것이라"(사 40:9–10).

좋은 소식을 전하며 평화를 공포하며 복된 좋은 소식을 가져오며 구원을 공포하며 시온을 향하여 이르기를 "네 하나님이 통치하신다" 하는 자의 산을 넘는 발이 어찌 그리 아름다운가.…… 이는 여호와께서 시온으로 돌아오실 때에 그들의 눈이 마주 보리로다(사 52:7–8).

두 본문은 포로 중에 있는 이스라엘 백성에게 주시는 복음을 소개한다. 그 내용은 하나님이 원수들에게서 고통을 받고 있는 자기 백성을 구원하기 위해 오신다는 것이다. 하나님은 강한 자로 임하여 친히 다스리실 것이다. 바벨론에서 포로아래 있는 이스라엘 백성에게 하나님이 오셔서 그들의 죄를 용서하시고 다시 왕으로서 그들을 다스리신다는 소식은 중대한 의미가 있다. 하나님이 세상 나라를 멸망시키고, 그의 나라를 세우실 것이기 때문이다. 그는 친히 그의 팔로 다스리실 것이다.

"다스림"은 왕의 통치 행위다. 또 "하나님이 통치하신다"는 말은 하나님이 (다시) 왕이 되신다는 말로 고쳐 쓸 수 있다. 하나님은 왕이시므로 사람들이 잘한 일에 상을 주시고, 잘못한 일을 심판하신다. 이 예언이 바벨론 포로 귀환을 염두에 둔 것이기에, 어떤 점에서는 이스라엘이 포로에서 귀환하여 하나님이 그들의 왕이 되심으로써 하나님의 나라(왕권)를 세우시겠다는 약속은 어느 정도 성취되었다고 볼 수 있다. 하지만 세상 나라를 굴복시키고 하나님의 영원한 나라가 세워진다는 예언(단 2:44)은 포로에서 회복되는 것 그 이상을 가리킨다. 포로 후에도 이스라엘 백성은 하나님의 나라가 임하기를 기다렸다.

하나님의 나라가 임하기를 구하는 것은 구약 신자들의 간절한 염원과 관련이 있기에 1세기에도 유대인들은 하나님의 나라가 임하기를 기도했다. 유대인의 기도문(쉐모네 에쉬레) 중에 과거 유대 역사에서 경험했던 황금기를 회상하면서 하나님께 당시 상황을 회복해주시기를 기도했고(14번 기도), 이와 아울러 원수들을 심판하심으로써 하나님의 나라가 임하기를 염원했다.

> 우리가 자유를 얻도록 강한 자들을 치소서.
> 우리의 포로들의 결함을 위해 깃발을 드소서(10번 기도).

카디쉬(Kaddish) 기도문은 좀 더 직접적으로 하나님의 나라가 임하기를 구하는 내용으로 이루어졌다. 카디쉬의 내용과 이 기도문에 사용된 어구는 주기도문의 두 번째 간구에 사용된 그것과 매우 비슷하다.

> 하나님이 그분의 뜻대로 창조한 온 세계를 통해
> 그의 위대한 이름이 영화롭게 찬송 받을지어다.
> 그분으로 하여금 당신이 살아 있는 동안
> 그리고 이스라엘 전체가 살아 있는 동안

어서 속히 그분의 왕국을 이룩하게 하소서. 아멘.

하나님의 나라가 임하기를 염원하는 주기도문의 두 번째 간구는 하나님이 왕으로서 다시 통치하시기를 구하는 기도다. 이 기도를 하는 상황에서 하나님의 왕적 통치가 풍성하게 나타나지 않았다. 이 세상 나라가 우리 하나님의 나라에 속하게 되고(욥 21), 우리 하나님의 왕권만이 세상에서 행사되는 것은 장차 이루어질 약속이다. 미래에 이런 일이 이루어지기를 바란다는 점에서, 하나님의 나라가 임하기를 구하는 기도는 종말론적인 기도다. 주기도문에 간략히 한 문장으로 표현된 하나님의 나라가 임하기를 구하는 기도의 의미를 종말론적인 관점에서 살펴보도록 하자.

소요리문답의 교훈

소요리문답에서는 두 번째 기원에서 가르치는 바를 다음과 같이 설명한다.

> 제 102문: 두 번째 간구에서 우리는 무엇을 기도합니까?
> 답: 두 번째 간구, 곧 "나라이 임하옵시며"로, 우리는
> 사탄의 나라가 멸망하고,
> 은혜의 나라가 흥왕하며,
> 우리와 다른 사람이 거기 들어가 지키심을 받고,
> 영광의 나라가 속히 오게 하여 주시기를 구합니다.

소요리문답은 하나님의 나라가 임하기를 구하는 까닭으로 지금 사탄의 나라가 지배하고 있음을 전제한다. 그래서 소요리문답은 이 기도에서 우리 주님이 이 세상 임금인 사탄의 지배가 그치고 그의 나라가 멸망하게 될 것을 가르치신다고 이해한다. 바울은 복음이 사람들에게 전파되는 것이 막히고, 사람들 마음에 복음이 희미하게 되는 이유가 이 세상 신이 그들 속에 영향을 미치기 때문이라고 판단했다. "그 중에 이 세상의 신이 믿지 아니하는 자들의 마음을 혼미하게 하여 그리스도의 영광의 복음의 광채가 비치지 못하게 함이니"(고후 4:4a). 사탄은 공중의 권세 잡은 자로서, 이 땅에서 불순종하는 자들 사이에서 여전히 활동하고 있다(엡 2:2).

사탄의 나라가 활동한다는 말은 그가 통치자로 세상에 군림하고 영향을 끼친다는 것을 의미한다. 실제로 예수님은 사역 중에 사탄의 권세를 무력화시키는 일을 하셨다. 그는 귀신 들려 앞을 보지 못하고 말 못하고 듣지 못하는 사람을 고쳐주시면서, "내가 하나님의 성령을 힘입어 귀신을 쫓아내는 것이면 하나님의 나라가 이미 너희에게 임하였느니라"고 선언하셨다(마 12:28). 예수님은 사탄보다 더 강한 자로 오셔서 사탄에게 사로잡힌 자를 구원하셨다(12:29). 예수님은 열여덟 해 동안 사탄에게 매인바 되어 허리가 굽어 펴지 못하고 살았던 여자를 고쳐주신 후 이렇게 말씀하셨다. "열여덟 해 동안 사탄에게 매인 바 된 이 아브라함의 딸을 안식일에 이 매임에서 푸는 것이 합당하지 아니하냐"고(눅 13:16). 지상 사역 동안 사탄의 권세를 이기신 예수님은 장차 이 세상의 임금이 심판을 받아 쫓겨날 것을 내다보셨다. "이제 이 세상에 대한 심판이 이르렀으니 이 세상의 임금이 쫓겨나리라"(요 12:31. 참조.

16:11).

계속해서 소요리문답은 하나님의 나라가 임하는 것을 은혜의 나라가 흥왕하게 되는 것으로 해석한다. 사탄의 나라가 멸망하는 즉시, 하나님이 다스리는 은혜의 나라가 더 큰 영향력을 발휘한다고 말이다. 지금은 하나님의 은혜와 구원이 행사되고 있는 시대다. "보라 지금은 은혜 받을 만한 때요 보라 지금은 구원의 날이로다"(고후 6:2). 이처럼 은혜가 전적으로 지배하는 나라가 임하면 얼마나 행복하겠는가. 은혜의 나라에 들어간 믿는 사람들은 사탄의 도전과 유혹을 받지 않고 그 나라에서 온전하게 지키심을 받는다. 그리스도의 재림 때 영광의 나라가 임하면, 하나님 나라의 임함은 절정에 이를 것이다. 소요리문답은 하늘의 하나님이 그의 나라를 세우시겠다는 구약의 약속이 속히 이루어져, 은혜만이 모든 사람에게 베풀어지기를 바라는 것이 주기도문의 두 번째 기원의 핵심이라고 설명한다.

이스라엘 백성들이 왕이신 하나님의 오심을 기다렸던 것과 같이, 주기도문 두 번째 기원은 이와 같은 결과를 야기하는 하나님의 나라가 임하기를 구하는 내용을 담고 있다. 주기도문에는 "나라"라는 단어가 두 번 등장한다. 하나는 주기도문 두 번째 기원("나라가 임하옵시며," 6:10)에, 또 다른 하나는 주기도문 맨 마지막("[왜냐하면] 나라와 권세와 영광이 영원히 있사옵나이다." 13절)에 등장한다. 짧은 주기도문에 동일한 단어가 두 번 언급된 것은 주기도문에서 하나님의 나라와 관련된 기도가 중요하다는 것을 암시한다. 이 내용의 정확한 의미를 알려면 하나님의 나라가 뜻하는 바가 무엇인지, 그리고 하나님의 나라가 언제 임하고, 그 나라가 임할 때 나타나는 현상이 무엇인지를 이해할 필요가 있다.

하나님의 아버지 되심과 왕 되심의 관계

하나님의 나라가 임하기를 구하는 기도는 하나님이 왕이심을 전제한다. 그리고 하나님이 왕이시라는 것은 하나님의 아버지 되심과 직결된다. "하나님의 나라가 임하기를 구하는 것"은 하나님을 "하늘에 계신 우리 아버지"라고 부르는 것과 긴밀하게 관련이 있기 때문이다.1) 시편 103편은 하나님의 왕 되심을 그가 이스라엘의 아버지가 되신다는 사실과 연결하여 설명한다. 시편 기자는 "아버지가 자식을 긍휼히 여김 같이 여호와께서는 자기를 경외하는 자를 긍휼히 여기"신다(103:13)고 전제한 후에, 하나님이 왕으로서 통치하신다고 선언한다. "여호와께서 그의 보좌를 하늘에 세우시고 그의 왕권으로 만유를 다스리시도다" (103:19).

시인의 고백은 하나님이 이스라엘의 왕조를 세우시면서 이스라엘과 이스라엘의 왕을 하나님의 아들로 선언하신 것과 관련이 있다. "그 (솔로몬)는 내 이름을 위하여 집을 건축할 것이요 나는 그의 나라 왕위를 영원히 견고하게 하리라. 나는 그에게 아버지가 되고 그는 내게 아들이 되리니"(삼하 7:13-14a). 하나님이 이스라엘의 아버지가 되신다는 것은 그가 이스라엘의 왕으로 다스리신다는 것과 동일하다.2) 그렇다면

---

1) 하나님의 나라에서 하나님의 아버지 도심과 관련한 교훈은 헤르만 리델보스, 『하나님 나라』, 오광만 옮김 (서울: 솔로몬, 2009), 316-27을 참조하라.

2) 예레미야스는 고대 성전 예배에서 사용되던 기도문을 인용하여 유대인들이 하나님을 아버지로 또 왕으로 고백한 증거를 제시한다. Jeremias, *The Prayers of Jesus*, 25.
우리 아버지, 우리 왕이시여(Our Father, our King),
우리에게는 주 이외에 다른 왕이 없나이다(we have no other king but thee);

하나님이 왕의 권세로 이스라엘을 심판하신 것은 아버지로서 아들을 징계하신 것으로 이해된다(삼하 7:14b). 하나님을 아버지라고 부르는 것은 그 아버지가 왕이시라는 것과 동일한 비중이 있다.

그러므로 하늘에 계신 아버지의 이름이 거룩히 여김을 받기를 구하는 주기도문의 첫 번째 간구는 그 아버지가 왕으로서 세상을 다스리시기를 구하는 것과 관련이 있다. 아버지의 이름이 더럽혀진 것은 그가 통치를 행하지 않거나 백성이 하나님의 통치를 받지 않았음을 의미한다. 역으로, 하나님의 나라가 임하여 그의 왕적 통치가 충분히 나타나는 것은 그의 백성이 하나님의 왕적 통치에 굴복하고 순종하여 하나님의 이름이 온전히 거룩히 여김을 받게 된다는 말이다. 그래서 주기도문의 첫 번째 간구와 두 번째 간구는 별개의 두 간구가 아니라, 하나의 실체에 대한 두 측면으로 이해하는 것이 좋다. 그렇다면 하나님의 나라는 어떤 나라인가? 또 우리는 어떤 의미에서 "나라가 임하옵시며"라고 기도해야 할까?

하나님의 나라와 왕이신 하나님

"나라"라고 번역한 헬라어 "바실레이아"(βασιλεία)와 히브리어 "말쿠트"(מלכות)은 장소(왕국)와 왕권(통치권)을 다 가리킨다. 구약성경과 신약성경 모두 "나라"를 표현하는 곳에 이 두 가지 사상이 다 등장한다. 왕권

우리 아버지, 우리 왕이시여(Our Father, our King).
당신 자신을 위하여 우리에게 자비를 베푸소서(for thine own sake have mercy upon us).

시행과 왕권이 구체적으로 행해지는 장소 등 두 사상은 떼려야 뗄 수 없는 개념들이다. 구약성경 여러 곳에서 하나님은 우주에 주권을 발휘하시는 왕으로 계시되었다. 하나님을 "왕"으로 이해하는 것이 하나님 나라 이해의 출발이다(참고, 시 47:6-8; 95:3; 145:1; 단 2:47). 하나님은 왕으로서 권세가 있고, 주권을 행사하신다. 하나님이 다스리실 때 만민은 떨며, 그 권세에 모든 피조물은 두려워한다.

> 여호와께서 다스리시니 스스로 권위를 입으셨도다. 여호와께서
> 능력의 옷을 입으시며 띠를 띠셨으므로 세계도 견고히 서서
> 흔들리지 아니하는 도다. 주의 보좌는 예로부터 견고히 섰으며
> 주는 영원부터 계셨나이다(시 93:1-2).

여기서 시인은 하나님이 왕적인 권위를 가지고 보좌에 앉아계심을 노래한다. 이것은 왕으로서 하나님을 묘사하는 용어들이다. 그리고 하나님의 왕 되심은 예로부터 있었고 영원히 계셨다고 설명한다(참조, 시 74:12-17). "주는 하나님이시다"라는 신앙고백과 마찬가지로 "하나님은 왕이시다"라는 명제는 그가 영원한 왕이심을 제시한다. 하나님은 왕으로서 능력을 발휘하여 세상을 창조하셨고, 창조하신 만물을 보존하고 통치하신다. 하나님의 나라는 하나님이 왕이시며 그가 왕권을 행사하신다는 것으로 가장 잘 설명할 수 있다. 하나님은 의로운 통치자이시다. 그는 의인을 구원하고 악인을 심판하신다. 하나님은 구원받은 백성의 왕이실 뿐더러 온 세상의 왕이시다.

이와 아울러 생각해야 할 것이 있다. 하나님의 나라는 왕이신 하나

님이 그의 주권을 행사하시는 장소, 즉 "영역"이기도 하다. 이론적으로 하나님이 왕으로서 통치하시는 장소는 온 우주다. 그가 세상의 창조주이시기 때문이다. 그의 창조 행위는 왕으로서 능력을 발휘한 것이다. "여호와께서 다스리시니 세계가 굳게 서고 흔들리지 않으리라 그가 만민을 공평하게 심판하시리라"(시 96:10. 참조. 97:1; 99:1). 피조물은 하나님의 통치에 찬송으로 반응한다. "온 땅이여 여호와께 즐거이 소리칠지어다. 소리 내어 즐겁게 노래하며 찬송할지어다"(시 98:4).

그러나 동시에 하나님의 나라는 특정한 장소에 집중되었다. 구약시대에는 팔레스타인이, 신약시대에는 교회가 하나님의 통치가 베풀어진 장소였다. "주께서 백성을 인도하사 그들을 주의 기업의 산에 심으시리이다 여호와여 이는 주의 처소를 삼으시려고 예비하신 것이라. 주여 이것이 주의 손으로 세우신 성소로소이다"(출 15:16-17). 여기서 언급하고 있는 주의 기업의 산은 구체적으로 가나안 땅이다. 가나안 땅은 주의 처소를 삼으려고 예비한 장소, 즉 하나님의 왕권이 구체적으로 그리고 풍성히 실현되는 장소였다. 그곳에서 하나님은 영원히 왕이 되실 것이다. "여호와께서 영원무궁 하도록 (가나안 땅에서) 다스리시도다"(출 15:18).

하나님의 나라를 생각할 때 간과해서는 안 되는 또 하나의 요소가 있다. 그것은 왕의 통치를 받는 "백성"이다. 하나님의 왕권에 호응하고 인격적으로 반응하는 백성이 없다면 하나님의 왕권은 헛되다. 이스라엘 백성은 구약시대에 하나님의 왕 되심을 인정하여 하나님께 복종하고 경배한 하나님의 백성이다. 그래서 그들은 "제사장 나라"로 불렸다(출 19:6). 하나님이 비록 하늘에 계시고 모든 나라를 다스리시기는 하지만(대하 20:6), 하나님은 특히 이스라엘의 왕조를 "여호와의 나라"라고 명명하셨다(대상 28:5; 대하 13:8). 신약시대의 교회는 이스라엘에게 붙여졌던 명칭과 동일한 "왕 같은 제사장"으로 불린다(벧전 2:9).

이 사실에 비춰 볼 때, 하나님의 나라를 올바르게 이해하려면 하나님의 왕 되심에 복종하는 백성과 함께 생각해야 한다. 하나님이 세상을 다스리시는 왕이시라는 것과 그의 통치가 어느 구체적인 장소에서 행해지고 있다는 것, 그리고 그 통치를 받는 백성이 조화롭게 어우러질 때 하나님의 나라는 세상에 구체적으로 그 모습을 드러낼 수 있다.[3]

하나님의 나라가 임하기를 구하는 기도를 하는 것은 지금 이 세 요소 중에 어느 하나에 또는 그 이상에 문제가 발생했다는 의미다. 하나님의 통치가 완전히 실현되지 않기에, 진정한 왕이 다스리셔야 할 곳에서 원수들이 맘대로 권세를 행하고 불법을 행하여 왕이신 하나님의 이름이 더럽혀지고 있다. 이런 상황에서, 하나님이 그의 나라를 세우시겠다는 것과 그의 백성이 하나님의 나라가 임하기를 염원하는 것은 하나님이 왕권을 발휘하여 누구라도 볼 수 있게 해주시기를 구하는 것이다.

원래는 하나님만이 세상을 다스리시는 유일한 통치자셨다. 그러나 지금은 사탄(막 3:23, 26)이 하나님의 권세를 흉내 내어 마치 그가 세상의 통치자인 양 활동하고 있다(계 12-13장). 사탄은 "이 세상의 통치자"

---

3) 하나님의 나라를 왕적 통치의 관점으로만 조망해서는 안 되고, 통치와 장소와 백성 등 통전적인 관점으로 이해해야 한다고 역설한 그레엄 골즈워디, 「복음과 하나님의 나라」, 김영철 옮김 (서울: 성서유니온, 1998)을 참조하라.

(요 12:31; 14:30; 16:11)로, 또는 이 세상의 악한 신(고후 4:4)으로, 공중의 권세 잡은 자(엡 2:2)로 불리고 있다. 많은 사람들은 하나님이 아닌 사탄에게 미혹을 받고 그의 지배를 받는다. 하나님이 왕이심을 믿는 사람은 이런 상황에서 하나님만이 온전히 통치하시기를 구하고, 사람들로 하여금 하나님이 우주의 왕이신 것을 알게 해 주시기를 기도한다. 이런 까닭에 하나님의 나라가 임하기를 구하는 기도에는 사탄의 권세가 멸하게 되는 내용이 포함될 수밖에 없다. 어떤 왕이 자기의 권한을 제한 받거나, 그에게 왕적 권한은 있지만 그것을 행사하지 못한다면, 그 왕은 한갓 허수아비요 종이 왕에 지나지 않는다. 그러나 우리가 "하늘에 계신 아버지"라고 부르는 하나님은 명실공히 모든 주권을 가진 왕이시다. 하나님의 나라가 임하면 하나님을 모르는 사람들도 하나님이 진정한 왕이심을 똑똑히 볼 수 있을 것이다.

이 사실은 이스라엘 백성이 원수의 공격을 받았을 때 구체적으로 드러났다. "하나님이 일어나시니 원수들은 흩어지며 주를 미워하는 자들은 주 앞에서 도망하리이다"(시 68:1). 특히 하나님은 이스라엘을 용사가 사로잡은 것에서 도로 찾을 것이라고 약속하셨다(사 49:24-26). 강한 힘을 가지신 왕은 장차 그의 백성의 죄를 사하여 주실 것이다(슥 13:1-2). 그는 은혜를 베풀어 백성을 회복할 계획을 세우셨다(사 61:1-2). 하나님의 공의로운 말씀에 의해 하나님께 "모든 무릎이 꿇겠고 모든 혀가 맹세"할 것을 약속하셨다(사 45:23. 비교. 빌 2:10-11).

예수님이 세상에 오신 목적은 하나님의 나라를 전파하는 데 있다(눅 4:43). 그래서 예수님으로 말미암아 "하나님 나라"가 임했다는 사실을 아는 것은 예수님의 사역을 이해하는 열쇠다. 예수님은 제자들에게 하나님의 나라가 임하기를 기도하라시면서 그 기도에 어떤 내용이 포함되는지는 구체적으로 알려주지 않으셨다. 하지만 하나님을 왕으로 인식하고 "하나님의 나라가 임하기를 기도"할 때 구체적으로 무엇을 구하라는 말씀인지 아는 것은 그리 어렵지 않다. 그것은 하나님이 세상에 하나님의 왕 다운 모습을 드러내고, 그분의 왕적 통치가 실현되기를 비는 것을 의미한다. 이것을 몇 가지로 나누어 생각할 수 있다.

첫째, 하나님은 온 우주에 주권을 가지고 계신 분이시다. 하나님이 우주를 다스리시기에 피조물과 신자들은 주님의 왕권을 찬양한다.

> 왕이신 나의 하나님이여 내가 주를 높이고 영원히 주의 이름을
> 송축하리이다.
> 여호와는 위대하시니 크게 찬양할 것이라.
> 그의 위대하심을 측량하지 못하리로다.
> 사람들은 주의 두려운 일의 권능을 말할 것이요
> 나도 주의 위대하심을 선포하리이다.
> 여호와께서는 모든 것을 선대하시며 그 지으신 모든 것에 긍휼을
> 베푸시는도다.
> 여호와여 주께서 지으신 모든 것들이 주께 감사하며
> 주의 신자들이 주를 송축하리이다.
> 주의 나라는 영원한 나라이니 주의 통치는 대대에 이르리이다.
> (시 145:1-3, 6, 9-10, 13)

하나님은 매우 구체적으로 그의 주권을 행사하신다. 하나님은 우리

주변에 일어나는 모든 것을 친히 다스리신다. 섭리라고 부르는 하나님의 사역은 세상에 일어나는 일들이 저절로 되는 것이 없이 하나님의 직접적인 통치의 결과로 일어나는 것임을 보여준다. 시편 기자는 사람들이 자연스러운 일이라고 생각하는 것들을 하나님의 통치 행위라고 설명한다. 시편 104편에 묘사된 내용을 살펴보자.

> 주께서 땅을 깊은 바다로 덮으시매 물이 산들 위로 솟아올랐으나.
>
> 주께서 꾸짖으시니 물은 도망하며 주의 우렛소리로 말미암아 빨리
>
> 가며.
>
> 주께서 그들을 위하여 정하여 주신 곳으로 흘러갔고.
>
> 산은 오르고 골짜기는 내려갔나이다.
>
> 주께서 물의 경계를 정하여 넘치지 못하게 하시며
>
> 다시 돌아와 땅을 덮지 못하게 하셨나이다.
>
> 여호와께서 샘을 골짜기에서 솟아나게 하시고 산 사이에 흐르게
>
> 하사
>
> 각종 들짐승에게 마시게 하시니 들나귀들도 해갈하며.
>
> 공중의 새들도 그 가에서 깃들이며 나뭇가지 사이에서
>
> 지저귀는도다.
>
> 그가 그의 누각에서부터 산에 물을 부어 주시니
>
> 주께서 하시는 일의 결실이 땅을 만족시켜 주는도다(시 104:6-13).

세상 구석구석에서 일어나는 일과 자연적으로 발생하는 듯이 보이는 행동들이 사실은 하나님의 왕적 통치 행위의 결과다. 자연은 하나

님이 창조주이시시며 왕이시라는 것을 증언한다. 그래서 하나님의 나라가 임하기를 기도하는 것은 하나님이 자연뿐만 아니라 모든 사람에게도 왕이 되어 친히 다스리시고, 백성들도 하나님을 왕으로 송축하기를 간구하는 것이다(고전 15:28). 더욱이 하나님은 의로운 통치자이시다. 그래서 하나님의 왕권이 나타나는 것은 세상에 공의가 임하고, 그가 의의 홀을 가지고 거룩하신 뜻을 실현하시기를 구하는 것을 의미한다. "보라 장차 한 왕이 공의로 통치할 것이요 방백들이 정의로 다스릴 것이라"(사 32:1). 신자들은 하나님의 약속에 따라 의롭게 다스릴 왕을 기다렸다. "보라 때가 이르리니 내가 다윗에게 한 의로운 가지를 일으킬 것이라 그가 왕이 되어 지혜롭게 다스리며 세상에서 정의와 공의를 행할 것이"라(렘 23:5).

구약성경에 "하나님의 나라"가 오기를 고대하는 내용이 등장하지 않더라도, "하나님"이 오시기를 고대하는 내용이 많은 것은 바로 이런 이유에 근거한다. "아버지, 아버지의 나라가 오게 하소서"라는 기도는 하나님이 주권을 가진 왕으로 오셔서, 왕의 통치를 행사해 주시기를 구하는 기도다.

하나님의 나라와 구원

하나님의 나라가 임하기를 기도할 때 생각할 두 번째 구체적인 내용은 예수 그리스도를 통하여 각 사람과 하나님 사이에 구원의 관계가 이루어지는 것이다. 하나님의 나라가 임하기를 구하는 것은 하나님과 올바른 관계가 회복되어, 복이 있고 그 복이 여러 영역에 행사되기를 구하는 것을 의미한다. 성경은 모든 사람이 죄를 지어 하나님의 영광에 이르지 못하여(롬 3:23), 하나님의 저주가 모든 사람들 위에 있는 상황이라고(롬 1:18) 설명한다. "죄의 삯은 사망이다"(롬 6:23). 뿌리가 뽑힌 나무처럼 사람들은 사망의 권세아래 있다. 한 사람도 예외가 없이 말이다. 하나님께서 생명을 주시지 않으면 아무도 영생을 얻을 수 없다.

이런 상황에서 "하나님의 나라가 임하기"를 간구하는 것은 하나님의 강력한 힘으로 사람들을 구원하여 생명에 들어가게 하시기를 구한다는 말이다. 하나님의 나라에 들어가는 것은 죄와 사망이 주도하는 세상에서 하나님의 의와 생명이 발휘되는 영역으로 옮겨가는 것을 의미한다. 그리스도는 "이 악한 세대에서 우리를 건지시려고" 자기 몸을 주셨다(갈 1:4). 바울은 죄 사함을 얻어 하나님 나라에 들어와 있는 신자들의 현재의 삶을 "그가 우리를 흑암의 권세에서 건져내사 그의 사랑의 아들의 나라로 옮기"신 것으로 표현한다(골 1:13, 14). 그래서 성도들은 "여호와는 나의 힘이요 노래시며 나의 구원"이시라고 고백한다(출 15:2. 참조. 사 12:2).

하나님의 나라에 들어와 누리는 복은 죄 사함이라는 영적인 면과 관련된 것만은 아니다. 질병에서 해방이 되는 것, 신체적인 장애에서 고침을 받는 것, 귀신에 사로잡혀 살던 것에서 해방되는 것 등을 포함한다. 하나님 나라의 복은 하나님이 삶의 전 영역에 구원을 베푸시고 전인을 회복하시는 것이다. 하나님은 구약의 신자들에게 질병에서 구원하실 것과 압제에서 해방하실 것을 약속하셨다(사 35:5-6; 61:1-2).

하나님의 나라가 임하는 구약의 약속은 예수님이 세상에 오심으로 이루어졌다. 예수님은 공생애를 시작하면서, 흑암에 앉은 백성이 큰 빛을 보고, 사망의 땅에 생명의 빛이 비쳤음을 보여주셨다(마 4:16). 예수님은 공생애를 시작하시면서 이렇게 선언하셨다. "회개하라 천국이 가까이 왔느니라"(마 4:17). 마가는 하나님의 나라가 가까이 온 것이 구약성경에 예언한 성취의 "때"가 임한 증거로 제시한다. "때가 찼고 하나님 나라가 가까이 왔으니 회개하고 복음을 믿으라"(마 1:15. 참조. 갈 4:4).

예수님은 왕으로 세상에 오셨다. 이사야는 하나님의 아들의 탄생을 "왕"으로, 또 그분이 오셔서 하시는 일을 "나라를 세우는 것"으로 묘사했다(사 9:6-7). 그래서 동방의 박사들은 예수님이 "유대인의 왕"으로 탄생하셨다고 이해하고 축하했다(마 2:2). 천사는 마리아에게 그가 "다윗의 보좌에 앉아 야곱 자손을 다스리실" 왕이라고 전해 주었다(눅 1:32). 예수님은 하나님의 나라를 설교하셨다(눅 4:43). 그는 그 증거로 시각, 청각 등 신체적인 장애를 입은 병자들을 다 고쳐주셨다(마 4:24; 눅 4:40). 예수님은 심지어 죽은 자도 살리셨다. 귀신 들린 사람들에게서 귀신을 내쫓으셨다. 특히 예수님은 귀신을 내쫓으신 후에 이렇게 선언하셨다. "내가 하나님의 성령을 힘입어 귀신을 쫓아내는 것이면 하나님의 나라가 이미 너희에게 임하였느니라"(마 12:28). 사탄의 나라는 제압되었고, 하늘에 계신 하나님 아버지의 나라는 지금 여기(here and now) 임하여 능력 있게 활동한다(마 12:29).

세례 요한은 그의 제자들을 예수님께 보내어 예수님이 정말 메시아이신지, 정말 그로 말미암아 마지막 때가 임했는지 물어보게 했다. "오실 그이가 당신이오니이까? 우리가 다른 이를 기다리오리이까?"(마 11:3). 이 질문에 예수님은 이렇게 대답하셨다. "너희가 가서 듣고 보는 것을 요한에게 알리되, 맹인이 보며 못 걷는 사람이 걸으며 나병환자가 깨끗함을 받으며 못 듣는 자가 들으며 죽은 자가 살아나며 가난한 자에게 복음이 전파된다 하라"(마 11:4-5). 이 말씀은 죽은 자들이 살아난다는 이사야 26:19와 각종 병자들의 몸이 회복된다는 35:5-6과 가난한 자에게 복음이 전파된다는 61:1-2의 말씀을 예수님이 친히 성취하셨다는 선언이다. 사람들 눈앞에서 행하신 그의 사역이 그 증거였다(눅 7:21-22). "이 글(사 61:1-2)이 오늘 너희 귀에 응하였느니라"(참조. 눅 4:21). 예수님은 하나님 나라의 도래와 관련한 약속을 이루셨다. 하나님의 나라는 지금 임하여 활동하고 있다.

하나님의 나라와 미래

예수님은 "하나님의 나라가 가까이 왔다," "하나님의 나라가 임하였다"라고 말씀하셨고, 그의 사역을 통해 하나님의 나라가 실제로 임했음을 입증하셨다(눅 17:21). 사탄의 나라는 멸망되기 시작했다(눅 7:17). 이것은 엄청나게 큰 구원이 발생했다는 증거였다. 예수님 당대 사람들은 놀라운 일을 경험했다. 하지만 여전히 신자들은 궁금해 한다. '예수님은 메시아로 세상에 오셔서 하나님의 나라가 세상에 임했다고 선언하셨는데, 왜 세상에는 여전히 고난이 있고, 악이 득세하고, 사탄은 사람들 사이에서 여전히 활개 치는가?' '예수님은 어떤 의미에서 제자들에게 하나님의 나라가 임하기를 기도하라고 하시는가?'

하나님의 나라는 "이미" 이 세상에 임하였다. 그러나 이 질문들에 제기된 모든 문제가 해결되는 이상적이며 영원한 나라는 아직 임하지 않았다. 하나님의 나라가 임하여 이 땅에 그 나라의 완전한 모습이 이루어지는 것은 미래에 있을 일이다. 이런 긴장이 존재하는 까닭이 있다. 예수님은 메시아로 세상에 오셨지만 사람들에게 배척을 받으셨다. 하나님의 나라가 "이미" 임한 것은 메시아가 세상에 오셨다는 사실에 초점을 맞춘다. 하나님 나라의 절정이 "아직" 임하지 않은 것은 여전히 불순종하는 백성이 있다는 것과 모든 높아진 것이 하나님께 굴복하지 않았다는 사실에 초점을 맞춘다. 이와 같은 긴장이 발생하는 것은 하나님의 나라가 하나님이 왕으로서 통치하는 것만이 아니라 통치를 받는 사람들이 하나님의 통치에 자발적으로 순종하는 것도 포함되기 때문이다.

현재 세상에는 하나님의 통치권을 인정하지 않고 하나님과 상관없이 살고 있는 사람들이 여전히 많이 있다. "하나님 아는 것을 대적하여 높아진 것을 다 무너뜨리고 모든 생각을 사로잡아 그리스도에게 복종하게"(고후 10:5) 하고, 만물을 그 발아래에 복종하게 하시는 날(히 2:8)은 미래에야 올 것이다. 그때에야 비로소 "세상 나라가 우리 주와 그의 그리스도의 나라가 되어 그가 세세토록 왕 노릇 하실 것"이다(계 11:15. 비교. 욥 21). "물이 바다를 덮음 같이 여호와를 아는 지식이 세상에 충만할 것"(사 11:9)과 "여호와의 영광을 인정하는 것이 세상에 가득"하게 되는 것(합 2:14)은 예수 그리스도가 재림하실 때에야 궁극적으로 이루어진다.

우리는 하나님의 나라가 임하기를 기도하면서 하나님이 왕으로서 지금 우리를 다스리시고 그의 주권을 행사하시기를 기도할 뿐만 아니라 예수 그리스도의 재림 때 하나님의 통치가 온전하고 충만하게 실현되기를 바란다. 그러므로 주기도문의 두 번째 간구는 하나님의 능력 있는 다스림이 예수님이 처음 세상에 오셨을 때 실현되기 시작한 것에 근거하여 그가 재림하실 때 충만하게 드러나기를 소망하는 기도다. 그리스도의 재림을 믿고, 그때 하나님의 통치가 충만히 드러나게 될 것을 확신하는 사람은 지금 하나님께 불순종하고, 하나님을 대적하던 사람들이 하나님의 왕 되심을 인정하고 삶 속에서 하나님의 다스림에 순종하게 되기를 기도한다.

하나님은 과거에도 왕이셨고, 지금도 왕이시며, 미래에도 왕이실 것이다. 모든 나라가 주와 그 그리스도의 나라가 될 때, 전능하신 주 하나님이 친히 큰 권능을 잡으시고 왕 노릇 하실 것이다(계 11:17). 만국의 왕이신 하나님은 "하시는 일이 크고 놀라"우시며, 그의 길은 "의롭고 참되다"(15:3). 하나님뿐만 아니라 어린양이신 우리 주 예수 그리스도는 "만주의 주시요 만왕의 왕"이시다(17:14; 19:16). 세상의 모든 나라와 모든 백성은 우리 하나님과 예수 그리스도 앞에서 심판을 받을 것이다. 심판은 왕의 고유 권한이다. 그래서 그의 심판이 참되고 의롭다는 것이 드러날 때 그가 왕이심이 똑똑히 드러난 것이다(19:2). 이렇게 하여 하나님은 온 세상에 그의 왕 되심을 분명하게 드러내시고 그의 백성을 영광스러운 모습으로 변하게 하실 것이다. 그 때에 하나님은 만물을 새롭게 하시고, 새 하늘과 새 땅을 만드실 것이다(사 65:17–25; 계 21:5). 피조물이 회복되며(롬 8:19–23; 벧후 3:13–14; 계 21:1–6), 구원이 완성되고, 피조물 간에 평화가 이루어질 것이다(사 11:9). 이러한 영광스러운 소망이 있다면, 신자들은 그날이 속히 오기를 간절히 바라며, 안달이 나서 하나님께 기도할 것이다. "나라가 임하옵시며"라고.

그러나 그 날이 오기 전이라도 우리는 하나님이 믿는 사람들의 왕이실 뿐만 아니라 온 세상의 왕이심을 고백한다. 하나님의 나라가 임하기를 구하는 것은 현재에도 하나님의 통치가 세상에 영향을 미치기를 바라는 것이며, 장차 하나님이 능력이 있는 왕으로 오셔서 그 백성을 온전히 구원해 주시고, 악인을 심판해주시기를 기도하는 것을 의미한다. 하나님은 자비로운 구원자이실 뿐만 아니라 의로운 심판자이시기 때문이다. 그렇다면 "하나님의 나라가 임하기를" 기도하는 사람들은 그들의 시선을 미래에 고정할뿐더러, 미래에 있을 상황에 동기부여를 받아 현재에도 하나님의 다스림에 즐겨 순종하며 살 수 있다.

그 나라는 "하나님의" 나라다

우리가 구하는 나라는 세상의 나라가 아니라 "하나님의" 나라다. 이 말은 그 나라가 하늘에 계신 우리 아버지의 나라라는 의미다. 그 나라는 하늘에 있는 나라다. 그러므로 하나님의 나라는 세상의 나라처럼 땅에 있는 원리에 의해 작용하지 않으며, 그곳에는 세상의 가치관이 통용되지 않는다. 세상의 나라에 사는 사람들은 보물을 땅에 쌓아두지만, 하늘에 있는 나라를 바라보는 사람은 보물을 "하늘"에 쌓아둔다 (마 6:19).4) 세상의 나라에 마음을 두는 사람은 무엇을 먹을까 무엇을 입

---

4)　이 주제에 대해서는 필자의 논문을 참조하라. "마태복음 6:19-23의 구조와 메시지," 『진리와 학문의 세계』 9 (2003): 13-47과 이 내용을 수정, 확장하여 하나님의 나라와 재물 관계에 초점을 맞춘 논문인 "'하늘'나라와 재물: 마태복음 6:19-34를 중심으로," 『성경신앙』 23 (2008): 167-208.

을까 염려하지만, 하늘에 있는 나라에 마음을 두는 사람은 하늘에 계신 아버지께서 먹이시고 입히신다는 것을 확신한다(6:26, 30). 하늘 아버지께서는 우리에게 이 모든 것이 있어야 할 줄을 아신다. 이런 까닭에 우리는 무엇을 먹을지 무엇을 마실지 무엇을 입을지 염려하면서 살지 않고, 마음을 하나님의 "나라와 그의 의를 구하는" 데 집중할 수 있다(6:33).

하나님의 나라는 하늘에 계신 하나님에게서 오는 나라이고, 하나님이 왕으로서 친히 다스리는 나라다. 그래서 "나라가 임하옵시며"라고 기도한다고 해서 그 나라를 세우거나 확장하는 일을 사람의 몫이라고 착각해서는 안 된다. 하나님의 나라가 임하는 것은 전적으로 하나님의 몫이다. 하나님의 나라가 땅에 실현되는 데 우리가 할 수 일은 없다. 예수님이 제자들에게 "하나님의 나라가 오게 해주시기를" 기도하라고 가르치신 까닭이 여기에 있다. 하나님의 나라가 오게 하는 것은 하나님의 몫이고, 기도는 우리의 몫이다. 이런 이유로, "하나님의 나라를 이 땅에 세우기 위해 힘쓰자"라고 말할 때 과연 우리가 그 나라를 세울 수 있는지 성찰해보아야 한다. 이와 다르게, 하나님께 그 나라를 세우시기를 부탁해야 한다. 우리는 카디쉬 기도문의 한 대목처럼 "어서 속히 그의 나라를 이루소서"라고 간구할 뿐이다. 하나님의 나라는 "하늘에 계신 하나님의 나라"다. 그러므로 하나님의 나라는 위로부터 아래로, 하늘로부터 땅으로 온다. 우리는 다만 하나님의 은혜로 이 땅에 임하여 활동하고 있는 그 나라에 들어가고, 하나님의 통치가 행사될 때 그것을 기꺼이 받고 순종할 뿐이다. 하나님의 다스림은 인간의 손으로 이뤄지는 것이 아니라 하나님이 친히 세상의 여러 원수들을 무찌르고,

공중의 권세 잡은 자인 사탄을 멸절시킬 때 이 땅에 임한다.

마찬가지 원리로, 해외에서 선교 활동하는 선교사들이 그들의 선교 사역으로 하나님의 나라를 확장한다고 말하지 않도록 조심해야 한다. 구제로써 선한 일 하는 것을 하나님의 나라를 건설하는 것이라고 생각하지 말아야 한다. 성경은 하나님의 나라가 이 땅에 임하는 것을 설명하면서 이런 식으로 표현하지 않는다. 우리는 다만 하나님께 그분의 주권을 잘 드러내어 많은 사람을 구원하시고, 구원하신 사람들로 하여금 하나님의 왕 되심을 인정하여 삶의 모든 분야에서 "하늘에 계신 아버지께 영광을 돌리게" 해주시기를 기도한다(마 5:16). 우리가 세상에서 행하는 선한 일은 "하늘에 계신 우리 아버지의 온전하심과 같이 온전"하게 되는 구체적인 행동이다(5:48). "나라가 (이 땅에) 임하옵시며"라고 기도하는 사람은 이 땅에서 순종하는 백성으로 산다.

하나님 나라의 이상적인 모습은 예수 그리스도가 재림하셔야 이루어진다. 그래서 주기도문을 기도하는 사람은 그의 눈을 현세가 아니라 미래에 고정하고, 이 세상이 아니라 하늘을 바라보며 산다. 그리스도께서 하나님 우편에 앉아 계시기에 "위의 것을 생각하고 땅의 것을 생각하지" 않는다. 하늘에는 우리의 생명이 그리스도와 함께 "하나님 안에 감추어져" 있다(골 3:1-3).

예수님이 재림하여 하나님 나라의 영광스런 모습이 드러나게 되면, 더럽혀졌던 하나님의 이름도 거룩하게 될 것이다. 그래서 "(하나님의) 이름이 거룩히 여기심을 받기"를 기도하는 사람은 자연스럽게 "하나님의 나라가 임하기를" 기도한다. 그러므로 이 기도는 하나님의 크신 영광이 드러나기 위해서 자신을 헌신하는 사람, 또 하나님의 왕권이 널리 행사되기를 간절히 바라고 그밖에 다른 모든 일들은 부차적인 것으로 삼는 사람들만이 드릴 수 있는 기도다. 예수님이 세상에서 하나님의 영광을 위해서만 사셨듯이, "나라가 임하옵시며"라고 기도하는 사람은 하나님의 왕권의 충만한 도래를 삶의 첫 번째 염원으로 삼는다.5)

이 영광스러운 때는 여전히 미래에 있고 예수 그리스도의 재림 때 이루어지기에, 초대교회는 예수 그리스도의 재림을 기다리면서 "아멘, 주 예수여 오시옵소서"(계 22:20)라고 기도했다. 이 기도는 초대교회가 아람어로 "마라나타"(marana tha)라고 기도했던 바로 그 기도다(고전 16:22).

---

5) 하나님의 나라를 하나님의 왕적 통치의 관점에서 이해하고, 이 세상에서 살 때 이런 관점을 가지고 살아야 할 것을 제안한 필자의 글을 참조하라. "하나님 나라와 이 세상: 현대사회를 보는 크리스찬의 시각과 사명," 『목회와 신학』 24 (1991년 6월): 65-82.

소요리문답과 마태복음 관점에서 본 주기도문 이해

주기도문으로
기도하기

세 번째 간구

제 5 장

세 번째 간구

"뜻이 하늘에서 이루어진 것 같이 땅에서도 이루어지이다"

누군가 자기 뜻을 이루었다면, 우리는 그의 권세가 방해를 받지 않고 시행되었다고 생각한다. 그가 왕이라면 더더욱 그러하다. 왕이 포고령을 내렸는데 백성들이 그 명령에 순응하지 않는다면, 그 왕은 명목상의 왕에 불과하다. 왕의 권위는 그의 뜻이 실현되는 것으로 입증된다. "내 입에서 나가는 말도 이와 같이 헛되이 내게로 되돌아오지 아니하고 나의 기뻐하는 뜻을 이루며 내가 보낸 일에 형통함이니라"(사 55:11). 하나님의 뜻은 언제든지 이루어져야 한다.

주기도문의 세 번째 간구는 "(아버지의) 뜻이 이루어지이다"이다. 예수님은 첫 번째 간구에서 하나님이 아버지라고, 두 번째 간구에서 하나님이 왕이시라고 밝히셨다. 그러므로 여기서 하나님의 뜻이 이루어지기를 구하는 것은 우선적으로 아버지로서 하나님의 뜻이 이루어지는 것과 관련이 있다. 하나님 아버지는 동시에 왕이기도 하시니, 하나님의 뜻이 이루어지기를 구하는 것은 왕이신 하나님의 통치가 실현되기를 구하는 것을 의미한다. 하나님의 나라가 임하는 것은 하나님의 뜻이 이루어지는 것으로 나타난다.[1] 그러므로 "뜻이 이루어지이다"는 하나님이 가지고 계신 왕적 권위가 방해 받지 않고 행사되고 그의 계획과 뜻이 실현되기를 구하는 기도다.

여기서 하나님의 뜻이 이루어지기를 기도해야 할 필요가 대두된 것은 현재 하나님의 왕적 권위가 충분히 드러나지 않았다는 것을 전제한다. 이것은 하나님을 "아버지"라고 부르는 자녀들의 입장에서 보면 참으로 절박한 문제다. 하나님의 뜻을 저버리는 사람들로 인해 아버지의 권위가 무시를 받고 있기 때문이다. 사람들이 하나님의 뜻을 이루지 않고 자기 뜻대로 행한 것은 태고부터 시작되었다. 하나님은 첫 사람 아담에게 "동산 각종 나무의 열매는 네가 임의로 먹되 선악을 알게 하는 나무의 열매는 먹지 말라 네가 먹는 날에는 반드시 죽으리라"고 명하셨다(창 2:16, 17). 하지만 첫 사람은 하나님의 말씀을 어기고 선악을 알게 하는 나무의 열매를 따서 먹었다. 하나님의 장자인 이스라엘 백성은 열 번이나 하나님을 시험하고 하나님의 "목소리를 청종하지 아니" 하였다(민 14:22; 시 95:7-10). 많은 이방인들은 여호와께서 자기 백성을 구원하시려는 뜻을 알지 못하여 여전히 하나님을 대적한다. 하나님은 그들을 심판하실 것이다(미 4:12-13).

하나님의 뜻을 알지 못하는 사람들은 하나님의 뜻대로 살기보다 자기들의 욕망대로 살기를 더 좋아한다. 이 때문에 이 세상은 악이 횡횡하며 불의가 난무한다. 그러나 이런 상황에서도 하나님은 언제든지 자신이 뜻한 바를 행하신다. "내가 시초부터 종말을 알리며 아직 이루지

---

1)   리델보스, 『하나님 나라』, 328-51.

아니한 일을 옛적부터 보이고 이르기를 나의 뜻이 설 것이니 내가 나의 모든 기뻐하는 것을 이루리라 하였노라"(사 46:10). 선지자는 하나님의 하나님 되심이 옛적에 정하신 그의 뜻을 성실하게 행하신 데서 찾고 찬송한다. "여호와여 주는 나의 하나님이시라. 내가 주를 높이고 주의 이름을 찬송하오니, 주는 기사를 옛적에 정하신 뜻대로 성실함과 진실함으로 행하셨음이라"(사 25:1).

특히 사람들의 불순종 때문에 현재 우리 아버지의 뜻이 이루어지지 않고 있기에, 우리는 하나님의 자녀로서 아버지의 뜻이 이루어지는 것을 최대의 관심사로 두고 기도해야 한다. 한편 이 기도는 하나님이 그의 왕권을 지금 세상에 나타내시기를 소원하는 것이지만, 다른 한편 이것은 미래에 하나님의 왕권이 충분히 나타내기를 소망하는 기도이기도 하다. 장차 하나님의 뜻은 누구의 방해도 받지 않고 반드시 다 이루어질 것이다.

"하나님의" 뜻

왕이신 하나님의 뜻이 이루어지기를 가르치는 주기도문의 두 번째 기원에는 앞에 소개한 두 기원과 마찬가지로 "당신의"라는 인칭대명사가 붙어 있다. 그래서 이 기도는 내 뜻이 아니라 "하나님의 뜻"이 이루어지는 데 강조점이 있다. 첫째 아담은 자기의 뜻을 이루려고 하나님의 뜻을 무시했다. 반면에, 둘째 아담이신 그리스도는 자기가 원하는 것을 포기하고 아버지가 원하시는 것에 순종함으로써 하나님 아버지의 뜻을 이루셨다. "내 아버지여, 만일 할 만하시거든 이 잔을 내게서 지나가게 하옵소서. 그러나 나의 원대로 마시옵고 아버지의 원대로 하옵소서"(마 26:39). 예수님은 하나님의 진노의 잔인 십자가를 앞에 놓고 자신의 뜻을 아뢰었다. 그러나 그는 절체절명의 상황에서 자신의 뜻이 아니라 "하나님의" 뜻을 이루기를 기뻐했다. 하나님의 뜻에 우리의 뜻을 맞추는 것은 쉬운 일이 아니다. 소요리문답은 이 문제를 이렇게 설명한다.

> 제 103문: 세 번째 간구에서 우리는 무엇을 기도합니까?
> 답: 세 번째 간구, 곧 "뜻이 하늘에서 이룬 것 같이 땅에서도 이루어지이다"로, 우리는 하나님께서 은혜를 베푸시어 우리로 하여금 능히 기꺼운 마음으로 모든 일에 그의 뜻을 알아 순종하고 복종하기를 하늘에서 천사들이 하듯이 하게 하여 주시기를 구합니다.

소요리문답은 하나님께서 은혜를 베푸셔야 우리가 하나님의 뜻을 알아 기꺼운 마음으로 순종할 수 있다고 설명한다. 우리가 알아야 할 것이 몇 가지가 있다. 첫째, 우리는 모든 일에 있어 하나님의 뜻이 무엇인지 알려고 해야 한다. 둘째, 그 뜻을 알았으면 순종하고 복종해야 한다. 하늘에서 천사들이 하나님의 뜻을 이루는 것은 땅에 있는 사람들이 하나님의 뜻을 이루는 모델이다.

하나님의 뜻은 무엇일까? 하나님의 뜻은 무엇보다도 하나님이 기뻐하시는 것, 하나님이 원하시고 그의 마음에 가지고 계신 계획과 그 계획을 이루시려는 모든 결정을 가리킨다(마 18:14; 행 21:14). 하나님은 원하시는 모든 것을 하실 수 있으시다. 이것이 하나님이 우상들과 구별되는 중요한 요인들 중 하나다. "오직 우리 하나님은 하늘에 계셔서 원하시는 모든 것을 행하셨나이다"(시 115:3). 하나님에게는 그렇게 행할 만한 능력이 있으시다. "땅의 모든 사람들을 없는 것 같이 여기시며, 하늘의 군대에게든지 땅의 사람에게든지 그는 자기 뜻대로 행하시나니, 그의 손을 금하든지 혹시 이르기를 '네가 무엇을 하느냐'고 할 자가 아무도 없도다"(단 4:35). 그래서 하나님의 뜻이 이루어지기를 기도한다는 것은 하나님이 기뻐하시는 계획과 목적이 방해 받지 않고 이루어지기를 소원하는 것을 의미한다.

그렇다면 하나님의 기뻐하시는 뜻에는 구체적으로 어떤 것들이 있을까? 성경에 하나님의 뜻과 하나님의 원함을 가리키는 언급들이 몇 가지가 제시되었다.

첫째, 하나님의 뜻은 구원 역사에서 어떤 사건을 이루려고 세우신 하나님의 계획이다. 창조하신 세상과 세상에 있는 만물들이 하나님의 계획대로 움직이는 것이 여기에 포함된다. 사람들을 구원하시는 하나님의 계획은 하나님의 중요한 뜻이다. 요한복음 3:16이 이런 뜻을 알려 준다. "하나님이 세상을 이처럼 사랑하사 독생자를 주셨으니 이는 그를 믿는 자마다 멸망하지 않고 영생을 얻게 하려 하심이라." 사람들이 멸망되지 않고 영생을 얻게 하려고 하나님이 사랑을 베푸신 것은 하나님의 뜻의 구체적인 표현이다. 이와 비슷한 내용을 바울은 디모데전서 2:4에서 이렇게 표현하였다. "하나님은 모든 사람이 구원을 받으며 진리를 아는 데에 이르기를 원하시느니라." 하나님이 바라시는 것 한 가지는 많은 사람을 구원하는 것이다. 하나님의 뜻이 이루어지기를 구하는 것은 구체적으로 하나님이 많은 사람을 구하시려는 바로 이 뜻을 실현하시라고 기도하는 것을 의미한다.

둘째, 하나님의 뜻은 하나님을 알고 하나님과 인격적으로 교제하는 것이다. 호세아는 이스라엘의 멸망이 백성들이 하나님을 아는 데 관심을 갖기보다는 외형적인 제사에만 관심을 둔 것에 기인했음을 지적하면서 하나님의 뜻을 주지시킨다. "나는 인애를 원하고 제사를 원하지 아니하며 번제보다 하나님을 아는 것을 원하노라"(호 6:6). 하나님을 안다는 것은 그분과 나누는 인격적인 사귐을 의미한다. 그래서 하나님은 백성들이 외형적인 종교행위에 갇혀있지 않고 전인적으로 하나님께 순종하는 것을 원하셨다. "나의 하나님이여 내가 주의 뜻 행하기를 즐기오니 주의 법이 나의 심중에 있나이다"(시 40:8). 시인은 하나님이 제사와 예물을 기뻐하지 않으시고, 번제와 속죄제를 요구하신 것이 아니라 삶으로 하나님의 뜻을 행하는 것임을 알게 되었다. 그는 율법이 가르치는 대로 사는 것이 하나님의 뜻을 표현한 것이라고 생각하여 율법의 내용을 마음에 간직하고 있다고 고백한다. 예수님은 이 땅에 계시는 동안 전인격적으로 하나님의 이러한 뜻을 완전히 이루셨다(히 5:7–8; 10:7, 10).

하나님의 뜻은 하나님의 표준에 맞는 요구들이다. 율법에 있는 내용들은 하나님의 뜻을 구체적으로 표현한 것들이다. 예수님은 주의 이름을 빙자하여 선지자 노릇을 하거나 심지어 주의 이름으로 실제로 귀신을 쫓아내는 일을 했다고 하더라도 그것이 주의 뜻이 아니라면 그런 일을 행한 사람은 주님과 관계가 없는 사람이라고 선언하셨다. "나는 너희가 어디서 왔는지 알지 못하노라. 행악하는 모든 자들아 나를 떠나라"(눅 13:27). 하나님이 원하시는 것은 그의 뜻을 행하는 것이다. "나더러 주여 주여 하는 자마다 다 천국에 들어갈 것이 아니요 다만 하늘에 계신 내 아버지의 뜻대로 행하는 자라야 들어가리라"(마 7:21). 하늘 "아버지의 뜻"을 행하는 것이 문제의 핵심임을 알 수 있다. 입으로만 (lip-service로) 하는 신앙고백을 주님은 원하지 않으신다. 입으로만 주를 부르고 하나님의 뜻을 행하지 않는 사람을 향하여 주님은 화를 내셨다. "너희는 나를 불러 주여 주여 하면서도 어찌하여 내가 말하는 것을 행하지 아니하느냐?"(눅 6:46). 하나님의 뜻을 행하는지의 문제가 천국에 들어가는 여부를 결정한다. 하나님의 뜻은 율법을 비롯한 성경 전체에서 발견된다. 소요리문답에서 하나님의 뜻이 이루어지기를 구하는 것을 하나님의 뜻을 알려고 힘쓰는 데 있다고 가르치는 까닭이 여기에 있다.

"이루어지다"는 수동태이다. 마태는 하나님이 이루신다고 직접 말하는 것을 피하려고 수동태로 사용하는 유대인의 관습을 따랐다. 이것을 신적 수동태(divine passive)라고 한다. 사람을 구원하는 아버지의 뜻은 우리가 이룰 수 있는 것이 아니라 하나님이 직접 이루셔야 실현된다. 구원 역사에서 이루시려는 하나님의 뜻은 하나님이 계획하시고 실행하시고 완성하셔야만 이룰 수 있다. 그러므로 하나님의 뜻이 "이루어지기"를 기도한다는 것은 그 뜻이 우리에 의해 이루어지는 것이 아니라 하나님에 의해 이루어진다는 것을 의미한다. 하나님의 뜻은 역사의 중간에 이루어지기 시작하면서 마침내 마지막 때에 이루어진다. 이

런 점에서 이 기도 역시 종말론적인 기도다.[2]

하나님의 뜻이 설령 마지막 때에 가서야 비로소 완전히 이루어진다고 하더라도, 하나님의 백성은 역사 중간에라도 하나님의 뜻을 실천해야 한다. 구체적으로 사람을 구원하는 하나님의 뜻을 예로 들어 보자. 모든 사람을 구원하시는 것이 하나님의 뜻이라는 사실을 아는 사람은 기도만 하고 손 놓고 기다리지 않는다. 그는 하나님이 우리를 구원하신 것처럼 이 세상 어느 구석에 있을지도 모르는 하나님의 백성이 복음을 들을 수 있도록 복음을 전하는 일에 능동적으로 참여한다. 바울은 누구든지 주의 이름을 부르는 자는 구원을 받는다는 사실을 알았다. 그러면서 그는 이렇게 말한다. "그런즉 그들이 믿지 아니하는 이를 어찌 부르리요. 듣지도 못한 이를 어찌 믿으리요. 전파하는 자가 없이 어찌 들으리요. 보내심을 받지 아니하였으면 어찌 전파하리요"(롬 8:14-15). 복음을 전하는 자들이 좋은 소식을 전파하는 이유는 분명하다. 믿는 자를 구원하시는 하나님의 뜻을 알고 순종하기를 원하기 때문이다. 복음 전파는 하나님이 사람을 구원하시는 중요한 수단이다.

아버지의 뜻이 이루어지기를 기도하는 것은 장차 하나님의 왕권이 드러나기를 기원하는 것만 아니라, 아버지의 뜻에 우리도 순종하는 자녀가 되겠다는 결심을 표현하는 것이기도 하다. 그래서 우리는 하나님의 뜻이 무엇인지, 하나님이 우리에게 기대하시는 것이 무엇인지, 그리고 어떻게 사는 것이 하나님이 기뻐하시는 삶인지를 부지런히 배우고 그대로 순종한다.

---

2) Luz, *Matthew 1~7*, 380.

하나님의 뜻이 이루어지는 방법

하나님의 뜻은 하나님의 왕적 통치가 충만히 나타날 때 이루어진다. 하나님의 뜻은 하나님의 뜻에 순종하는 사람들의 삶에서 이루어진다. 하나님의 뜻이 이루어지려면, 하나님 편에서는 그의 왕 되심을 풍성히 그리고 온전히 나타내셔야 한다. 우리 편에서는 기꺼운 마음으로 하나님의 뜻에 순종해야 한다. 하나님의 뜻을 알기만 하고 행하지 않는 사람은 어리석은 사람이다. 하나님의 뜻을 듣고 안 사람은 그것을 행하는 것이 마땅하다(마 7:26-27).

예수님이 가르쳐주신 기도에서 하나님의 뜻이 온전하게 이루어지는 표준으로 제시된 어구는 "하늘에서처럼 땅에서도"이다. 이 말은 하늘에서는 이러한 하나님의 뜻이 방해 받지 않고 이루어진다는 것을 가리킨다. "하늘에서처럼 땅에서도"는 주기도문 앞의 세 기원 모두에 적용된다. 하늘에서는 하나님의 이름이 높임과 존경을 받는다. 하늘에서 하나님은 그의 이름에 알맞은 영광을 받으신다. 하늘에서는 하나님의 왕권이 인정을 받고 그의 통치가 베풀어진다. 하늘에서는 지금 하나님의 구원 계획과 하나님의 뜻이 시행되고 있다.

하나님의 뜻이 "하늘에서" 이루어졌다는 것을 하나님의 영원한 계획(경륜)이 세워지고 영원 전에 이루어졌다는 의미로 해석될 수도 있다(참조. 엡 1:4, 9, 11). 하지만 이 어구는 하늘에서 하나님의 뜻을 알고 하나님을 섬기고 하나님을 영화롭게 하고 하나님께 복종하는 자들이 있다는 의미로 이해하는 것이 더 낫다. 천사들은 하나님의 뜻을 잘 알고 전하고 실천하는 존재들이다. 그러나 문제는 땅이다. 땅에는 하나님의 영원한 경륜이 아직 완전히 이루어지지 않아, 실현되어야 할 무엇이 남아 있다. 땅에는 하나님의 뜻에 순종하지 않는 피조물들이 있다. 이런 상황에서 "뜻이 하늘에서 이루어진 것처럼 땅에서도 이루어지이다"라고 기도하는 것은 하늘에서 이루어진 하나님의 뜻이 온 우주에 이루어지기를 구하는 것을 의미한다. 그러므로 하나님의 뜻이 땅에서 이루어지는 것은 하나님의 뜻 이루어지기를 바라는 하나님의 자녀들의 삶에서부터 시작되어야 한다. 그들은 자기의 뜻이 아니라 하나님의 뜻에 기쁘게 순종하며 살겠다는 의미로 이렇게 기도한다.

시편 103편은 하나님의 왕 되심과 하늘에서 하나님의 통치를 잘 받고 하나님의 뜻에 순종하는 천사들의 모습을 잘 그린 시이다. 그 중에 몇 구절을 살펴보자.

> 여호와께서 그의 보좌를 하늘에 세우시고 그의 왕권으로 만유를
> 다스리시도다.
> 능력이 있어 여호와의 말씀을 행하며 그의 말씀의 소리를 듣는
> 여호와의 천사들이여, 여호와를 송축하라.
> 그에게 수종들며 그의 뜻을 행하는 모든 천군이여, 여호와를
> 송축하라.
> 여호와의 지으심을 받고 그가 다스리시는 모든 곳에 있는 너희여,
> 여호와를 송축하라. 내 영혼아 여호와를 송축하라(시 103:19–22).

시인은 하늘에서 천사들이 하나님의 말씀을 행하고 그의 말씀을 들으며, 그의 뜻을 행한다는 사실을 인정한다. 이에 근거하여, 하나님의

지으심을 받고 다스림을 받는 곳에 있는 모든 사람들("너희")에게도 천사들이 하듯이 하나님을 송축하라고 권한다. 시인은 마지막으로 자신도 여호와를 송축하겠다고 고백한다. 하늘에서 천사들이 이처럼 하나님의 뜻을 잘 알고 거기에 순종한다면, 땅에서는 하나님의 백성이 그러해야 한다. 하나님의 뜻이 이루어지기 위해서는 그 뜻을 실현하시는 하나님의 계획과 의지도 무척 중요하지만 그분의 뜻에 자원하여 순종하는 사람들의 역할이 매우 크다. 하나님은 그의 뜻을 이루시기 위해 구원받은 사람들에게 자기의 뜻을 행하는 마음과 그것을 실행할 수 있는 힘을 주신다. "너희 안에서 행하시는 이는 하나님이시니 자기의 기쁘신 뜻을 위하여 너희에게 소원을 두고 행하게 하시나니"(빌 2:13).

예수님은 "하늘에 계신 내 아버지의 뜻대로 하는 자가 내 형제요 자매요 어머니"라고 선언하셨다. 하늘의 천사들이 하나님의 뜻에 100% 순종하는 것처럼, 하나님은 우리가 하나님의 자녀라는 사실에 의거하여, 하나님의 뜻에 100% 순종하는 삶을 살기를 기대하신다. 하나님의 자녀는 하나님의 뜻에 기꺼이 복종하겠다고 결심해야 한다. 이것은 하나님이 자신의 뜻을 행하시는 일에 그의 자녀들을 동반자로 생각하고 계심을 의미한다. 자녀의 가장 큰 덕은 아버지의 말씀에 순종하는 데 있기 때문이다.

하나님의 나라와 하나님의 뜻

하나님의 뜻이 이 세상에서 지금 이루어지지 않는 데에는 또 다른 이유가 있다. 하나님의 뜻이 이 땅에서 이루어지지 못하게 방해하는 사탄이 여전히 활동하기 때문이다. 예수님은 귀신을 내쫓음으로써 "하나님의 나라가 임했다"고 선언하셨다(마 12:28; 눅 11:20). 제자들이 모든 능력을 제어할 권능을 받아 주의 이름으로 귀신을 내쫓자 사탄이 하늘에서 떨어졌다(눅 10:17-19). 이것은 구약의 신자들이 기다리던 종말론적인 하나님의 나라가 임하여 활동하기 시작했음을 의미한다. 하지만 하나님 나라의 충만한 모습과 하나님의 왕권이 모든 사람들에게 인정받는 일은 아직 임하지 않았다. 사탄이 여전히 활동하고 있는 것이 그 증거다.

사탄은 심지어 예수님의 제자에게 작용하여 하나님의 뜻에 순종하는 것을 막으려 했다. 베드로가 하나님의 뜻을 이루려는 예수님의 계획을 막자, 예수님은 "사탄아 내 뒤로 물러가라"고 꾸짖으셨다. 베드로는 "하나님의 일"을 생각하지 아니하고 "사람의 일"을 생각했다(마 16:23). 사탄은 사람이 하나님의 말씀을 믿어 구원을 얻지 못하게 하려고 사람이 하나님의 말씀을 들을 때, 말씀을 그 마음에서 **빼앗는다**(마 13:19). 마귀는 여전히 두루 다니며 삼킬 자를 찾는다(벧전 5:8; 계 12-13장). 하나님의 뜻이 이루어지는 것과 "하나님께서 속히 사탄을 너희 발 아래에서 상하게 하시는" 것은 함께 간다(롬 16:20). 그래서 우리는 하나님의 뜻이 이루어지는 것을 하나님의 나라가 "이미" 임했지만, 그 절정의 모습은 "아직" 임하지 않았다는 관점에서 이해할 필요가 있다.[3] 사탄의 나라가 완전히 멸망되고 하나님의 나라의 영향력이 발휘되는 것은 하나님의 뜻이 온전히 이루어지는 지름길이다.

---

3) France, *Matthew*, 247.

하나님의 뜻에 순종함

사람은 하나님의 명령에 순종하기보다 자기의 욕심을 따르고 관철시키려는 본성을 가지고 태어난다. 이것은 첫 사람 아담이 지은 죄의 영향 때문이다. "한 사람이 순종하지 아니함으로 많은 사람이 죄인"이 되었고, 사람들 위에 사망이 왕 노릇하고 있다(롬 5:17a, 19a). 그러나 둘째 아담이신 그리스도는 순종의 본을 보이셨다. "한 사람이 순종하심으로 많은 사람이 의인이 되리라"(5:19b). 그 한 의로운 행위는 많은 사람으로 의롭다 하심을 받아 생명에 이르게 하는 길을 열었다.

예수님은 하나님의 뜻을 알고 행하기를 기뻐하셨다(요 4:34; 6:38). 예수님은 하나님을 아버지라고 부르시고, 하나님의 아들로서 하나님의 뜻을 알고(마 11:25-27) 하나님께 온전히 순종하셨다. 예수님은 심지어 소자 하나라도 잃어버리는 것이 하나님의 뜻이 아니라고 말씀하셨다(마 18:3-5, 14). 예수님은 신적인 권위가 있으셨지만 모든 것을 스스로 하지 않으시고, 그를 보내신 하나님의 뜻대로 행하셨다(요 5:19, 30; 8:28). 그래서 그를 따르는 사람들에게도 하나님의 뜻 행하기를 요구하셨다. "나의 어머니와 나의 동생들을 보라. 누구든지 하늘에 계신 내 아버지의 뜻대로 하는 자가 내 형제요 자매요 어머니이니라"(마 12:49-50). 하나님의 뜻을 행하는 사람만이 하나님을 "우리 아버지"라고 부를 자격이 있다.

이런 점에서 예수님이 보이신 순종은 신자들이 하나님의 뜻에 순종하는 모델이다. "너희 안에 이 마음을 품으라. 곧 그리스도 예수의 마음이니 그는 근본 하나님의 본체시나 하나님과 동등 됨을 취할 것(이점,

利點)으로 여기지 아니하시고…… 사람의 모양으로 나타나사 자기를 낮추시고 죽기까지 복종하셨으니 곧 십자가에 죽으심이라"(빌 2:5–8). 예수님은 하나님과 동등한 것을 그의 이점**4)**으로 삼지 않으셨다. 예수 그리스도는 아담과 다르게 얼마든지 누릴 수 있는 하나님과 동등한 본질과 지위를 이용하여 자신의 뜻을 실행하지 않으시고, 그 대신 순종하는 자리를 취하셨다. 왜 그러셨을까? 타락하여 죄 안에 있는 사람들을 구원하려는 하나님의 뜻을 잘 아셨기 때문이다. 예수님은 하나님의 뜻에 순종하는 것만이 그 뜻을 이룰 수 있다는 것을 아셨다.

예수님이 죽기까지 하나님의 뜻에 순종하셨다는 것을 쉽게 행했다고 생각할 수만은 없다. 죽음을 앞 둔 사람이 주위 사람들과 이별하고 죽음의 길을 혼자 가야 하는 것 때문에 두려워하는 것처럼, 예수님도 완전한 사람으로서 죽음의 공포 앞에서 무척 마음이 괴로우셨다. 성경은 죽음을 앞둔 예수님의 인간적인 모습을 이렇게 그렸다. "심령이 괴로워 증언하여 이르시되, 내가 진실로 진실로 너희에게 이르노니 너희 중 하나가 나를 팔리라"(요 13:21). 자기를 팔 사람이 누구인지를 빤히 아는 상황에서 그의 마음은 얼마나 괴로우셨을까. 그래서 이렇게 기도하셨다. "지금 내 마음이 괴로우니 무슨 말을 하리요 아버지여 나를 구원

---

4) 한글개역개정역 성경에 하나님과 동등 됨을 "취할 것으로" 여기지 아니하였다는 구절에서 "취할 것으로"라고 번역된 "하르파그모스"(ἁρπαγμός)는 신약성경 이곳에만 등장하기 때문에 정확한 의미를 밝히기가 쉽지 않다. 이 단어는 "상" 또는 "보화"나 "소득" 혹은 "탈취"로 번역되기도 하지만, "행운을 얻음"과 "이점"이라고 이해하는 것이 더 좋다. 학자들이 제안한 이 단어의 의미들과 그 중에서 "이점"(advantage)이라고 번역하는 것이 가장 타당하다고 제안한 Peter T. O'Brien, *Commentary on Philippians*, NIGTC (Grand Rapids: Eerdmans, 1991), 211–16; N. T. Wright, "Jesus Christ is Lord: Philippians 2.5–11," in *The Climax of the Covenant* (Minneapolis: Fortress Press, 1992), 56–98, 특히 81, 83을 보라.

하여 이때를 면하게 하여 주옵소서. 그러나 내가 이를 위하여 이때에 왔나이다"(12:27). 예수님은 마음이 괴로우셨지만, 자신이 이 순간 하나님의 구원 역사의 뜻을 행하기 위해 왔음을 받아들였다. 그리고 자기 앞에 놓인 십자가를 지는 하나님의 뜻에 순종하셨다.

겟세마네에서 그의 괴로움은 이루 말할 수가 없을 정도였다. 예수님은 이런 내용으로 기도하셨다. "아버지여 만일 아버지의 뜻이거든 이 잔을 내게서 옮기시옵소서. 그러나 내 원대로 마시옵고 아버지의 원대로 되기를 원하나이다"(눅 22:42). 그가 얼마나 힘들게 기도하셨는지 천사가 하늘로부터 나타나 예수님께 힘을 더해야 했을 정도다(22:43). 그의 괴로움은 그에게서 나오는 땀을 설명하는 데에서 극에 달했다. "예수께서 힘쓰고 애써 더욱 간절히 기도하시니 땀이 땅에 떨어지는 핏방울 같이 되더라"(22:44). 예수님은 완전한 한 사람으로서 하나님께 기도했다. 진노의 잔을 마시는 것과 같은 죽음을 앞에 두고, 예수님은 (인간적으로) 하나님의 뜻이 아니라 자신의 뜻을 관철시키고 싶으셨겠지만, 결국 자신의 뜻이 아니라 하나님의 뜻을 행하기 위해 하나님께 순종하셨다.

마태복음에는 예수님이 동일한 내용으로 세 번 기도하셨는데, 그 기도문이 두 번 언급되었다. "내 아버지여 만일 내가 마시지 않고는 이 잔이 내게서 지나갈 수 없거든 아버지의 원대로 되기를 원하나이다"(마 26:39, 42). 예수님은 틀림없이 세 번 모두 아버지의 원대로 되기를 기도하셨을 것이다. 예수님이 하나님을 "아버지"라고 부르면서 그의 뜻에 순종했듯이, 주기도문으로 기도하면서 하나님을 "하늘에 계신 우리 아버지"라고 부르는 우리도 하나님의 뜻에 순종하기를 배워야 한다.

예수님의 예에서 볼 수 있듯이 우리가 주기도문에 있는 대로 하나님께 "아버지의 뜻이 이루어지기"를 기도한다는 것은 하나님께 나의 뜻을 관철시키는 데 기도의 목적이 있는 것이 아니라 내 뜻을 하나님의 뜻에 맞추겠다고 결심하고 그의 뜻대로 행하겠다는 의미가 담겨 있다. 마귀의 유혹에 넘어가는 것이 아니라 우리 아버지이신 하나님의 뜻을 이루기를 구하는 것이다. 그래서 세 번째 간구는 내가 기꺼이 하나님의 뜻을 찾고 그의 뜻을 받아들이고 그 뜻에 복종하기를 즐겨하겠다는 신앙고백이기도 하다. 내가 바라는 것과 하나님이 바라시는 것이 다른 경우, 내 뜻을 즉시 포기하고 하나님이 기뻐하시는 뜻을 받아들이겠다고 인정하는 것이다.

이 점에 있어서 사도들도 좋은 모델이다. 사도들은 사람들이 권하는 편한 삶과 목숨을 연장하는 삶을 살기보다 하나님의 뜻을 행하는 것을 더 깊이 생각하였다. 이방인들 사회에서 복음 전하는 일을 마쳤을 때, 바울은 예루살렘에서 자기를 결박할 것이 기다리고 있는 줄 알았지만, 그곳에 있는 교회를 위해 선교지의 사람들이 만류하는 것을 뿌리치고 예루살렘으로 갔다(행 21:4, 14; 고전 4:19). 그리고 하나님의 뜻이면 다시 에베소에 있는 교회로 돌아 올 것이라고 약속한다(행 18:21). 야고보는 우리의 인생이 잠깐 보이다가 없어지는 안개라는 것을 주지시키면서, 우리는 늘 "주의 뜻이면 살기도 하고 이것이나 저것을 하리라"라는 자세로 살아야 한다고 권한다(약 4:15).

하나님의 자녀들은 이 세상에 살면서 이 세대를 본받지 말고 "하나님의 선하시고 기뻐하시고 온전하신 뜻이 무엇인지" 분별하는 데 마음을 써야 한다(롬 12:2; 엡 5:17). 예수님 자신은 하나님의 뜻을 행하러 오셨다(히 10:10). 그래서 히브리서 저자는 모든 신자를 위해 이렇게 기도한다. "모든 선한 일에 너희를 온전하게 하사 자기 뜻을 행하게 하시고 그 앞에 즐거운 것을 예수 그리스도로 말미암아 우리 가운데서 이루시기를 원하노라"라고 말이다(히 13:21).

우리 주변에는 신앙생활하면서 하나님을 자기 삶에 수호신쯤으로 생각하는 사람이 더러 있다. 운전 중에 사고 나지 않게 자기를 지켜주기를 바라면서 운전하기 전에 꼭 기도하는 사람도 있고, 하나님을 재산 불리는 데 도움을 베푸는 신으로 생각하는 사람도 있다. 이들은 동이 트기 이전이라도 교회에 나와서 하나님께 복 내려달라고 기도한다. 교회에 출석하는 사람들 중에서 많은 사람들이 하나님을 자기가 이 세상에서 복을 받는 데 도와주고 자기가 어르면 원하는 것을 얼마든지 받아낼 수 있는 신으로 생각한다. 심지어 하나님을 자기 마음대로 얼마든지 조정할 수 있다고 믿는 사람도 많이 있다. 그런 사람은 하나님이 기뻐하시는 뜻이 무엇인지를 찾아 기꺼이 그 뜻을 실행하는 데 관심을 두기보다는 자기의 뜻을 관철시키려고 기도한다. 자기의 바람, 자신의 뜻과 소망을 이루는 것이 최대 관심사다. 그래서 자기의 뜻이 성취되면 하나님이 자기편이 되어 도움을 주셨다고 믿는다.

우리가 하나님을 아버지라고 부르고, 그가 온 우주를 다스리는 왕이시라는 것을 믿는다면, 이 땅에 있는 철부지 자녀가 아버지에게 무엇이든 해달라고 떼를 쓰고 조르는 것처럼 기도해서는 안 된다. 성숙한 자녀는 아버지 되시는 하나님의 뜻이 성취되는 것을 그의 삶의 우선순위에 둔다. 하나님의 뜻이 이루어지는 문제는 하나님의 자녀들이 행하는 자발적인 순종과 관련이 있다.

네 번째 간구

제 6 장

네 번째 간구
"오늘 우리에게 일용할 양식을 주시옵고"

현대인들에게 끼니때마다 식사하는 것은 대수롭지 않은 일이다. 그 것을 기적이라고 생각하는 사람은 거의 없다. 심지어 요즘은 끼니 걱 정하는 사람도 드물다. 그래서 먹는 문제를 놓고 하나님께 기도해야 할 만큼 절실한 문제라고 여기지 않는다. 단지 잘 차려진 식탁 앞에서 먹을 것을 주신 하나님께 감사 기도하는 게 고작이다. 그런데 예수님 은 우리가 기도하면서 "오늘날 우리에게 일용할 양식을 주시옵고"라고 기도하라고 가르치셨다. 매끼 음식을 먹을 수 있게 되기를 애타게 기 다리듯이 말이다. 하루하루 양식을 확보하고 밥 한 끼 먹는 것이 뭐 그 리 대단한 문제라고 예수님이 제자들에게 이런 내용으로 기도하라고 가르치셨을까?

아버지는 자녀에게 양식을 주신다

주기도문의 첫 세 간구가 "하늘에 계신 아버지"와 관련된 기도라 면, 그 다음 네 개의 간구는 "땅에 있는 우리"와 관련된 기도다. 앞의 기도는 "당신의," 즉 "하나님의" 이름과 나라와 뜻에 중심이 되었다면, 뒤의 기도는 "우리에게" 필요한 내용이 중심이 된다. 그렇지만 뒤의 네 간구 역시 하나님과 밀접한 관계가 있는 기도다. 여전히 하나님과 아버지의 관계에 있는 자녀가 아버지와 자녀의 관계에 근거하여 간구하는 기도이기 때문이다.

예수님이 구하는 것과 관련하여 땅에 있는 아버지와 아들과 하늘에 계신 아버지와 자녀를 비교하면서 먹는 문제를 예로 든 것에서 알 수 있다. "너희 중에 누가 아들이 떡을 달라 하는데 돌을 주며 생선을 달라 하는데 뱀을 줄 사람이 있겠느냐?…… 하물며 하늘에 계신 너희 아버지께서 구하는 자에게 좋은 것으로 주시지 않겠느냐?"(마 7:9-11). 또 예수님은 먹을 것으로 염려하는 사람들에게 하늘 아버지가 공중의 새보다 우리를 더 귀히 여겨 먹을 것을 주신다는 사실을 상기시킨다. "공중의 새를 보라 심지도 않고 거두지도 않고 창고에 모아들이지도 아니하되 너희 하늘 아버지께서 기르시나니 너희는 이것들보다 귀하지 아니하냐?"(6:26). 하늘 아버지께서는 이 모든 것이 자녀들에게 있어야 할 줄을 아신다(6:32b). 그러므로 "일용할 양식"을 달라는 간구는 하나님이 아버지가 되셔서 우리의 생활에 어떻게 관여하시는지를 일깨우는 기도다.

"양식"이란?

그렇다면 주기도문에 언급된 "양식"은 무엇일까? 초대교회 교부들 중에는 "양식"을 영적 양식으로서 하나님의 말씀이나 성만찬을 가리키거나 구원의 식사나 메시아가 제공하는 종말론적인 식사 등으로 해석하는 사람들이 있었다.[1] 사탄이 활동하고, 많은 사람들이 사탄아래에서 종노릇하는 현실에서, 하나님의 자녀가 하나님으로부터 영적인 양식을 공급받지 못하면 영적인 기갈에 빠질 수 있다. 매일 식사를 해야 몸이 생명을 유지하듯이, 우리에게는 하나님으로부터 공급받는 영적인 양식이 필요하다. 이 경우 영적인 양식은 하늘에 있는 양식이다. 그렇다면 "우리에게 일용할 양식을 주시옵고"는 하나님께 하늘에 있는 생명의 양식을 달라는 기도일 수 있다. 하나님이 다시 만나를 내려주시기를 기다렸던 이스라엘 백성처럼 말이다.

하지만 이것은 본문의 양식을 너무 좁게 이해한 해석이다. 본문에서 양식에 "일용할"이라는 단어가 결합되었다는 점을 주목해야 한다. 이것은 예수님이 염두에 두신 양식이 매일 필요한 일상적인 음식임을 암시한다. 더욱이 예수님은 "지상의 양식과 생명의 양식"을 서로 반대 개념으로 사용하지 않으셨다.[2] 여기서 "양식"은 땅에서 생존하는 데 필요한 모든 것을 가리키려고 사용된 용어가 분명하다. 그렇다고 해서 양식은 꼭 먹을 것만을 가리키지는 않는다. "일용할 양식"은 이 세상에서 하루하루 살아가는 데 요구되는 필수품 전체를 가리키는 제유법적 표현이다. 그래서 "양식"은 영적인 것뿐만 아니라 실제로 의식주와 관련된 물품을 가리킨다. 주기도문에 이어 6:25-34에 실제적으로 먹는

---

1)   Didache와 Cyril of Jerusalem 등을 꼽을 수 있다. W. D. Davies and Dale C. Allison, *The Gospel according to Saint Matthew*, vol. I, ICC (Edinburgh: T&T Clark, 1988), 609-610.

2)   Jeremias, *The Prayers of Jesus*, 101.

것, 마시는 것, 입는 것으로 염려하는 문제가 다뤄진 것이 그 증거다.

그래서 이 기도는 양식 자체만이 아니라 양식을 얻기 위해 이 땅에서 행하는 모든 것을 포괄한다. 농사를 짓던 사회에서는 밀과 보리 씨앗이 땅에 뿌려져서 적당한 비가 내리고 햇빛이 비치고, 곡식이 자라는 동안 병충해를 입지 않고 무사히 가을걷이를 하게 되는, 농사의 전 과정을 이르는 말이다. 이 땅에 사는 사람들에게 우리의 신체적, 물질적 필요뿐만 아니라 영적인 것과 한 인간의 전인격적인 틀을 형성하는 데 필요한 것 모두가 "양식"에 포함될 수 있다.

소요리문답도 주기도문의 네 번째 간구에서 얻는 교훈을 이런 방식으로 해석한다.

제 104문: 네 번째 간구에서 우리는 무엇을 기도합니까?
답: 네 번째 간구, 곧 "오늘날 우리에게 일용할 양식을 주시옵고"로,
우리는 하나님의 값없이 주시는 선물로서 이생의 좋은 것들 중에서
충분한 분깃을 받고 그와 아울러 하나님의 복 주심 누리기를
구합니다.

소요리문답은 "양식을 달라"는 기도가 하나님께 이 땅에 사는 동안 우리에게 필요한 분깃을 충분히 받게 해달라는 기도로, 그리고 모든 부분에서 하나님이 복 주셔서 그것을 누리기를 바라는 간구로 해석했다. 소요리문답은 그 양식을 영적인 양식으로 한정시키지 않고 이 땅에서 살아가는 데 좋은 것들을 가리키는 것으로 해석했다. 주기도문에서 가르치는 내용은 이것이다. 날마다 우리에게 필요한 좋은 것이 부

족함이 없이 충분하게 채워지도록 기도하라.

네 번째 간구가 하나님께 이생에 필요한 것을 주시기를 구하는 것이라면, "양식"은 하나님이 주지 않으시면 받을 수 없는 것들 전부를 의미하게 된다. 야고보는 이렇게 말한다. "온갖 좋은 은사와 온전한 선물이 다 위로부터 빛들의 아버지께로부터 내려오나니"(약 1:17). 우리가 주변에서 볼 수 있는 갖가지의 좋은 선물과 우리에게 필요한 온전한 것들은 우리 아버지이신 하나님께서 주신다. 양식과 옷뿐만 아니라 집안일과 사회와 국가에서 하는 일, 그것을 할 수 있는 재능과 지혜와 힘과 동반자 등등 모든 것이 여기에 해당한다. 땅에서 살아가는 모든 부분에서 우리의 전 존재는 하나님께 의존해 있다.

그러므로 이 기도로써 예수님은 하나님의 자녀들에게 땅에서 사는데 필요한 것들을 스스로 해결하려고 애쓰지 말고, 하나님께 의지하며 구하라고 가르친다. 하루하루 살아가는 데 필요한 양식이 하나님에게서 오므로, 그런 것까지라도 하나님을 의지하라는 말씀이다. 정말 이러한 기도를 할 필요가 있을까? 이 기도가 이 세상에서 살아가는 데 필요한 모든 것이 하나님에게 달려 있다는 사실은 이스라엘 백성이 경험한 데서 그 해답을 찾을 수 있다. 시편 127:1, 2를 살펴보자.

여호와께서 집을 세우지 아니하시면,
세우는 자의 수고가 헛되며,
여호와께서 성을 지키지 아니하시면,
파수꾼의 경성함이 허사로다.

너희가 일찍 일어나고 늦게 누우며

수고의 떡을 먹음이 헛되도다(시 127:1, 2).

이 시편은 자기 힘으로 자기 먹을 것을 벌어먹는다고 생각하는 사람의 생각을 교정해준다. 집을 세우고 성을 지키는 것이 여호와께서 세우고 지키셨기 때문에 가능할 수 있었다면, 양식 역시 여호와께서 주셔야 우리가 얻을 수 있다는 말이다. 여기에 더하여 시편 104편의 말씀은 하나님이 모든 피조물에게 먹을 것을 직접 주시고, 피조물들은 하나님께 먹을 것을 얻기를 기대하고 있음을 시적으로 표현한다.

젊은 사자들은 그들의 먹이를 쫓아 부르짖으며 그들의 먹이를

하나님께 구하다가

해가 돋으면 물러가서 그들의 굴 속에 눕고,

사람은 나와서 일하며 저녁까지 수고하는 도다.

주께서 지혜로 그들을 다 지으셨으니 주께서 지으신 것들이 땅에

가득하니이다.

이것들은 다 주께서 때를 따라 먹을 것을 주시기를 바라나이다.

주께서 주신즉 그들이 받으며,

주께서 손을 펴신즉 그들이 좋은 것으로 만족하다가,

주께서 낯을 숨기신즉 그들이 떨고,

주께서 그들의 호흡을 거두신즉 그들은 죽어 먼지로

돌아가나이다(시 104:21-29).

약육강식의 원리가 통하는 초원과 바다에서 강한 짐승이 약한 짐승을 제 힘으로 잡아먹는 것처럼 보여도, 시인은 짐승들이 먹을 것을 얻으려고 하나님을 의지한다고 설명한다. 모든 피조물이 예외 없이 주님께서 때를 따라 먹을 것을 주시기를 바란다. 사람도 예외는 아니다. 사람은 나와서 일하며 저녁까지 수고하지만, 다른 피조물들과 마찬가지로 주께서 손을 펴셔야 좋은 것으로 만족하고, 그가 어느 때든지 호흡을 거두시면 죽어 먼지로 돌아간다. 사람은 하나님이 주시면 살고 그렇지 않으면 살지 못하는 존재다. 하나님이 모든 피조물의 창조자이시기 때문이다. 짐승들과 모든 사람의 경우가 이러하다면, 하나님의 구원받은 백성은 더욱 그러하지 않겠는가! 하나님의 자녀가 하루하루 먹을 것을 얻기 위해 하나님을 바라기를 교훈한 예는 하나님이 이스라엘 백성에게 만나를 주신 것에서 찾을 수 있다.

이스라엘 백성이 구원함을 받아 애굽에서 나와 광야에 이르게 되었다. 광야에서 하루하루를 보내는 그들에게 절실히 필요했던 것은 생존에 필요한 양식과 물이었다. 이스라엘 백성이 애굽에서 나올 때 가지고 온 먹을 것과 마실 금세 물은 동이 났다. 주변에 먹을 만한 것을 구할 곳이 아무 데도 없는데, 그들은 어떻게 살아갈 수 있을까? 이스라엘 백성은 출애굽 초기에 이렇게 불평했다. "우리가 애굽 땅에서 고기 가마 곁에 앉아 있던 때와 떡을 배불리 먹던 때에 여호와의 손에 죽었더라면 좋았을 것"이라고 말이다(출 16:3). 그러면서 모세가 애꿎게 자기들을 광야로 인도하여 온 회중이 주려 죽게 생겼다고 그 책임을 모세에게 돌렸다. 이때부터 40년간 하나님은 이스라엘 백성에게 꾸준히 먹을 것을 공급하셨고, 그들의 의복이 해어지지 않고 발도 부르트지 않게 하셨다(신 8:2-4). 그게 어떻게 가능했을까?

백성들의 불평 소리를 들으신 하나님은 모세에게 이렇게 약속하셨다. "내가 이 백성에게 저녁에는 고기를, 아침에는 빵을 주겠다"고. 이스라엘 백성은 역사상 전무후무한 기적을 경험했다. 하나님께서는 실제로 아침에 그 백성에게 만나를, 저녁에 메추라기를 주셨다(출 16:12). 이스라엘 백성은 40년을 하루도 굶지 않고 하나님이 공급해주시는 양식으로 살았다(16:35). 이 기사를 그냥 읽지 말고 상상력을 동원하여 당시 상황을 그려보라. 이것이 얼마나 어마어마한 기적인지를 알게 될 것이다.

하나님은 백성들에게 들에 나가 한 사람당 매일 정확히 한 오멜(2.2리터)의 만나를 거두라고 말씀하셨다(출 16:16). 당시 이스라엘 백성은 성인 남자만 60만 명이니까, 한 남자가 거느리는 가족 수를 대략 대여섯 명 정도 된다고 가정하더라도 이스라엘 백성의 수는 300만 명쯤 되었을 것이다. 그러면 하루에 땅에 내리는 만나의 양은 660만 리터쯤 된다. 1리터의 무게를 1kg라고 생각하고 계산하면, 하나님은 하루에 6,600톤의 만나를 이스라엘 백성에게 공급하셨다는 계산이 나온다. 그것을 배달하는 트럭이 있었다면, 10톤 트럭 660대가 매일 광야에 와서 20리터짜리 밀가루 포대로 330,000포대를 배달해준 셈이다. 놀랍지 않은가. 저녁에는 최소 60만 마리에서 최대 300만 마리의 메추라기가 하늘에서 떨어져 이스라엘 백성의 저녁 식사를 풍성하게 해주었을 것이다. 하나님은 이처럼 열악한 환경에서도 그의 백성을 먹이셨다. 그것도 40년간 하루도 거르지 않고. 광야에서 이스라엘 백성이 할 수 있는 일은 아무것도 없었다. 오늘 양식을 주신 하나님이 내일도 주실 것을 믿고 기다리는 것밖에.

신약시대에도 이와 비슷한 양식 공급이 있었다. 사흘간 굶은 많은 사람들에게 예수님이 먹을 것을 준 것이 좋은 예가 된다(마 14:13-21; 15:32-38). 남자만 사천 명, 또는 오천 명이나 되는 사람들은 먹을 것이 없어 기진해있었다. 그곳은 빈들이었다. 설령 200데나리온의 돈이 있었어도 주변에 빵을 살 만한 곳이 없었다. 당시 그들에게 있는 것이라고는 고작 보리떡 다섯 개와 물고기 두 마리, 또는 보리떡 일곱 개와 물고기 두 마리뿐이었다. 그런데 소량의 양식을 가지고 그 많은 사람들이 먹고 남은 부스러기만 해도 열두 광주리와 일곱 광주리에 차게 거두었다. 과거에 하나님께서 이스라엘 백성에게 만나를 주셔서 먹게 하신 것처럼, 신약시대에 하나님께서 하늘에서 참 떡을 주신다는 것을 교훈하려고 예수 그리스도를 통해 무리를 먹이셨다고 이해할 수밖에 없다(요 6:31-33, 49-51).

다시 만나를 먹은 이스라엘 상황으로 돌아가 보자. 만나는 부패하기 쉬워서 그날 분량은 반드시 그날에 먹어치워야 했다. 하루에 이틀치를 거둘 수 있었던 날은 안식일 하루 전 날뿐이었다. 그 이외에는 많이 거두어 다음날을 위해 비축해두면 만나에는 어김없이 벌레가 생기고 썩어 냄새가 나기 시작했다(출 16:19-20). 하나님께서 왜 이렇게 하셨을까? 출애굽기 16:4에 하나님의 의도가 표현되었다. "보라 내가 너희를 위하여 하늘에서 양식을 비 같이 내리리니 백성이 나가서 일용할 것을 날마다 거둘 것이라. 이같이 하여 그들이 내 율법을 준행하나 아니하나 내가 시험하리라." 하나님은 양식을 비 같이 내리시고, 백성은 일용할 양식을 거두어 먹는다. 이러는 과정 속에서 하나님은 백성들이 그의 율법을 준행하는지 시험하신다. 그 율법은 백성이 하루하루 하나님을 의존하여 사는 법을 깨우친다. 이러한 법에 따라 하나님께 순종하는 사람은 살고, 하나님께 순종하지 않는 사람은 저주를 받았다(참조. 신 28:2, 15).

별것 아닌 것처럼 보이는 하나님의 요구였지만 사람들은 생활의 작은 부분에서 하루하루 생활에 필요한 것을 얻기 위해 하나님을 바라고 하나님을 의존해야 한다는 것을 배워야 했다. 그렇게 하는 것이 하나님께 순종하는 것이다. 하나님의 말씀에 순종하는 것은 날마다 양식이 하나님에게서 온다는 믿음에 근거한다.

아버지를 의뢰하는 자녀

매일 하나님을 바라며 하나님의 말씀을 듣고 순종하는 것을 통하여 이스라엘은 몇 가지 교훈을 받았다. 하나님이 아버지로서 자녀에게 먹을 것을 공급하신다는 것을 말이다. 하나님은 백성들에게 만나를 거두는 방법을 상세히 알려주시면서(출 16:16-27) 백성들을 시험하셨다. 이스라엘 백성이 하나님을 의뢰하는지를 말이다. 아버지는 먹을 것을 공급하고, 자녀는 아버지를 믿고 의뢰하고 아버지의 말씀에 순종한다. 광야에서 하나님은 일 년 단위나 또는 한 달 단위, 심지어 일주일 단위로 양식을 주시지 않고 하루 단위로 주셨다. 이스라엘 백성이 가나안에 들어가기 전까지 하나님은 40년간 하루도 어김없이 이스라엘 백성을 먹이셨다. 신명기 8장에서 하나님은 이렇게 행하신 의도를 밝히셨다. "사람이 떡으로만 사는 것이 아니요 여호와의 입에서 나오는 모든 말씀으로 사는 줄을 네가 알게 하려 하심이니라"(신 8:3).

신자들 중에서 하루 중 시간을 정해 놓고 기도하지 않는 사람들도 대개가 식사시간에는 기도한다. 이 때 우리는 하나님이 단지 먹을 것을 주셨다는 것에 감사를 표하는 기도만 할 것이 아니라, 우리가 얼마나 하나님께 의존하며 살아야 하는 존재인지를 확인하며 기도해야 한다. 하루 일하고 일한 시간에 맞게 임금을 받듯이, 하나님께서 하루하루 양식 주시는 것을 받는다고 말이다. 한 끼 식사를 할 때마다 우리는 우리 자신이 연약하여 하나님의 공급하심이 없으면 살 수 없다는 것을 알아야 하고 또 고백해야 한다. 이러는 과정을 통해 우리의 생존은 하나님께 달려 있음을 배운다.

예수님은 마태복음 6:25-34에서 "일용할 양식"을 구하면서 하나님을 의뢰하는 내용을 확대 설명하신다. 먹을 것과 마실 것, 그리고 입을 것 때문에 염려하고 마음을 쓰고 있는 사람들에게 중요한 사실을 일깨우신다. 양식을 구하기 위해 일을 하지 않는 "하늘"의 새를 하나님은 먹이시고, 입을 것을 위해 수고하지 않는 "들"(즉, 땅)의 백합화를 하나님은 입히신다. 하나님이 입히신 백합화는 사람이 수고하여 만든 옷(솔로몬 왕의 의복)보다 더 아름답다.[3] 이처럼 하늘의 새를 먹이시고 들의 꽃을 입히시는 하나님이시라면, 그의 자녀들에게는 얼마나 더하시겠는가. 예수님의 교훈의 강조는 여기에 있다. "너희는 이것들보다 귀하지 아니하냐"(6:26), "하물며 너희일까보냐"(6:30). 이 모든 것은 우리 "하늘

---

3) 예수님은 "하늘"의 새를 예로 들어 "하늘" 아버지에게 눈을 돌리게 하시고, "들"의 백합화를 언급하심으로써 삶의 전 포괄적인 영역에서 하나님이 공급하시는 것을 강조하신다. 오광만. "'하늘'나라와 재물," 195.

아버지께서" 행하신다.

"오늘"과 "일용할" 양식

주기도문에서 특히 눈여겨보아야 할 단어는 "일용할" 양식이다. "일용할"(헬라어로 "에피우시오스", ἐπιούσιος)이란 단어는 성경 다른 곳에는 등장하지 않고, 오직 이곳에서만 사용되었다. 이 단어의 뜻을 밝히려고 학자들은 이 단어를 구성하고 있는 낱말을 분석하여 설명하려 한다. 이 단어는 두 개의 단어가 합성하여 만들어졌다. 첫 번째 제안은 "위" 또는 "~에 근거하여"라는 의미를 지니는 전치사 에피(ἐπί)와 "존재하다"(영어의 be 동사)라는 뜻을 가진 에이미(εἰμι) 동사의 분사형태인 우시오스(οὐσιος)의 결합으로 이해하는 경우다. 그럴 경우 이 단어는 "존재에 근거하여" 즉, "존재하는 데 필요한"이라는 뜻이 된다. 이 뜻을 네 번째 간구에 적용하면 "오늘 우리에게 생존에 필요한 양식을 주시옵고"가 된다.

두 번째 제안은 에피우시오스가 헬라어 에피에나이(ἐπιέναι)에서 파생된 단어라고 추측하여 이 단어를 "내일의"라고 이해하는 경우다. 어원학적으로는 얼마든지 그럴 만한 제안이다. 이 두 번째 뜻을 네 번째 간구에 적용하면 "오늘 우리에게 내일 먹을 양식을 주시옵고"가 된다. 그런데 이 해석은 예수님이 내일 일을 염려하지 말라(마 6:34)는 교훈과 정면으로 충돌한다.

세 번째 제안은 가능성이 매우 희박하지만 에피우시오스를 에피 텐 우산 헤메란(ἐπὶ τὴν οὖσαν ἡμέραν)의 단축형으로 이해하여, "그 날을 위

하여" 또는 "오늘을 위하여"라고 이해하는 방식이다.4)

　　한글개역성경과 중요한 영어번역성경은 세 번째 견해가 반영되었는데, "일용할"(daily) 양식이라고 번역된 것은 어원학적으로 가장 가능성이 빈약한 번역이다. 오히려 이 단어는 처음 두 번역처럼 "내일의" 양식이나 "생존에 필요한" 또는 "살아가는 데 필요한" 양식으로 이해하는 것이 더 낫다. 대부분의 학자들은 "내일의 양식"이라고 번역하기를 더 좋아하는 편이다.5) 하지만 오늘 받은 양식을 다 소비하고 난 후에 내일에 있을 것을 걱정해야 하는 상황에서(참조. 마 6:34), 설령 이 어구를 "내일의" 양식을 구하라고 가르치는 것으로 받아들인다고 해도, 예수님이 마 6:25-34에서 하신 말씀에 비춰 볼 때나 어원학적인 면에서 볼 때, 이 어구는 "살아가는 데 필요한 양식을 주옵시고"로 번역하는 것이 최상이다.6)

　　주기도문 네 번째 간구에서는 우리 자신에게 한 끼 식사를 하고 더 이상 살 소망이 없는 상황에서 하나님께서 생존에 필요한 것이 나오기를 기대하고 하나님을 의뢰하라는 교훈이 강조된다. 구약시대에 시돈의 사르밧 과부가 엘리야 선지자에게 한 행동에서 구체적인 예를 찾을 수 있다. 엘리야가 사르밧 여자를 찾았을 때, 그 여자에게는 만들어진 빵이 없었다. 그들에게 있는 것이라고는 통에 가루 한 움큼과 병에 조

---

4) 퀼리히는 BDF, 123; Foerster, *TDNT* II: 593-54를 인용하여 이런 의미를 제안한다. 퀼리히, 『산상설교 II』, 459.

5) Davies and Allison, *Matthew*, I: 607-608; Donald A. Hagner, *Matthew* 1-13, WBC (Dallas: Word Books, 1993), 149-50.

6) 슈트레커, 『산상설교』, 143-44.

금 남은 기름뿐이었다. 그 여자는 그것으로 음식을 만들어 먹고 아들과 함께 죽을 속셈이었다. 엘리야는 그 여자에게 "여호와가 비를 지면에 내리는 날까지 그 통의 가루가 떨어지지 아니하고 그 병의 기름이 없어지지 아니하리라"고 약속했다(왕상 17:14). 추수가 끝나고 파종하여 다음 추수까지 기다려야 하는 상황이었다. 오늘 음식을 먹으면 또 먹을 게 없으니 내일이 불안한 처지였다. 엘리야와 사르밧 과부의 가족(두 명)은 그 빈약한 식재료를 가지고 떡을 만들어 먹었다. 그것도 여러 날. 그 후 하나님은 엘리야가 말한 대로 "통의 가루가 떨어지지 아니하고 병의 기름이 없어지지 아니"하게 하셔서 그 여자는 가뭄에도 생존했다(17:16).

이런 의미에서 네 번째 간구는 미래가 불안하여 염려 가운데 놓인 자녀가 살아가는 여러 가지 문제에 있어 아버지를 신뢰하는 것을 알려주는 기도다. "생존에 필요한 양식을 주시옵고"는 탐욕을 위해 가지고 싶은 것을 하나님께 기도하기만 하면 받을 수 있음을 권하는 기도가 아니라 하루하루 우리의 부족함을 채워주는 "필요"를 구하는 기도다. 동일한 기도가 누가복음에서는 "하루하루를 지날 때마다"라는 의미의 "카다 헤메란"(καθ᾽ ἡμέραν)이라고 표현된 것이 이를 입증한다(눅 11:3).

탐욕에 젖어 많은 것을 갖기를 바라면서 그것을 충족시키기 위해 하나님께 구하는 것이 아니라, 살아가는 데 필요를 채워주시기를 구하는 기도를 해야 한다는 사실을 가르친다. 다른 욕심을 내려놓으라. 하나님은 생존에 필요한 것을 반드시 주신다. 그러므로 이것은 우리의 실생활에서 한탕주의를 배격하는 말씀이다.

특히 여기서 "주시옵고"라고 기도하는 것은 하나님이 주셔야 그것을 얻을 수 있어서 그에게 눈을 돌려 하나님을 바라라는 권면을 강조한다. 광야에서는 한 사람이 하루 먹을 분량의 만나가 내렸다. 주기도문에서 "일용할 양식"을 구하는 기도는 하루하루 "살아가는 데 필요한" 양식을 하나님이 어김없이 공급해주신다는 사실을 일깨운다. 다른 욕심 갖지 말고 자녀에게 필요한 것을 주시는 하나님을 의뢰하라는 것이다. 시편에는 하나님을 의뢰하는 어린아이 심정과 주 우리 하나님이 은혜 베푸시기를 바라는 사람들의 심정이 회화적으로 잘 묘사되었다.

> 여호와여 내 마음이 교만하지 아니하고 내 눈이 오만하지
> 아니하오며,
> 내가 큰 일과 감당하지 못할 놀라운 일을 하려고 힘쓰지
> 아니하나이다.
> 실로 내가 내 영혼으로 고요하고 평온하게 하기를
> 젖 뗀 아이가 그의 어머니 품에 있음 같게 하였나니
> 내 영혼이 젖 뗀 아이와 같도다(시 131:1-2)

> 하늘에 계시는 주여, 내가 눈을 들어 주께 향하나이다.
> 상전의 손을 바라보는 종들의 눈 같이,
> 여주인의 손을 바라보는 여종의 눈 같이,
> 우리의 눈이 여호와 우리 하나님을 바라보며
> 우리에게 은혜 베풀어 주시기를 기다리나이다(시 123:1-2).

젖 뗀 아이가 어머니 품안에서 모든 것을 다 가진 양 만족하며 평

온한 것처럼, 그런 아이가 자기 손이 미치지 못할 것을 얻으려고 애쓰지 않는 것처럼, 하나님을 아버지라고 부르는 사람은 하나님 안에서 평온을 누린다. 우리는 날마다 하나님의 은혜가 필요한 존재다. 주인이 손으로 은혜 베풀어주기를 기다리는 종들처럼, 우리 역시 하나님께 그러해야 한다.

이와 아울러 생각해야 할 다른 한 가지는 우리에게 필요한 모든 것을 하나님이 내려주시기를 기대하고 구하되, 그 베풀어주심을 "오늘" 해 주시기를 기대해야 한다는 점이다. "오늘"은 생존에 필요한 양식이 요구되는 바로 지금 이곳을 가리키는 오늘이라는 시점을 가리킨다. 우리는 하나님의 공급하심이 미래 언젠가 주어지는 종말론적인 것만을 구하지 않는다. 눈은 늘 그곳을 바라보더라도, 하나님이 지금 이곳에 있는 우리에게 필요한 것을 주신다는 믿음을 가지고 기도한다. 하나님이 매일 반드시 주시므로 "오늘"이란 단어는 우리가 호흡하며 살아가는 사람으로서 생존에 필요한 최소치 이외에 그 이상을 구하지 말아야 한다는 사실을 상기시켜준다. "하나님의 나라와 하나님의 의"를 구하는 것을 먼저요 최상의 관심으로 두면서, 양식은 이 일을 하는 데 필요한 것을 구하라는 의미로 제시되었다(마 6:33, 34). 주기도문은 더 이상 미래를 염려하지 않는 삶을 살아가는 사람이 드리는 기도이며, 자기 생존을 불안해하거나 걱정하지 않는 사람이 할 수 있는 기도다. 하루하루의 양식을 얻기 위해서만 아니라 매일 하나님을 의존하고 지속적으로 하나님을 의존하는 사람만이 드릴 수 있는 기도라는 말이다. 하나님 안에서 만족을 얻기 때문이다. 하나님을 신뢰하며 구하는 사람은 염려에서도 해방될 수 있다.

우리는 하나님을 의존하는 존재

예수님은 기도를 가르치시면서 앞부분에서 하나님과 관련된 세 가지 사실을 언급하셨다. 하나님은 우리 아버지가 되신다는 것, 하나님은 자신의 이름이 거룩히 여김을 받으시기를 원하신다는 것, 하나님은 그의 왕권이 실행되고 뜻이 이루어지기를 원하신다는 것 등이 여기에 해당한다. 이 세 가지 사실이 우리 삶속에 잘 드러나는 곳은 양식을 구하는 영역이다. 우리의 존재를 잘 인식하는 것이 하나님과 관련된 세 가지를 드높이고, 우리의 삶을 하나님께 맞추는 동기가 될 것이다. "너는 내일 일을 자랑하지 말라 하루 동안에 무슨 일이 일어날는지 네가 알 수 없음이니라"(잠 27:1). "너희 생명이 무엇이냐 너희는 잠깐 보이다가 없어지는 안개니라." 이런 연약한 기질을 가지고 있는 사람이기에 우리는 "주의 뜻이면 살기도 하고 이것이나 저것을 하리라"고 생각해야 한다(약 4:14-15). 이것을 망각하면, 허탄한 자랑을 자랑하게 된다.

구약의 신자는 하나님께 이렇게 기도했다. "내가 두 가지 일을 주께 구하였사오니 내가 죽기 전에 내게 거절하지 마시옵소서. 곧 헛된 것과 거짓말을 내게서 멀리 하옵시며 나를 가난하게도 마옵시고 부하게도 마옵시고 오직 필요한 양식으로 나를 먹이시옵소서"(잠 30:7-8). 이 신자는 물질적인 부요함을 누리는 것보다는 삶에서 혹 하나님을 부인할까 두려워했고, 하나님의 이름을 욕되게 할까 두려워했다(잠 30:9). 하나님이 "오직 필요한 양식으로" 우리를 먹이시는 것이 이러한 우려를 떨쳐버리는 유일한 방법이다.

그러므로 "일용할 양식을 구하는 기도"는 하나님과 관련된 세 간구를 배제하고 기도하는 사람 자신의 잇속만을 차리면서 하나님께 뭔가를 받아내려고 하는 기도가 아니다. 말을 바꾸어 표현하자면, 하나님과 관련된 내용을 세 가지나 기도했으니 이제는 우리에게 필요한 것을 하나님께 달라고 기도하고 하나님으로부터 그것을 받아내려는 심산으로 "일용할 양식"을 달라고 기도해서는 안 된다는 말이다. 오히려 이 기도는 우리의 생명이 하나님께 있고 우리의 전 존재가 하나님께 의존해 있으며 그분 손에 달려 있음을 깨닫게 한다. 이 기도는 하나님의 왕되심을 인정하고, 하나님의 자비로운 아버지 되심을 배워 그분을 의존하고 있다는 신앙고백적인 기도다.

이런 의미에서 일용할 양식을 구하는 기도 역시 하나님이 어떤 분이신지를 잘 알고 고백하는 사람만이 드릴 수 있는 기도다. 우리는 이 기도로써 '저는 일용할 양식을 먹어 하루하루 사는 것이 하나님 손에 달려 있는 의존적인 사람입니다'라고 고백한다. 들의 짐승들이 주께서 때를 따라 식물 주시기를 바라듯이, 주께서 주시면 우리가 그 양식을 취하며, 주께서 우리 호흡을 취하시면 우리는 죽어 흙으로 돌아가는 존재라고 고백한다. 태초에 하나님이 모든 식물을 먹을 것으로 주셨듯이(창 1:29), 동일할 하나님께서 우리에게 역사가 끝날 때까지 먹을 것을 주실 것을 확신한다.

주기도문의 네 번째 간구의 의미를 잘 깨달으면 우리는 하루 단위로 살든, 아니면 월급을 받아 월 단위로 살든, 아니면 상대적으로 여유 자금을 가지고 살든지 간에, 하나님에 대한 우리의 태도가 늘 "생존에 필요한 양식"을 공급받아야 하는 사람으로 살게 된다. 예수님은 부자들이 이런 경지(?)에 이르기가 상대적으로 쉽지 않다고 지적하셨다. "부자는 천국에 들어가기가 어려우니라.…… 낙타가 바늘귀로 들어가는 것이 부자가 하나님의 나라에 들어가는 것보다 쉬우니라"(마 19:23-24).

그리스도인에게는 물질적으로 풍부하여 부족한 것이 없이 지내는 것이 반드시 좋은 것만은 아니다. 모든 것은 하나님이 결정하신다. 우리가 계획을 세워서 이룰 수 있는 것은 없다. 우리가 일할 수 있고 양식을 먹을 수 있는 모든 것이 하나님의 손에서 나온다는 것을 배워야 한다(신 8:18; 고전 4:7; 약 1:17). 하나님이 주시면 받고, 거두시면 받지 못한다. 우리가 이 땅에서 살아가는 데 꼭 필요한 것이라면 하나님은 반드시 주신다. 특히 재산이 증가하고 자기에게 부족한 것을 느끼지 못할 만큼 풍족한 삶을 누리는 중에서도 하나님의 자녀는 변치 않는 이 진리를 마음에 새겨야 한다.

성경은 사람들에게 살아가면서 성실하게 일하는 것이 무척 중요하다고 가르친다. "조용히 자기 일을 하고 너희 손으로 일하기를 힘쓰라"(살전 4:11). 그리고 "누구든지 일하기 싫어하거든 먹지도 말게 하라"는 말씀처럼 말이다(살후 3:10). 그래서 그리스도인들은 매사에 부지런하고 맡은 일에 충실해야 한다. 그러나 우리가 아무리 성실하게 일한다고 해도 그것 자체로 자동적인 열매를 맺을 수 없다는 것이 우리 삶의 이치이다. 우리가 열심히 일하는 힘마저 하나님께서 오기 때문이다. 우리는 "자기를 위하여 재물을 쌓아 두고 하나님께 대하여 부요하지 못한 자"의 어리석음을 안다(눅 12:20, 21). "사람의 생명은 그 소유의 넉넉한 데 있지 아니"한 까닭이다(눅 12:15).

오늘날은 과거 어느 때보다 돈의 위력이 강한 시대다. 현실적으로 우리가 살아가는 데 돈이 필요하고 또 중요하다. 신자들 중에서도 돈이 없어 궁핍한 생활을 하며, 현실적으로 미래에 대한 불확실성 속에서 염려하며 지내는 사람들이 많이 있다. 이런 상황에서 신자들도 돈만 있으면 무엇이든지 할 수 있고 미래가 보장될 것이라고 생각할 것이다. 그래서 많은 사람들이 악착같이 돈을 벌려고 하고 돈을 모으려고 하고 미래를 대비한다. 무척 지혜로운 일이다. 하지만 돈의 노예가 되는 것은 다른 문제다. "한 사람이 두 주인을 섬기지 못할 것이니, 혹 이를 미워하고 저를 사랑하거나, 혹 이를 중히 여기고 저를 경히 여김이라. 너희가 하나님과 재물을 겸하여 섬기지 못하느니라"(마 6:24). 이것은 하나님을 아버지로 신뢰하며 사는 사람이 마음이 나뉘어 재물을 섬기는 것을 경고하는 말씀이다.

바울은 사람의 마음에 있는 탐심의 위력을 생각하면서 이런 말을 했다. "우리가 세상에 아무 것도 가지고 온 것이 없으매 또한 아무 것도 가지고 가지 못하리니, 우리가 먹을 것과 입을 것이 있은즉 족한 줄로 알 것이니라"(딤전 6:7, 8). 생존하는 데 필요한 양식이 주어진다면, 그것으로 족한 줄을 알아야 한다는 교훈이다. 이것은 자족하는 마음에서 온다. "자족하는 마음이 있으면 경건은 큰 이익이 되느니라"(딤전 6:6). 우리로서는 할 수 없다. 그러나 바울이 고백한 것처럼, "비천에 처할 줄도 알고 풍부에 처할 줄도 알아 모든 일 곧 배부름과 배고픔과 풍부와 궁핍에도 처할 줄 아는 일체의 비결"을 배워야 한다. 우리에게

능력 주시는 분이신 우리 주 예수 그리스도 안에서 우리는 모든 것을

할 수 있다(빌 4:12-13).

주기도문으로
기도하기

다섯 번째 간구

제 7 장

다섯 번째 간구

"우리의 죄를 사하여 주시옵고"

주기도문의 다섯 번째 간구는 "우리의 죄를 사하여 주시옵고"이다. 예수님은 우리 자신과 관련한 기도를 가르치시면서, 두 번째로 죄 용서를 구하라고 권하신다. 이것은 우리가 죄인이라는 것과 그 죄는 하나님께 용서 받아야 한다는 사실을 상기시킨다. 죄 용서는 아버지의 권한에 속한다. 가정이나 국가에서 자녀들이 잘못한 것을 징계하는 것은 아버지의 몫이다. 이스라엘 백성은 자신의 죄를 기억할 때마다 하나님의 아버지 되심을 기억하면서 하나님께 용서를 구하였다. 이사야 64:8-9를 보자.

여호와여, 이제 주는 우리 아버지시니이다.

우리는 진흙이요 주는 토기장이시니.

우리는 다 주의 손으로 지으신 것이니이다.

여호와여, 너무 분노하지 마시오며 죄악을 영원히 기억하지

마시옵소서. 구하오니, 보시옵소서 보시옵소서. 우리는 다 주의

백성이니이다(사 64:8-9).

이스라엘 백성은 하나님께 죄 용서를 구할 때, 종종 "당신은 나의 (또는 우리의) 아버지이시니이다"라고 불렀다.[1) 아버지가 자기 자녀를 징계하듯이 하나님은 이스라엘 백성을 징계하신다(잠 3:11-12). 징계를 받을 때 자녀가 호소할 수 있는 것은 아버지의 자비와 사랑이다. 쉐모네 에쉬레 6번 기도에 하나님을 아버지라고 부르고 아버지의 넓은 사랑에 의지하여 죄 용서를 구하는 기도가 발견된다.

> 우리를 용서하옵소서. 우리의 아버지. 우리가 당신께
> 범죄하였나이다.
> 당신 앞에서 지은 모든 잘못들을 깨끗하게 하옵소서.
> 당신은 사랑이 많으신 분이시나이다.
> 언제나 용서해 주시는 주님. 축복을 받으소서.

하나님의 죄 용서의 사랑과 자비는 이스라엘 역사 중에 계속 베풀어졌지만, 하나님의 죄 용서는 우리 주 예수 그리스도가 이 땅에 임하실 때 절정에 도달했다. 소요리문답은 주기도문의 다섯 번째 간구와 예수 그리스도로 말미암은 죄 용서의 은혜를 연결한다.

> 제 105문: 다섯 번째 간구에서 우리는 무엇을 기도합니까?
> 답: 다섯 번째 간구, 곧 "우리가 우리에게 죄 지은 자를 사하여 준
> 것 같이 우리의 죄를 사하여 주옵시고"로, 우리는

---

1) Jeremias, *The Prayers of Jesus*, 14.

하나님께서 그리스도를 보시고 우리의 모든 죄를 값없이 용서하여
주시기를 빌고, 우리가 그의 은혜로 말미암아 다른 사람들을
진심으로 용서할 수 있기 때문에 이를 더욱 담대히 구하게 됩니다.

소요리문답은 다섯 번째 교훈의 핵심을 두 가지로 요약한다. 우리 죄와 관련하여, 우리는 그리스도의 은혜에 근거하여 하나님께 죄를 용서해주시기를 구한다. 다른 사람의 잘못과 관련하여, 우리는 그의 은혜를 힘입어 다른 사람들의 잘못을 용서할 수 있다. 다시 말해서, 우리는 하나님에 대해서는 채무자이고, 다른 사람에 대해서는 채권자의 신분이라는 말이다. 각각의 상황 역할(role-play)에서 우리는 어떻게 해야 할 것인가? 하나님에게는 죄 용서를 구한다. 이번에는 역할을 바꾸어, 우리가 죄 용서를 받고자 하는 심정처럼, 우리에게 용서를 구하는 사람을 용서해주어야 한다. 소요리문답에서는 우리가 하나님께 죄 용서를 받는 데 있어, 특히 그리스도로 말미암는 은혜가 부각되었다. 주기도문의 이 간구가 마태복음에 어떤 방식으로 표현되었는지 살펴보자.

채권자인 하나님과 채무자인 사람

"우리"와 관련한 두 번째 간구를 소개하면서, 마태는 죄 사함을 구하는 "죄"를 경제적인 뉘앙스가 있는 "빚"(헬라어로 오페이레마타, ὀφειλήματα)으로 표기하였다. 마태는 사람이 하나님께 죄 지은 것을 빚을 진 것으로, 죄 용서함을 받는 것을 빚을 갚을 것이 없도록 채무 면제하는 탕감 받는 것으로 이해하였다. 죄를 범하는 것은 죄를 범한 자

를 하나님 앞에 채무아래 놓이게 한다. 이것은 빚진 자가 채권자의 노예가 된다는 당대 상황을 고려하면, 심각한 문제다. 누가가 같은 주기도문에서 분명하게 "죄"(헬라어로 하마르티아, άμαρτα)라는 단어를 사용한 것(눅 11:4)과 비교할 때, 마태가 죄 지은 것을 "빚"이란 단어로 표기한 것은 경제적인 관점에서 죄의 중압감을 피부에 더욱 와 닿게 한다. 사실 마태복음에 사용된 "오페이레마타"는 "죄"보다는 "빚"이라는 의미가 더 강하다.2) 예수님은 죄를 지은 사람이 하나님에 대한 태도를 빚을 진 사람의 심정과 비슷하다는 것을 알려주려고 의도하신 것이 분명하다. 그래서 마태는 틀림없이 종교적인 의미인 "죄"보다는 경제적인 의미에서 상대방에게 반드시 갚아야(즉, 용서를 구하여 청산해야) 하는 빚이라는 단어를 선택했을 것이다. 현대인들은 상상하지도 못하겠지만, 고대 사회에서 빚을 진 사람은 그 빚진 것을 갚지 못하면 옥에 갇히든지 채권자의 노예가 되는 것이 관례였다. 조금 나은 상황이라고 해봐야 채권자와 채무자의 관계가 소원해지거나 둘의 관계는 아예 끊어진다.

하나님과 죄인의 관계도 마찬가지다. 하나님은 사람을 자신의 형상대로 창조하셨다. 이 때문에 하나님과 사람은 원래 서로 교통하면서 지내는 관계로 시작했다. 사람은 하나님과의 관계 속에서 자신의 존재의미를 발견한다. 하나님은 그의 백성과 교제하기를 원하시고, 정상적인 상황에서는 이런 교제가 지속된다. 그러나 일단 죄가 둘 사이에 끼

---

2) BDAG에는 재정적인 의미와 도덕적인 의미에서 의무, 즉 빚(debt)로 표현한다. BDAG, 743. 신약성경에는 이 단어가 두 곳(마 6:12; 롬 4:4)에 등장한다. 로마서 4:4에서는 단수 όφείλημα 가 사용되었는데, "보수" 즉 "빚"으로 번역되었다. 참조. 70인역에서는 신 24:10; 1Esd. 3:20; 1 Macc. 15:8에 이 단어가 사용되었다.

어들면, 그 관계는 깨진다. 죄를 지은 사람이 회개하여 하나님께 사죄함을 받기 전까지 말이다. 이런 이유로, 성경은 사람이 하나님의 형상으로 지음을 받았지만, 죄로 인해 하나님과 관계가 끊어지고 원수가 되었다고 선언한다(참조. 롬 5:10; 8:7).

사람들 대부분은 하나님께 죄를 지었다고 할 때, 이것이 얼마나 심각한 문제인지 생각하지 않는다. 죄를 착하게 살아야 하는 문제, 즉 도덕적인 행동을 위반한 것쯤으로 생각하고 있으니 말이다. 그런 까닭에 자신이 적극적으로 나쁜 짓을 하지 않았다면, 그는 하나님께 죄를 용서해 달라고 할 만큼 심각한 죄를 범하지 않았다고 생각한다. 그러나 예수님은 죄의 정도 문제를 무척 심각하게 취급하셨다. "진실로 네게 이르노니 네가 한 푼이라도 남김이 없이 다 갚기 전에는 결코 거기서 나오지 못하리라"(마 5:26). 유대인들은 율법에 크고 작은 계명이 전부 613개가 있다고 생각했다. 예수님의 이 선언은 이들 중에서 어느 것 하나라도 어기거나 지키지 않는다면, 심판에서 면제되지 않는다는 것을 의미한다. 야고보도 같은 내용으로 계명 하나를 어기는 것의 심각성을 일깨운다. "누구든지 온 율법을 지키다가 그 하나를 범하면 모두 범한 자가 되나니"(약 2:10). 바울이 한 마디로 말했듯이, 모든 사람은 죄를 범하였고, 하나님의 영광에 이르지 못했다(롬 3:23). 이들을 기다리고 있는 것은 하나님의 의로운 심판뿐이다. 그 심판을 피하려면 죄 사함이 필요하다.

그러므로 주기도문의 "우리의 죄를 사하여 주시옵고"는 누구나 예외 없이 죄 용서함을 받아야 하는 죄인이라는 사실을 일깨운다. 우리는 그리스도로 말미암아 죄 용서를 받았으나 여전히 죄를 짓고, 아마도 죽을 때까지 죄를 지을 것이다. 그 죄는 너무 심각하고 중하여 사람이 스스로의 힘과 노력으로는 갚을 수 없다. 죄 문제는 반드시 하나님이 용서해 주셔야만 해결된다. 예수님은 이러한 죄의 심각함을 경제적인 관점으로 설명하셨다. "빚을 졌다"는 거다. 그렇다면 죄 용서는 빚 탕감으로 이해된다. 주기도문의 다섯 번째 간구는 우리가 하나님 앞에 채무자라고 선언한다. 그리고 우리가 진 빚은 하나님의 자비로만 탕감될 수 있으므로, 하나님의 자비에 호소하여 용서함을 구하라고 일러준다.

우리가 하나님께 죄 용서를 구할 수 있는 것은 하나님에게 자비와 긍휼이 풍성하시다는 데 근거한다. "여호와여 주께서 죄악을 지켜보실진대 주여 누가 서리이까? 그러나 사유하심이 주께 있음은 주를 경외하게 하심이니이다"(시 130:3-4). 하나님은 한 분이시며, 하나님만이 죄를 용서하시는 유일한 분이시라는 사실을 동시에 언급하는 말씀도 있다. "주와 같은 신이 어디 있으리이까? 주께서는 죄악과 그 기업에 남은 자의 허물을 사유하시며, 인애를 기뻐하시므로 진노를 오래 품지 아니하시나이다"(미 7:18). 그래서 하나님의 백성이 하나님께 범죄한 것을 고백하고 하나님께 용서를 빌고 죄를 떠나면, 하나님은 하늘에서 들으시고 그들의 죄를 사하시고 사유하신다(대하 6:26-30). 신자들은 사유하심이 주께 있기에 "주를 경외한다"(시 130:4). 여호와는 "자비롭고 은혜롭고 노하기를 더디하고 인자와 진실이 많은 하나님"이시다(출 34:6. 참조. 욜 2:13; 욘 4:2).

하나님의 죄 용서는 예수 그리스도 안에서 절정을 이루었다. 예수님은 사람들에게 죄 사함을 선언하셨다(막 2:5). 새 언약의 내용에는 죄 사함이 포함되었다. "내가 그들의 악행을 사하고 다시는 그 죄를 기억하지 아니하리라"(렘 31:34). 과거의 제사제도와 제사장들은 언제나 죄를 없게 하지 못하였지만, 그리스도는 "죄를 위하여 한 영원한 제사를 드리셨다"(히 10:11-12). 이로써 하나님께서 날이 이르면 새 언약을 맺어 백성들의 "죄를 기억하지 아니하리라"고 약속하신 것이 예수 그리스도로 말미암아 성취되었다(히 10:16-18). 그래서 메시아 시대는 죄 용서의 시대라고 특징지을 수 있다. 바로 그 죄 사함의 시대가 그리스도와 함께 임하였다. "보라 지금은 은혜를 받을 만한 때요, 지금은 구원의 날이로다"(고후 6:2).

이런 의미에서 주기도문의 다섯 번째 간구는 하나님의 의로운 심판에서 피할 수 있는 하나님의 은혜로운 사죄를 구하는 기도에 해당되는 것만은 아니다. 이것은 이미 예수 그리스도 안에서 이루어진 죄 사함을 지금 이곳에서 시행해주시기를 구하는 기도이기도 하다. 메시아가 오셔서 백성들에게 주시는 큰 선물은 죄 사함의 선물이기 때문이다. 소요리문답 105문에 하나님께서 "그리스도를 보시고 우리의 모든 죄를 값없이 용서하여" 주신다고 서술한 까닭이 여기에 있다(참조. 롬 5:8-10, 15, 17; 엡 1:7).

죄 사함과 다른 사람의 잘못을 용서하기

예수님은 하나님께 "죄를 사하여" 주시기를 구하는 사람에게 하나님의 용서에 단서를 다셨다. "우리가 우리에게 죄 지은 자를 사하여 준 것 같이"(마 6:12a)라고 말이다. 이것은 주기도문의 목적이 단순히 죄 짓고 기도하여 죄 용서를 받으라는 것 이상의 내용을 교훈하려는 데 목적이 있음을 암시한다. 그것은 우리와 다른 사람과의 관계에서 우리가 다른 사람에게 어떻게 행동할 것인지와 관련이 있다. 하나님과 우리의 관계가 채권자와 채무자의 관계였다면, 이번에는 우리가 채권자가 되고 우리에게 잘못한 사람은 채무자가 된다. 실제로 우리가 살아가면서 다른 사람과 이런 관계에 놓일 때가 많이 있다. 이제 역할이 바뀌었다. 채무자가 채권자가 된 것이다. 우리가 하나님께 죄를 지었을 때 그리스도의 은혜로 하나님께 죄 용서함을 받았다면, 반대로 다른 사람이 우리에게 죄를 지었을 때 우리는 그에게 어떻게 행동해야 하느냐의 문제다. 마태복음에서는 하나님께 죄 용서를 구하면서 그 용서를 "우리가 우리에게 죄 지은 자를 사하여 준 것"에 비교한다. 그래서 우리가 일상생활에서 남의 잘못을 용서해준 것 같이(호스, ὡs), 하나님께 우리의 죄도 용서해 달라고 구하라고 가르친다.

그런데 누가복음의 주기도문은 마태복음에 표현된 것보다 그 의미가 훨씬 더 강하다. "우리가 우리에게 죄 지은 모든 사람을 용서하오니, 우리 죄도 사하여 주시옵고"(눅 11:3a). 내게 잘못을 저지른 사람의 잘못을 용서하고 나서야 하나님께 우리 죄를 사하여 주시기를 구할 수 있다는 의미다. 마태는 누가복음의 주기도문과 비슷한 내용을 주기도문을 마치고 나서 부록으로 제시한다. "너희가 사람의 잘못을 용서하면 너희 하늘 아버지께서도 너희 잘못을 용서하시려니와 너희가 사람의 잘못을 용서하지 아니하면 너희 아버지께서도 너희 잘못을 용서하지 아니하시리라"(마 6:14–15). 마태는 조건을 달았다. 우리가 하는 대로 하나님도 똑같이 해주겠다고 말이다. 하지만 강도의 차이는 있을지라도 마태복음이나 누가복음이나 우리가 다른 사람의 잘못을 용서하지 않는다면 하나님이 우리의 죄도 용서하지 않으신다고 가르치는 점에서는 동일하다.

이 시점에서 독자들은 의아해 할 것이다. 이런 내용은 마치 우리가 사람들의 잘못을 용서해준 것이 하나님께 죄를 용서해달라고 구하는 근거가 되는 것처럼 생각되기 때문이다. 과연 그럴까. 우선, 우리가 남의 잘못을 용서한 것이 하나님의 죄 용서의 근거가 된다는 것은 성경의 가르침에 위배되기 때문에 고려할 만한 대상은 아니다(참조. 롬 4:6-8). 또한 하나님이 우리의 죄를 용서해 주시는 것과 우리가 다른 사람의 잘못을 용서하는 것은 비중에 있어 비교가 되지 않는다. 그래서 여기서 "용서해준 것 같이(호스)"에서 "같이"는 비교를 의미하지 않는다. 사람들이 다른 사람의 죄를 용서하는 빈약한 행동을 어찌 감히 하나님의 자비로운 용서에 비교할 수 있겠는가. 이 내용을 찬찬히 살펴보자.

"용서해준 것 같이"는 우리가 행한 행동에 대한 공로 조건이 아니라 하나님의 죄 용서를 받는 데 있어 없어서는 안 되는 "원인적인 조건"을 의미할 수 있다.3) 이 단서는 하나님께 죄 용서를 받기를 원하는 사람은 하나님의 용서의 은혜와 자비를 깨닫고 자신도 다른 사람에게 그것을 발휘해야 한다는 사실을 뜻한다. 하나님이 죄를 사하여주신다는 사실을 아는 사람은 자신이 용서함을 받은 것에 근거하여 다른 사람을 용서하고 그를 용납해야 한다. 다른 사람을 용서하는 행동은 우리가 하나님께 죄 용서함을 받은 것에서 비롯된다. 다른 사람을 용서

---

3) 홍창표, 「산상보훈 해설」, 287.

하는 것은 실천하기가 쉬운 일이 아니지만, 죄를 용서하시는 하나님을 믿고 신뢰하는 데 중요하게 작용한다.

예수님은 하나님께 나아가는 사람이 다른 사람의 잘못을 용서하여 화목하는 것이 얼마나 중요한지, 그러는 과정에서 깨달아야 할 것이 무엇인지를 회화적으로 설명하셨다. 마태복음 7:1-5는 주기도문의 다섯 번째 간구의 의미를 확대 해석한 본문이다.[4]

> 비판을 받지 아니하려거든 비판하지 말라. 너희가 비판하는
> 그 비판으로 너희가 비판을 받을 것이요 너희가 헤아리는 그
> 헤아림으로 너희가 헤아림을 받을 것이니라.
> 어찌하여 형제의 눈 속에 있는 티는 보고 네 눈 속에 있는 들보는
> 깨닫지 못하느냐?
> 보라 네 눈 속에 들보가 있는데 어찌하여 형제에게 말하기를 나로
> 네 눈 속에 있는 티를 빼게 하라 하겠느냐? 외식하는 자여 먼저 네
> 눈 속에서 들보를 빼어라. 그 후에야 밝히 보고 형제의 눈 속에서
> 티를 빼리라(마 7:1-5).

예수님은 본인에게 더 큰 과오가 있는데도 다른 사람을 비판하는 사람의 경우를 꼬집으셨다. 마지막 날에 하나님 앞에서 심판을 받지 않으려면, 다른 사람을 비판(심판)하지도 헤아리지도 말아야 한다는 교

---

4) France, *Matthew*, 274. 프란스는 7:1-5에서 다루는 주제는 주기도(6:12)와 6:14-15를 형제의 죄 용서를 다루는 18:15-17과 같은 주제인 죄 용서 주제를 다루는 본문이라고 정확히 설명한 다.

훈이다. 이 교훈에 의해 주기도문의 죄 용서를 구하는 기도를 마지막 심판 때 있을 미래의 죄 용서를 호소하는 것이라고 이해하는 학자도 있다.5) 하지만 주기도문의 죄 용서를 구하는 기도는 미래적인 내용이 아니라 현재 이 땅에서 하나님께 죄 사함을 호소하는 우리의 상황으로 이해하는 것이 더 낫다. 산상설교에서 예수님은 자신을 의롭다고 생각하고 다른 사람들의 잘못을 비판하고 헤아리는 사람은 자신이 하나님 앞에서 자신의 죄가 얼마나 큰 것인지를 주지시키신다.

예수님의 이 말씀은 하나님에게 죄 용서를 받은 것과 남을 용서하는 것이 밀접하게 연결되었다는 당대의 이해를 반영한다(시락 28:1-5). 특히 시락 28:2에 주기도문의 교훈과 비슷한 내용이 발견된다. "네 이웃의 잘못을 용서하라. 그래야(and then) 네가 기도할 때 네 죄 용서를 받을 것이다." 말하자면, 남의 죄를 용서하지 않는 일이 계속될 때, 그것은 "죄 용서의 문을 닫는 결과를 낳는다."6) 이 교훈은 마태복음 18:23-34에 언급된 예수님의 비유의 요지와 일치한다. 이 비유에서 가르치는 요지는 분명하다. 하나님은 먼저 우리 죄를 용서하셨다. 하지만 죄를 용서함 받은 사람은 다른 사람을 용서하려 하지 않는다. 하나님은 그 사람에게 선언한 죄 사함을 철회하신다. 하나님께 죄 용서를 구하는 사람은 자신이 다른 사람의 죄를 용서한 경험에 의거하여, 죄 용서의 필요성을 절감하며 하나님께 간구한다.

---

5) 이에 따르면, 이 기도에는 종말론적인 뉘앙스가 있고 미래 지향적인 내용이 담겨 있다. Hagner, *Matthew 1-13*, 150; Davies and Allison, *Matthew*, I: 612.

6) John Nolland, *The Gospel of Matthew*, NIGTC (Grand Rapids: Eerdmans, 2005), 291.

이 가르침에 비춰 볼 때, "우리가 우리에게 죄 지은 자를 사하여 준 것 같이(ως) 우리 죄를 사하여 주시옵고"에서 "같이"는 비교(as)를 가리키는 단어가 아니라 선언을 알리는 어구로 사용되었을 가능성이 더 높다. 이 용어로써 기도하는 사람은 자신이 하나님에게 용서를 받아야 할 필요가 있듯이, 자기도 남의 죄를 용서할 필요를 떠올리면서, 자신이 여기서 그에게 빚진 자들을 이미 탕감하였다는 것을 선언한다.[7] 이것은 예수님의 말씀과 일관성이 있다. "서서 기도할 때에 아무에게나 혐의가 있거든 용서하라. 그리하여야 하늘에 계신 너희 아버지께서도 너희 허물을 사하여 주시리라"(막 11:25). 예수님이 이 사실을 회화적으로 보여주신 죄 용서 비유(마 18:23-34)를 찬찬히 살펴보자.

죄 용서 비유(마 18:23-34)

예수님은 형제나 자매가 죄를 범하고 용서를 구할 때, 몇 번 용서하면 족한지를 묻는 베드로에게 하나님 앞에서 우리가 죄를 범하여 용서받은 것과 다른 사람이 우리에게 죄를 범하여 용서받기를 구하는 것을 빚의 액수로 비교하여 대답하신다.

그러므로 천국은 그 종들과 결산하려 하던 어떤 임금과 같으니
결산할 때에 만 달란트 빚진 자 하나를 데려오매 갚을 것이

---

7) Jeremias, *The Prayers of Jesus*, 103. 해그너는 예레미야스의 견해가 증명할 수도 없고, 증명하지 못할 수도 없다고 불평을 하면서도, 그의 견해에 간접적으로 동의한다. Hagner, *Matthew* 1-13, 150. 또한 Betz, *The Sermon of the Mount*, 404도 참조하라.

없는지라 주인이 명하여 그 몸과 아내와 자식들과 모든 소유를 다 팔아 갚게 하라 하니 그 종이 엎드려 절하며 이르되, "내게 참으소서. 다 갚으리이다." 하거늘 그 종의 주인이 불쌍히 여겨 놓아 보내며 그 빚을 탕감하여 주었더니, 그 종이 나가서 자기에게 백 데나리온 빚진 동료 한 사람을 만나 붙들어 목을 잡고 이르되, "빚을 갚으라." 하매, 그 동료가 엎드려 간구하여 이르되 나에게, "참아 주소서. 갚으리이다." 하되, 허락하지 아니하고 이에 가서 그가 빚을 갚도록 옥에 가두거늘, 그 동료들이 그것을 보고 몹시 딱하게 여겨 주인에게 가서 그 일을 다 알리니, 이에 주인이 그를 불러다가 말하되, "악한 종아 네가 빌기에 내가 네 빚을 전부 탕감하여 주었거늘, 내가 너를 불쌍히 여김과 같이 너도 네 동료를 불쌍히 여김이 마땅하지 아니하냐?" 하고, 주인이 노하여 그 빚을 다 갚도록 그를 옥졸들에게 넘기니라 (마 18:23-34)

이 비유에는 하나님께 용서 받은 사람으로서 우리도 다른 사람을 당연히 용서해야 할 필요성을 설명하기 위해 인물 셋이 등장한다. 첫 번째 인물은 왕이다. 두 번째 인물은 왕에게 일만 달란트 빚진 자다. 두 사람은 채권자와 채무자의 관계다. 세 번째 인물은 두 번째 등장인물에게 100데나리온 빚진 자다. 두 사람의 관계도 채권자와 채무자의 관계다. 두 번째 사람은 첫 번째 사람과는 채무자로 관련을 맺고 있고, 세 번째 사람과는 채권자로 관련을 맺고 있다. 하나님께 죄를 사해달라고 기도하면서 동시에 다른 사람에게 용서해야 하는 의무를 가지고 있는 두 번째 사람이 주기도문에서 염두에 두고 있는 사람이다.

이 비유를 찬찬히 살펴보자. 베드로는 자기에게 잘못한 사람이 용서를 구하러 올 경우 일곱 번을 용서해주겠다고, 그 정도면 충분하지 않겠느냐고 예수님께 인정을 받고 싶었다. 이것은 당대 랍비들이 용서를 세 번 해주라고 한 것에 비하면 상당히 넉넉하게 용서해주겠다고 제안한 것이다. 더욱이 "일곱(7)"이라는 수는 완전수이지 않는가. 그런데 예수님의 대답은 우리를 당혹스럽게 한다. 일흔 번씩 일곱 번이라도 용서하라는 거다. 이것은 일곱 번 용서가 부족하다는 의미가 아니다. 용서해주는 것을 횟수로써 규정할 수 없다는 설명이다. 인간관계에서 다른 사람을 용서하는 것은 그것이 아무리 악한 상황이라도 우리가 하나님께 용서함을 받은 것에 비하면, 아무것도 아니기 때문이다. 우리는 다른 사람을 일흔 번씩 일곱 번 용서할 수 있는 죄에 비할 수 없는 엄청나게 큰 죄를 하나님에게서 용서함 받았다. 이 비유에서 예수님은 한 사람이 왕에게 용서 받은 것을 먼저 언급하셨다.

그 사람이 임금에게 탕감 받은 액수는 천문학적인 금액인 1만 달란트다. 한 달란트는 6,000데나리온에 해당한다. 그러므로 일만 달란트는 6천만 데나리온에 해당한다. 그것은 "빚"이었다. 당시 갈릴리와 베뢰아 지방을 다스리던 헤롯 안디바가 그 지역에서 거둬들인 1년 세금이 200달란트였으니 일만 달란트는 헤롯 안디바 치세를 기준으로 50년 치 세금에 해당한다. 이 천문학적인 금액을 한 사람이 어떻게 해서 왕에게 빚을 졌는지는 중요하지 않다. 단지 그러한 사실을 전제로 하고 비유는 시작한다. 예수님은 베드로를 위시한 청중들에게 이 정도 액수는 한 개인이 절대로 갚지 못한다는 사실을 알리고 싶으셨다. 그것이 우리의 죄의 액수라고 상상해보라고 하시면서 말이다.

처음에 임금은 그 사람을 불러 빚을 갚으라고 다그쳤다. 새파랗게 질린 그 사람은 왕의 불호령이 얼마나 두려웠는지 고개도 들지 못하고 바닥에 엎드려 "내게 참으소서. 다 갚으리이다"라며 애원했다. 이 말은 정말 그가 돈을 갚을 것이라거나 갚을 수가 있다는 의미가 아니다. 일단 왕을 안심시킨 후 시간을 벌어 이 위기를 넘겨보려는 심산이라는 것을 누구라도 금세 눈치 챌 수 있다. 일단 빚을 갚겠다고 말은 했지만, 그 사람이 그 많은 돈을 무슨 수로 갚겠는가? 그의 부인이나 자식들을 노예로 판다고 하더라도 현재 빚의 10,000분의 1 정도도 갚을 수 없는 처지였다.[8] 엎드려 거의 애걸하다시피 하는 사람에게 설령 왕이 빚 상환 기간을 유예해 준다고 하더라도, 그 사람은 빚을 갚을 수가 없다. 바로 이 시점에서 아무도 예상치 못한 일이 발생한다. 그의 대답과 행동에서 필사적으로 살려달라고 애원하는 것을 눈치 챈 왕은 측은하게 여겨 그 빚을 안 받겠다고 선언하였다. 왕의 선언은 그 사람에게 복음과 같았다. 비유의 결론 부분에 등장하지만, 이것은 왕이 그 사람을 "불쌍히 여긴" 마음이 작용한 결과다(33절). 말하자면, 은혜다.

그 사람은 왕궁을 나와서 바로 자기에게 100데나리온 빚을 진 사람을 찾았다. 상대방은 그의 동료였다. 동료라면 그 공동체에서 형제다. 그는 동료를 만나자마자 목을 잡고 "빚을 갚으라"고 다그쳤다. 100데

---

8) 1세기 기준으로 거래되는 노예 값은 이렇다. 이방인 노예의 몸값이 100므나까지 나간 것에 비해, 유대인 노예의 값은 1~2므나에서 5~10므나에 불과했다. 유대인 노예 값이 이방인 노예의 그것보다 싼 이유는 안식년이 돌아올 때 유대인 노예들을 해방시켜 주어야 했기 때문이다. 주인이 이방인 노예는 평생 고용할 수 있었지만, 유대인 노예는 최대 6년밖에는 고용할 수 없었기 때문이다. 참고로 1므나는 60분의 1달란트, 즉 100데나리온에 해당한다. 요아힘 예레미야스, 『예수시대의 예루살렘』 (서울: 한국신학연구소, 1988), 393.

나리온은 갈릴리 농경사회에서 한 가정의 거의 반년 수입에 해당하며, 더군다나 돈 가치가 귀한 갈릴리에서는 심리적인 부담이 제법 많이 느낄 만한 액수의 돈이다. 동료는 그 사람에게 방금 전에 그가 임금에게 했던 행동 그대로, 엎드려 "나에게 참아 주소서 갚으리이다"라고 애원했다. 방금 전에 엄청난 액수를 빚진 채무자였던 사람이 갑자기 채권자가 되어, 참아달라는 사람에게 어떤 유든 결정을 내려야 하는 위치에 서 있다. 그러나 우리의 바람과 다르게 그 사람은 잠깐 기다려 달라는 동료의 간청을 받아들이지 않고, 빚을 갚을 때까지 그를 옥에 가두었다. 그 사람은 동료에게 방금 전에 6천만 데나리온을 탕감 받은 사람이라고는 믿기가 어려울 만한 행동을 했다.

이 소식을 들은 임금은 그 사람을 불러 따졌다. 임금은 먼저 그를 "악한 종"이라고 칭하였다. 임금은 그에게 "빌기에 내가 네 빚을 전부 탕감하여 주었"다는 사실을 상기시키고, 그렇다면 당연히 자기가 그를 불쌍히 여긴 것처럼 동료를 불쌍히 여겨야 하지 않겠느냐고 되물었다. 그러고 나서 방금 전에 빚 탕감을 선언했던 것을 철회하였다. 다 갚기 전에는 옥에서 나오지 못하게 말이다(34절). 동료의 죄를 용서하는 것은 자신의 더 많은 죄가 용서함을 받았음을 알고 감사한다는 표다.

주기도문의 다섯 번째 간구의 의미가 정확히 이와 동일하다. 그래서 "우리가 우리에게 죄 지은 자를 사하여 준 것 같이 우리 죄를 사하여 주시옵고"는 남의 죄를 용서할 준비가 되어 있지 않다면, 하나님께 죄 용서를 구할 수 없다는 뜻이다. 어찌 뻔뻔하게 하나님께 나와 감히 죄를 용서해달라고 할 수 있느냐는 말이다. 자기 형제의 죄를 사하여 주어 두 사람의 관계가 깨끗하게 되어 있지 않다면, 하나님께 죄 용서를 구하는 것은 잘못이고, 하나님이 죄 용서의 기도를 들으시기를 기대하지 말라는 선언이다. 주기도문의 정신을 잘 알고 기도하는 사람은 단지 자기가 죄를 짓고 하나님께 와서 속죄함을 받는 장치로써 이 기도를 한다고 생각하지 말아야 한다. 예수님이 강조하신 내용은 이것이다. 우리는 다 예수 그리스도로 말미암아 죄 사함의 시대에 살고 있고, 다른 사람을 용서함으로써 우리 자신이 용서함을 받은 사람이라는 것을 입증한다고.

다섯 번째 간구는 이렇게 풀어 쓸 수 있다. "아버지, 우리는 정말 메시아 시대에 속했음을 압니다. 메시아께서 오셔서 우리의 죄를 사하셨습니다. 그리고 우리는 이미 우리가 아버지께 받은 죄 용서를 우리에게 죄를 지은 사람에게도 전해줄 준비가 되었습니다. 저 역시 늘 아버지의 죄 용서가 늘 필요한 사람입니다. 구원의 시대에 우리가 용서를 실천하오니, 아버지께서 자녀에게 주시는 죄 용서를 우리에게 베풀어 주십시오."

우리가 죄 사함의 시대에 살고 있다는 사실을 예수님은 여러 가지 방법으로 보여주셨다. 예수님은 "소자야 네 죄 사함을 받았느니라"고 선언하셨을 뿐만 아니라(마 9:2), 다른 사람이 죄인이라고 여겨 가까이 하기를 꺼려하는 사람들과 함께 식사를 하시고(마 9:10; 눅 15:1-2), 죄인들이 그를 가까이 하고 만지는 것을 용납하심으로써 사죄의 시대가 임했음을 입증하셨다(마 8:3; 눅 7:36-48). 예수님은 이렇게 선언하셨다. "건강한 자에게는 의원이 쓸데없고 병든 자에게라야 쓸데 있다"고. "나는 의인을 부르러 온 것이 아니요 죄인을 부르러 왔다"고(막 2:17; 눅 5:32). 죄 사함은 새 시대의 특징이다(겔 36:25-36; 사 55:6-7).

남을 용서해야 하늘 아버지도 너희를 용서하신다

앞에 인용한 마태복음 18장의 이야기는 비유 형식을 사용했다. 비유는 사실을 정확히 보여주기보다는 진리의 어느 한 면을 강하게 부각시키는 특성이 있다. 이 비유의 요지는 이렇다. 우리는 죄를 용서 받아야 하는 존재이며, 우리가 죄 용서를 받았음을 다른 사람을 용서함으로써 증명하라는 말씀이다. 그래서 이 비유의 결론은 "너희가 각각 마음으로부터 형제를 용서하지 아니하면 나의 하늘 아버지께서도 너희에게 이와 같이 하시리라"에 교훈의 핵심이 있다(18:35). 이것은 하나님이 죄 용서하신 것을 언제든지 취소할 수 있다고 선언하시는 말씀이 아니다. 이 선언에서 강조하려는 교훈은 두 가지다.

첫째로, 정말 자신이 하나님의 죄 용서를 필요로 할 정도로 자신의 죄인 됨을 느끼고 있는가? 그래서 그는 하나님 이외에는 죄 용서를 받을 수 없다는 것을 알고 전적으로 하나님을 의지하는가?

둘째로, 하나님의 은혜로운 죄 용서를 받은 사람은 형제를 용서해주는 것이 마땅하다. 즉, 우리에게는 남을 용서하는 마음이 요구된다. 극단적으로 말해서, 용서하지 않는 사람에게 용서란 없다. 이것은 남을 용서하지 않는 사람은 그가 지금까지 전혀 회개하지 않았다는 매우 강력한 선언이다.

독자들 대부분은 하나님께 자신이 죄인이라고 철저하게 고백하면서 기도하지는 않는다고 하더라도, 기도 중에 종종 "나는 죄인입니다. 하나님, 이러저러한 잘못을 저지른 저의 죄를 용서해주십시오"라고 기도할 것이다. 그런데 앞에서 설명한 마태복음 18:35의 결론적인 선언에 따르면, 상처를 입힌 사람은 물론이고 상처를 받은 사람이 와서, "당신이 내게 저지른 잘못 때문에 내가 오랫동안 상처를 입었다. 미안하다는 말 한 마디라도 해주면 마음이 편해질 것 같다"고 하는데도 자기는 잘못한 것이 없다고 상대방의 간청을 무시한다면, 설령 그가 새벽마다 "이 죄인을 용서해 달라"고 기도하여 그가 죄에 민감하고 죄인이라는 것을 인정하는 것처럼 보여도, 남을 용서하지 않으면 그의 기도는 단지 입 발린 말에 불과할 것이다. 하나님 앞에서 죄인이라고 고백하는 것마저 진실 된 것인지 의심해봐야 한다.

필자는 이것을 "의심해봐야 한다"라고 부드럽게 표현했지만, 예수님이 주기도문과 마태복음 18장의 비유로써 표현하신 용어를 빌려 말하자면, "각각 마음으로부터 형제를 용서하지 아니하면 나의 하늘 아버지께서도 너희에게 이와 같이" 용서하지 아니하실 것이 분명하다. 현실적으로는 죄를 범한 것이 없다고 하면서 기도할 때 입으로만 "나는 죄인입니다"라고 고백하는 것은 소용이 없다. 이런 사람은 그가 살아오면서 하나님의 죄 용서를 경험했는지에 대해서도 의심해봐야 한다. 우리는 입술로만 죄인이라고 고백하고, 마음으로 죄인인 것을 인정하지 않으려는 경향이 많이 있다. 형제의 죄를 용서하지 않으면, 그리고 자신이 형제에게 잘못한 것이 없다고 주장한다면, 그 사람도 하나님께 죄 용서 받는 것을 기대할 수 없다. 남을 용서하지 않으면서 하나님께 자신의 죄를 용서해달라고 간구하는 것은 "외식"이다.[9]

---

9) France, *Matthew*, 250.

죄는 한 개인을 하나님과 관계를 단절시킨다. 그래서 하나님과 화해가 필요하다. 그것은 죄를 고백하는 것과 하나님께서 오는 죄 용서가 있어야 가능하다. 그런데 이것 못지않게 중요한 것은 사람들 간의 화해다. 화해는 용서를 전제로 한다. 예수님은 사람들 간의 화해의 중요성을 강조하시면서, 심지어 하나님께 의무를 행하는 것보다 사람들 간의 화해가 선행되어야 한다고 주장하셨다. "예물을 제단에 드리려다가 거기서 네 형제에게 원망들을 만한 일이 있는 것이 생각나거든 예물을 제단 앞에 두고 먼저 가서 형제와 화목하고 그 후에 와서 예물을 드리라"(마 5:23-24). 하나님께 예배하는 것보다 형제를 용서하고, 형제와 화목하게 지내는 것이 더 중요하다는 의미다. 하나님이 우리의 죄를 용서하시는 것은 우리가 다른 사람을 용서하는 데 근거하지 않는 것은 분명하다. 그러나 이에 못지않게 중요하고 분명한 것은 상대방을 용서하지 않아 다른 사람과 관계가 깨어진다면, 이로 인해 우리와 하나님의 관계 역시 위태롭게 된다는 사실이다.

주기도문의 다섯 번째 간구는 하나님의 은혜로 죄 용서를 이미 경험한 사람들에게 주신 기도다. 이 기도는 남을 용서하는 것을 조건으로 하나님에게서 용서를 얻어내는 기도가 아닌 것이 분명하다. 성경의 대 전제는 이것이다. "우리가 (형제자매를) 사랑함은 그가 먼저 우리를 사랑하셨음이라"(요일 4:17). 그런데 여기서 한 걸음 더 나아가 "그가 우리를 위하여 목숨을 버리셨으니 우리가 이로써 사랑을 알고 우리도 형제들을 위하여 목숨을 버리는 것이 마땅하다"는 사실도 명심해야 한다(요일 3:16). 일상생활에서 형제들을 위하여 목숨을 버리는 것은 나의 자존심을 내려놓고, 하나님 앞에서 나의 낮아짐을 인정하고, 내게 죄를 범한 형제를 용서하는 것으로 실천할 수 있다. 우리가 남을 용서하는 것은 내가 하나님께서 죄 용서함을 받았음을 삶으로 표현하는 행동이다. 하나님의 크신 은혜를 경험하고 그 사실을 알고 있다는 명백한 증거이며, 하나님의 죄 사함의 은혜를 뼈 속 깊이 간직하고 있다는 표다.

용서는 하나님이 은혜로운 아버지이시며 수많은 죄인을 용서하시는 아버지의 자비를 세상에 알리는 방법이다. 그러나 이것 못지않게 중요한 진리가 있다. 그것은 바로 자신은 늘 하나님과 교제의 단절의 위험이 있는 죄를 범하는 죄인이며, 하나님과 교제 회복이 필요하다는 것을 아는 것이다. 하나님과 바른 관계를 유지하기 위해 우리는 하나님께 죄 용서를 구하고 실제로 다른 사람을 용서해야 한다.

우리가 날마다 하나님께 죄 용서를 받아야 하는 죄인이라는 사실을 소요리문답은 이렇게 표현하였다. "우리가 그의 은혜로 말미암아 다른 사람들을 진심으로 용서할 수 있기 때문에 더욱 담대히 이를 구하게" 된다고. 예수님은 자신을 사랑하는 죄인인 여자를 가리키며 사람들에게 이렇게 말씀하셨다. "그의 많은 죄가 사하여졌도다." 근거는 이것이다. "이는 그의 사랑함이 많음이라. 사함을 받은 일이 적은 자는 적게 사랑하느니라"(눅 7:47).

여섯 번째 간구

제 8 장

여섯 번째 간구
"우리를 시험에 들게 하지 마옵시고"

주기도문 여섯 번째 간구는 "우리를 시험에 들게 하지 마옵시고"
이다. 이 기도는 아버지와의 관계를 멀어지게 하는 악의 유혹이 도사
리고 있는 상황에서 하나님의 보호와 인도를 구하는 기도다. 이 간구
를 액면 그대로 옮기면 이렇게 풀어 쓸 수 있다. "유혹을 받아 실족하
는 상황에 들어가지 않도록 우리를 그 악(한 자)에게서 구원해 주십시
오." 이 간구는 시험에 들어가지 않게 해달라는 소극적인 내용의 기도
와 악한 자에게서 구원해 달라는 적극적인 내용을 담고 있다. 이 장에
서는 전반부의 내용을 설명하고, 다음 장에서 후반부 내용을 설명하려
한다.

소요리문답은 이 기도를 다음과 같이 이해하고 설명한다.

> 제 106문: 여섯 번째 간구에서 우리는 무엇을 기도합니까?
> 답: 여섯 번째 간구, 곧 "우리를 시험에 들지 말게 하옵시며 다만
> 악에서 구하옵소서"로, 우리는 죄에 이르는 시험을 당하지 않게
> 하여 주시고, 시험을 당할 때 우리를 붙드시고 구원해주시기를

구합니다.

소요리문답은 이 기도의 전반부 내용을 "죄에 이르는 시험을 당하지 않게 하는 것"이라고 이해하여, "시험"을 단순히 역경이 아니라 죄를 짓게 하는 유혹으로 이해했다. 소요리문답에 따르면, 시험은 현실 세계에서 신자들이 만나는 온갖 유혹이다. 이어서 소요리문답은 우리는 이 기도로써 하나님께 이런 상황에서 구원해주시기를 간구한다고 설명한다.

"시험"이란? – 시험(Test)의 긍정적인 의미

이 간구에 사용된 "시험"이라는 단어는 신약성경에서 다른 의미로 사용된 경우가 몇 군데 있기에 이 단어의 정확한 뜻을 먼저 살펴보는 것이 좋다. 본문에 "시험"이라고 번역된 단어는 "페이라스모스(πειρασμός)"다. 성경에서 이 단어는 "시련"이란 의미와 "유혹"이란 의미 등 전혀 상관없어 보이는 다른 두 의미로 사용되었다. 그래서 이 단어의 정확한 의미는 전후 문맥에 의해 결정된다. "페이라스모스"가 "시련" 또는 "역경"이란 의미로 사용된 예는 야고보서 1:2이다. "내 형제들아 너희가 여러 가지 시험을 당하거든 온전히 기쁘게 여기라." 여기서 시험은 우리가 살면서 겪는 갖가지의 역경과 고난을 의미한다. 이와 비슷한 경우가 베드로전서 1:6에 사용된 "시험"이다. "너희가 이제 여러 가지 시험으로 말미암아 잠깐 근심하게 되지 않을 수 없으나 오히려 크게 기뻐하는도다." 여기서 시험은 근심을 유발하는 악한 상황을 가리킨다. 이어지는 본문(7절)에서 시험이 "불로 연단하여도 없어질 금"과 비교되었다는 것을 고려하면, 여기서 시험은 환난과 박해와 같은 물리적인 어려움을 가리키는 것이 분명하다(참조. 벧전 4:12).

대부분의 신자들은 이런 시험을 가급적이면 겪지 않고 지나가기를 바라지만, 이런 것은 신자들에게 닥치는 자연스러운 환경이다. 마주하면 힘들고 견디려면 인내가 필요하긴 하지만, 시험은 신자들에게 유익을 준다. 그런 시험은 신자들을 연단하기도 하고(롬 5:3-4; 약 1:2-3; 벧전 4:12), 우리의 믿음을 정련시켜 그 믿음이 참되다고 인정받게 해주기 때문이다(약 1:3; 벧전 1:6-7).

하나님이 아브라함을 시험하여 이삭을 모리아 산에서 바치라고 하신 것이 이런 유의 시험에 속한다(창 22:1). 오래 전에 아브라함은 하나님의 말씀을 믿었고, 그래서 그 믿음으로 아브라함은 의롭다 여김을 받았다(창 15:6). 하나님이 아브라함에게 이삭을 바치라고 하는 시험은 그가 가진 믿음이 참인 것을 행동으로 보여주기를 바라는 일종의 검증이었다. 야고보는 이 사건을 이렇게 해석한다. 아브라함의 "믿음이 그의 행함과 함께 일하고 행함으로 믿음이 온전하게 되었"다고(약 2:22-23). 아브라함은 아들을 제물로 바쳐야 하는 난처한 상황에서 하나님을 믿는 믿음을 굳게 잡고 실천함으로써 그의 믿음이 살아 있는 믿음이라는 검증을 받았다(히 11:17-19). 시험의 이런 원리를 아는 신자들은 역경 속에서도 기뻐했다. 그 시험이 자기의 믿음을 정련하고, 인내와 연단을 받아 온전하게 되는 길이기 때문이다.

또 다른 예는 광야 이스라엘 백성이 경험했던 시험이다. 하나님은 출애굽 한 이스라엘 백성을 광야에서 시험하셨다. 이스라엘이 광야에서 시험을 받은 목적은 신명기 8:2에 이런 식으로 설명되었다. "네 하나님 여호와께서 이 사십 년 동안에 네게 광야 길을 걷게 하신 것을 기억하라 이는 너를 낮추시며 너를 시험하사 네 마음이 어떠한지 그 명령을 지키는지 지키지 않는지 알려 하심이라." 이스라엘의 경우에도 "시험"은 그들이 하나님의 백성으로서 하나님을 의지하게 하는 테스트였다(출 15:25; 신 13:3). 이 시험에 아브라함은 합격했고, 이스라엘은 불합격했다.

이런 시험은 하나님의 백성 누구라도 경험한다. 이것은 하나님의 백성이기 때문에 받는 시험이다. 심지어 하나님은 그의 자녀들에게 이런 어려움이 닥치는 것을 허락하기도 하시고 그들을 그리로 인도하기도 하신다. 하나님이 그의 자녀들에게 왜 시험을 허락하셨는지 아는 사람은 시험을 만날 때 하나님께 이렇게 기도한다. "내가 나의 완전함에 행하였사오며 흔들리지 아니하고 여호와를 의지하였사오니, 여호와여 나를 판단하소서. 여호와여 나를 살피시고 시험하사 내 뜻과 내 양심을 단련하소서"(시 26:1-2). 이런 고백에는 시험이 기도하는 사람에게 유익하다는 이해가 반영되었다(참고, 신 8:2, 16; 삿 2:22; 시 139:23).

시험(Temptation)의 부정적인 의미

그러나 "시험"(페이라스모스)의 또 다른 의미는 우리로 하여금 죄를 짓게 하는 유혹이다. 주기도문 여섯 번째 간구에서 염두에 둔 "시험"이 바로 "죄를 짓게 하는 유혹"이란 의미의 시험이다. "유혹"은 어느 사람을 잘못된 길로 인도하려고 꾀는 행위다. 믿음의 길을 떠나 배교의 길을 가게 하든가, 하나님의 인도를 받지 못하도록 곁길로 인도하여 죄를 범하게 하는 행위가 이에 해당한다. 시험은 믿음이 있는 사람을 의심하게 하여 불신앙을 갖게 하는 등 온갖 유형의 유혹을 일컫는 말이다. 그래서 여기서 "시험"은 "타락"과 비슷한 의미로 사용되었고, 그 자체로 "악"과 거의 동일시된다.[1]

이런 유의 시험의 전형적인 예는 뱀이 하와를 유혹한 것(창 3:1, 4-5)과 마귀가 예수님을 넘어뜨리려 한 시험이다(마 4:1; 눅 4:2, 13). 마귀는 그의 또 다른 이름인 "사탄"의 의미에 걸맞게 "유혹하는 자" 또는 "시험하는 자"다(마 4:3). 그는 할 수만 있다면 하나님의 아들이라도 곁길로 가게 하여 하나님이 기뻐하시는 길을 가지 않고 다른 길을 가게 유혹한다. 마귀는 자기의 때가 얼마 남지 않은 것을 알고 할 수만 있으면 믿는 자라도 넘어뜨리려고 한다(계 12:12). 그러니 마귀는 사람들을 얼마나 강하게 시험하겠는가. 그는 하나님의 백성을 죄를 범하게 하여 파멸의 길에 빠뜨리려고 호시탐탐 기회를 엿본다. 예수님은 제자들에게 주의를 주셨다. "시험에 들지 않게 깨어 있어 기도하라"(막 14:38). 베드로는 교회에게 "근신하라 깨어라 너희 대적 마귀가 우는 사자 같이 두루 다니며 삼킬 자를 찾나니, 너희는 믿음을 굳건하게 하여 그를 대적하라"고 권했다(벧전 5:8-9a). 베드로는 마귀의 일을 일깨우고 나서, 마귀의 공격의 대상이 모든 신자들임을 알린다. "이는 세상에 있는 너희 형제들도 동일한 고난을 당하는 줄을 앎이라"(벧전 5:9b). 우리는 지금 안전하지 않으며, 누군가 우리를 붙잡아 주시기를 절실히 필요한 환경에

---

1)   하인츠 쉬르만, 『주님의 기도』, 조규만, 조규홍 옮김 (서울: 가톨릭대학교출판부, 2004), 166.

살고 있다. 제자들이 배를 타고 가는 도중 바다에 큰 놀이 일어 배가 물결에 덮이게 되었을 때 무서워하며 주님께 도와달라고 부르짖었듯이 말이다. "주여 구원하소서. 우리가 죽겠나이다"(마 8:25).

그러므로 "우리를 시험에 들어가게 하지 마옵시고"와 이어지는 간구인 "다만 악에서 구원하옵소서"는 서로 연결되었고, 모두 위기와 관련되었다. 그 위기는 타락과 배교에 빠지게 되는 위기다. 타락은 마귀의 시험에 의해 발생한다. 마귀의 시험이 얼마나 교묘하고 무서운지는 인류의 첫 사람 아담과 하와가 닥친 상황을 보면 알 수 있다. 마귀는 뱀에게 들어가서 하와를 유혹했다. 하와는 하나님이 말씀하신 것을 금세 의심했고, 곧바로 하나님의 금하신 나무의 열매를 따서 먹었다. 아담은 하와가 건네주는 그 나무의 열매를 받아먹어 타락했다(창 3:6).

마귀가 가룟인 유다에게 들어가자 유다는 메시아이신 우리 주님을 다른 사람들에게 팔아넘겼다(요 13:2, 27). 사탄이 밀 까부르듯 하려고 요구하여(눅 22:31) 먹잇감을 찾는 상황에서 우리의 힘만으로는 사탄의 유혹을 물리칠 수 없다는 것을 알 수 있다. 누가 우리를 이 사망의 상황에서 구할 수 있을까? 이 유혹의 상황에서 하나님만이 우리를 안전한 곳으로 인도하실 수 있으시다.

시험에 "들게 하지 마옵소서"

이 기도에 사용된 "우리를 시험에 들게 하지 마옵소서"는 우리로 하여금 유혹에 빠지지 않게 해달라는 의미이기도 하고, 더 구체적으로는 배교와 같은 죄에 빠지지 않도록 보호해 달라는 의미이기도 하다.

그렇다면 이것은 세 가지 사실을 우리에게 일깨워준다.

첫째, 죄와 파멸과 배교로 인도하는 부정적인 의미의 시험은 하나님이 작용한 것이 아니다. 하나님은 사람을 파멸로 이끄는 시험을 하지 않으신다. 야고보는 "사람이 시험을 받을 때에 내가 하나님께 시험을 받는다(는 말을) 하지 말라"고 경고한다. "하나님은 악에게 시험을 받지도 아니하시고 친히 아무도 시험하지 아니하시"기 때문이다(약 1:13). 사실 하나님은 이 세상에서 일어나는 모든 사건을 일일이 간섭하시고 허용하신다. 그러나 그는 아브라함과 광야 이스라엘 백성을 시험하시기도 하셨지만, 사람들을 악으로 인도하는 시험을 주지 않으셨다. 사람들이 타락하고 악에 빠지는 이유는 다른 데 있다. 야고보는 이렇게 말한다. 사람의 "욕심이 잉태하여 죄를 낳고 죄가 장성하여 사망에 이른다"고 말이다(약 1:14-15). 사탄은 사람이 가지고 있는 욕심을 엿보아 그를 넘어뜨린다(참조. 약 3:15; 요일 2:16).

둘째, 사람이 시험을 받는 상황 속에서도 하나님은 주권으로 신자들을 붙드신다. 비록 신자들을 죄에 빠뜨리고 하나님에게 멀어지게 하는 유혹이 사탄에게서 온다고 하더라도 하나님이 허락하셔야만 사탄도 신자들을 유혹할 수 있다(참조. 욥 1:12; 2:6). 또 사탄이 하나님의 백성을 넘어뜨리려고 시험하는 상황에서도 하나님은 얼마든지 사탄이 하는 일을 막고 그의 백성을 보호하여 안전한 곳으로 인도할 수 있으시다. "사람이 감당할 시험 밖에는 너희가 당한 것이 없나니. 오직 하나님은 미쁘사 너희가 감당하지 못할 시험 당함을 허락하지 아니하시고 시험 당할 즈음에 또한 피할 길을 내사 너희로 능히 감당하게 하시느니라"(고전 10:13). 그러므로 하나님의 자녀들에게는 이 세상에 있는 동안 하나님의 보호가 절실히 필요하다. 자녀들은 적극적으로 하나님께 보호해 주시기를 구해야 한다. 보호자 하나님과 관련해서 우리는 주기도문의 주제인 하나님이 우리의 아버지 되심에 눈을 돌려야 한다. 아버지는 자녀들이 위기에 처했을 때 언제든지 도울 준비를 하신다.

셋째, 하나님의 백성이 세상에서 여러 가지 시험을 만날 때 마귀의 유혹은 절대로 우리 혼자의 힘으로 이겨낼 수 없다. 앞의 두 내용보다 세 번째 내용이 더 중요하다. 주기도문의 여섯 번째 간구는 "우리를" 시험에 들지 말게 해달라는 기도이기 때문이다. 여기서 기억해야할 중요한 사실이 하나 있다. 여섯 번째 간구에서 관심을 가지고 있는 문제는 한 개인의 문제일뿐더러 하나님의 백성 전체의 문제이기도 하다는 것이다. 어떤 면에서 시험의 상황은 우리가 그리스도인이 아니었다면 만나지 않았을 것이다. 그래서 시험에 들게 하지 말게 해주시기를 구하는 것은 교회가 놓여 있는 절박한 상황을 직시하고 하는 기도다. 사탄은 교회가 세상과 구별된 삶을 사는 것을 싫어하여 계속해서 곁길로 나가게 유혹한다. 유혹에 넘어지면, 교회는 황폐해지고 더 나아가 교회의 존재도 없어질 수 있다. 이것을 극복하면 교회는 악한 세상에서도 설 수 있고, 본래의 사명을 감당할 수 있다. 이 일은 교회 스스로가 이룰 수 없다. 아무리 사소한 일이라도 교회는 하나님의 도우심을 받아 마귀를 물리쳐야 이룰 수 있다.

교회가 빠지기 쉬운 시험

마귀는 교회가 빠지기 쉬운 시험이 무엇인지를 안다. 그 시험거리를 마귀가 직접 교회 앞에 놓든지, 믿음직한 사람의 거짓 교훈을 이용하여 넘어지게 한다. 1세기에 마귀는 교회를 시험에 빠지게 하려고 거짓 선지자와 거짓 사도를 이용하여 교회로 하여금 우상 숭배하도록 종용했다. "거짓 그리스도들과 거짓 선지자들이 일어나 큰 표적과 기사를 보여 할 수만 있으면 택하신 자들도 미혹하리라"는 말씀처럼 말이다(마 24:24). 교회는 원수가 밖에서 온 것이 아니라 교회 내부, 즉 사도나 선지자의 가르침으로 시험을 받은 까닭에 거의 무방비 상태로 넘어지고 말았다. 소아시아의 일곱 교회 중에서 버가모 교회(계 2:14-15)와 두라디라 교회(계 2:20-23)는 이런 거짓 사도와 거짓 선지자의 유혹으로 우상 숭배에 참여했다.

중세에 마귀는 국가교회를 통하여 세상에 군림하고 교회를 대형화하는 등 외형적인 아름다움과 힘을 이용하여 교회를 시험했다. 초대교회 시절, 교회가 미천하고 세상의 세력에 의해 박해를 받고 억압을 당하던 것과 정 반대 상황이 발생한 것이다. 교회는 세상의 물리적인 힘으로 교회의 힘을 과시하려 하였다. 마귀는 그것을 교묘히 이용하여 교회로 하여금 외형을 중시하게 만들었다. 종교 지도자들과 통치자들은 앞다퉈 자기 이름을 정초(定礎)에 새긴 거대한 교회를 만들기 시작했다. 요즘 유럽의 대형교회가 문을 닫으면서 술집이나 극장에 팔리고 있다. 아직은 이 지경에까지 이르지 않은 교회들도 대부분은 텅텅 비거나 머리 허연 교인들만 모이는 곳으로 전락하고 말았다. 그런 교회들은 단지 관광 명소로서만 유명해지고 실제적인 교회로서의 역할을 하지 못하게 된 형국이다. 이렇게 된 것을 교회를 세속화하도록 유혹한 마귀의 시험에 넘어간 결과라고 말한다면 억측일까.

어느 시대나 마귀가 교회를 대적하기 위하여 사용하는 공통적인 세 번째 무기가 있다. 가장 대표적인 것은 경제다. 세상살이에 돈이 필요하다는 것을 이용하여 마귀는 교회에게 맘몬을 좋아하게 하고, 좋아하다 못해 맘몬을 섬기도록 유혹한다. 하나님은 전심으로 하나님 자신만을 사랑하고 섬기라고 하셨는데, 맘몬은 자신을 섬기라고 요구한다. "한 사람이 두 주인을 섬기지 못할 것"이라는 예수님의 교훈은 노예 제도가 시행되던 시대에 정의였다. 그 이유는 분명하다. "혹 이를 미워하고 저를 사랑하거나 혹 이를 중히 여기고 저를 경히 여"길 것이기 때문이다. 그러므로 우리는 "하나님과 재물을 겸하여 섬기지 못"한다(마 6:24).

두 주인 이야기를 마주하면서, 대부분의 신자들은 자신은 맘몬을 섬기지 않는다고 하고, 그가 속한 교회는 맘몬을 초월해있다고 말할지 모르겠다. 그러나 교회에서 물질적인 부유함을 하나님이 주시는 복과 동일시한다면, 그런 교회는 맘몬을 섬기는 교회가 될 가능성이 무척 높다. 유럽교회처럼 교회를 대형화하고 대형화하기 위해 교인들에게 헌금을 강요하고, 예배당 건립에 교인들의 모든 관심을 집중하게 하여 일상생활의 가치를 등한시하도록 가르친다면, 그 교회는 마귀의 유혹에 먹잇감이 될 가능성이 거의 100퍼센트다. 부흥이라는 명목 하에 교회를 대형화하려고 다른 교회 교인들이 자기 교회에 오는 것을 막지 않고, 이웃교회와 경쟁하면서 자기네 교회만 잘 되고 부흥하려 하는 것 등은 모두 마귀의 유혹, 즉 시험이다.

교회가 세상으로부터 받는 유혹 중에 거스르기 가장 어려운 네 번째 유혹은 대중매체다. 많은 사람들이 매일 보고 따라하는 TV의 여러 프로그램은 많은 사람들의 세계관과 사고방식에 영향을 준다. 연예인들을 따라 옷을 입거나, 그들이 좋아하는 것을 따라하면서 서서히 대중매체에서 전하는 것을 쉽게 받아들일 준비를 한다. TV 광고에 나오는 물건들을 구입하고 싶어 하고, 자기가 가진 것에 만족하지 못하고 끊임없이 새로운 것과 더 좋은 것을 구입한다. 이런 유혹들 앞에서 교인들도 속수무책으로 넘어진다. 그래서 이런 넘어짐에서 우리를 구원하고 그런 시험을 당하지 않도록 우리를 보호하시고, 그런 극단적인 상황에 이르지 않도록 저지하셔서 우리를 그런 상황에서 건지실 분을 바라보고 기도해야 한다. 그분은 우리의 아버지이신 하나님이시다. 그러므로 "우리를 시험에 들게 하지 마옵시고"는 미래 언젠가 빠질지도 모르는 시험과 심판에서 구원해달라는 것보다는 일차적으로 현실적인 유혹에서 구원해주시기를 간구하는 기도다.2) 지금은 마지막 시대이기 때문이다(참조. 딤전 4:1-5).

시련과 유혹의 관계

이쯤 되면, 많은 신자들은 궁금해 할 것이다. 하나님이 우리를 세상에서 구원하셨는데, 우리를 유혹할 만한 것들을 제거해주시지 왜 유혹

---

2) 이 해석은 예레미아스가 주기도문의 여섯 번째 간구가 최후의 대 시험에서 구원해주기를 구하는 기도라고만 해석한 것과 반대다. 예레미아스는 "악에서 구원하는" 기도를 악의 권세에서 마침내 구원하시기를 청원하는 것으로 이해하면서, 악과 악한 자에게 빠지는 것이 결국 거룩하신 아버지에게서 떨어지는 것을 의미한다고 해석한다. 물론 이런 의미가 이 기도에 반영된 것은 분명하지만, 일상생활에서의 문제를 우선 고려해야 한다. Jeremias, *The Prayers of Jesus*, 105-106.

거리를 우리 앞에서 그냥 남겨두셔서 신앙생활하기에 힘들게 하시는지 말이다. 하나님이 하시는 일을 피조물인 우리로서는 다 알기 어렵다. 하지만 분명한 사실 하나는 하나님이 은혜로우시고 그의 행사는 완전하다는 것이다. 또한 만일 우리가 시험을 받지 않는 상태에 있고 우리를 시험하는 자가 없다면, 우리는 다 하늘에 있고 더 이상 땅에 있는 것이 아니다. 그리스도가 재림하셔서 우리를 온전히 구원하시기 전까지, 그리고 교회가 여전히 땅에 있는 동안에 하나님은 시험하는 자가 활동하도록 허용하셨다. 이것은 하나님의 신비에 해당한다.

우리 주님은 세상을 떠나 아버지께로 가시기 전에 제자들을 위해 기도하셨다. "내가 비옵는 것은 그들을 세상에서 데려가시기를 위함이 아니요 다만 악에 빠지지 않게 보전하시기를 위함이니이다"(요 17:15). 예수님은 하늘로 가시면서 그를 믿는 사람들을 세상에 남겨두셨다. 대신에, 그는 아버지께 세상에 있는 그의 사람들을 보전해주시기를 구하셨다. 우리 주님은 세상에 있는 그의 사람들이 환난당할 것을 아셨다. "너희가 세상에 속하였으면 세상이 자기의 것을 사랑할 것이나 너희는 세상에 속한 자가 아니요 도리어 내가 너희를 세상에서 택하였기 때문에 세상이 너희를 미워하느니라"(요 15:19). 세상은 우리 주님을 미워했듯이 그를 믿는 사람들을 미워할 것이다. 그래서 믿는 사람들은 세상에 있는 동안 환난을 당한다. 그러나 두려워할 필요가 없다. 우리 주님이 "세상을 이기었"기 때문이다(요 16:33).

"시험"(페이라스모스)이라는 단어가 뜻하는바 시련과 유혹이라는 다른 두 의미는 어쩌면 서로 관련이 있을지도 모른다. 하나님의 백성은 세상에 있는 동안 여러 가지 시련과 역경에 처해 있다. 이 시험은 한편 그들의 믿음을 정결하게 하는 것이며, 다른 한편 그들의 믿음을 넘어 뜨리게 하는 시험, 즉 유혹이다. 주님을 의지하는 사람은 시험을 마주하더라도 아버지의 보전하심을 받는다. 이와 반대로, 시련 속에서 하나님을 의지하지 않고 자신을 의지한다면 넘어지고 만다. 광야의 이스라엘 백성이 하나님을 시험하고 원망하고 우상 숭배했듯이, 교회는 자신의 능력만을 믿다가 넘어질 수 있다. 바울이 교회에 주신 경고를 주목하자.

> 그들(광야 이스라엘)에게 일어난 이런 일은 본보기가 되고 또한
> 말세를 만난 우리를 깨우치기 위하여 기록되었느니라. 그런즉
> 선 줄로 생각하는 자는 넘어질까 조심하라. 사람이 감당할 시험
> 밖에는 너희가 당한 것이 없나니. 오직 하나님은 미쁘사 너희가
> 감당하지 못할 시험 당함을 허락하지 아니하시고 시험 당할 즈음에
> 또한 피할 길을 내사 너희로 능히 감당하게 하시느니라
> (고전 10:11-13).

바울 사도는 교회가 처한 상황이 광야의 이스라엘 백성이 처했던 상황과 비슷하다는 판단아래 이런 말을 했다. 광야의 이스라엘 백성이나 신약의 교회는 모두 하나님의 구원을 경험한 사람들이다. 이스라엘은 출애굽을, 신약교회는 그리스도로 말미암은 종말론적인 구원을 경험했다. 하나님은 신실하셔서 그의 백성들을 세상에서 보호하신다. 이스라엘 백성은 광야에서, 신약교회는 마귀가 유혹하는 이 세상에서 하나님의 보전함을 받는다. 그러나 이스라엘 백성들은 하나님의 신실하

심을 시험하기 시작했다. 그들은 먹을 것이 부족하거나 마실 물이 없을 때 하나님을 시험했다. 이스라엘 백성은 하나님을 원망했으며, 우상숭배의 유혹에 넘어졌다. 광야는 시험의 장소였다. 바울은 경고한다. 비록 그들이 출애굽의 구원을 경험하고 홍해를 건너고 구름 아래 있어 신약의 세례에 해당하는 것을 경험했다고 하더라도(고전 10:1-4), 시험을 받아 시험에서 넘어졌다고 말이다. "선 줄로 생각하는 자는 넘어질까 조심하라"(10:12)는 말씀은 하나님을 의지하지 않고 혼자 힘으로 시험에 맞설 수 있다고 과신하는 사람에게 주신 경고의 말씀이다.

신약교회도 동일한 위기를 마주하고 있다. 교회는 그리스도의 피로 구원을 받고, 세례를 경험했으며, 그리스도의 몸인 성만찬에도 참여한다(고전 10:16-17). 교회는 이스라엘 백성에게 발생한 일이 신약교회에게 본보기가 된다는 것을 기억해야 한다. 고린도 교회는 우상숭배의 유혹을 피해야 했다(10:14). 시험은 우리 주변에 늘 도사리고 있지만, 이것을 피할 길을 주님이 제공하시므로 주님을 의지해야 한다. "사람이 감당할 시험 밖에는 너희가 당한 것이 없나니 오직 하나님은 미쁘사 너희가 감당하지 못할 시험 당함을 허락하지 아니하시고 시험 당할 즈음에 또한 피할 길을 내사 너희로 능히 감당하게 하시느니라"(10:13). 시험을 당할 때 자만해서는 안 된다. 매일 만나는 시험 앞에 우리는 주기도문으로 하나님께 간구해야 한다. "너희는 스스로 조심하라 그렇지 않으면 방탕함과 술취함과 생활의 염려로 마음이 둔하여지고 뜻밖에 그 날이 덫과 같이 너희에게 임하리라"(눅 21:34).

우리는 살면서 여러 가지 시험을 만난다. 우리 스스로의 힘으로는 시험을 피할 수가 없다. 우리의 삶을 인도하는 분은 하나님이시다. "하나님은 악에게 시험을 받지도 아니하시고 친히 아무도 시험하지 아니하시"는 하나님이시므로, 우리를 악으로 인도하실리는 만무하지만, 우리는 하나님께 기도해야 한다. 우리를 시험을 당하여 넘어지는 상황으로 인도하지 마시고 우리를 보호하고 거기서 구원해달라고 말이다.

우리는 연약하다. 마귀에게 유발되는 시험을 혼자 견디고 헤쳐 나갈 힘이 없다. 바울의 고백이 여기에 적절할 것이다.

> 내 속 곧 내 육신에 선한 것이 거하지 아니하는 줄을 아노니 원함은
> 내게 있으나 선을 행하는 것은 없노라. 내가 원하는 바 선은 행하지
> 아니하고 도리어 원하지 아니하는 바 악을 행하는도다.…… 내가
> 한 법을 깨달았노니 곧 선을 행하기 원하는 나에게 악이 함께 있는
> 것이로다.…… 오호라 나는 곤고한 사람이로다. 이 사망의 몸에서
> 누가 나를 건져내랴(롬 7:18-24).

이것은 바울이 그리스도 안에 있기 전, 율법을 행하던 시절의 갈등을 표현한 것이지만,[3] 시험과 유혹 앞에 놓여 있는 그리스도인들의 갈등도 이와 비슷하다. 이런 상황에 있는 자신을 구원할 수 있는 이가 누구일까? 하늘에 계신 우리 아버지밖에 없다. 우리 주님이 하늘 아버지

---

3) Douglas J. Moo, *The Epistle to the Romans* (Grand Rapids: Eerdmans, 1996), 423-31. 특히 결론적인 입장을 언급한 431, 465를 참조하라. 롬 7:7-25가 그리스도인의 현재적 갈등인지 아니면 그리스도인이 되기 이전의 갈등인지에 대하여 학자들의 입장을 공정하게 서술하고 두 상황을 조화하려한 Thomas R. Schreiner, *Romans* (Grand Rapids: Baker Academic, 1998), 372-92를 보라.

께 "시험에 들게 하지 마옵시고"라고 기도하라고 가르치신 것은 우리의 연약함과 날마다 하나님의 인도하심을 받아야 할 필요를 아시기 때문이다. 기도 외에는 시험을 이길 방법이 없다. 기도로 보호를 받기에, 기도는 은혜의 수단이다.

우리 주님은 기도로 시험을 이기셨고, 제자들에게도 시험에 들지 않도록 기도하라고 이르셨다. "시험에 들지 않게 깨어 기도하라." 우리는 마음으로는 시험에 들지 않고 싶지만 육신이 약하다(마 26:41). 하늘 아버지의 보호하심을 믿는 자녀들은 적극적으로 깨어 기도해야 한다. 신자들이 성령님의 인도를 받으며 하나님께 기꺼이 복종하기를 다짐하고 마음으로 그것을 원한다고 하더라도, 우리의 본성은 여전히 악하고 끊임없이 사탄의 유혹을 받기 때문이다. 신자들은 스스로의 힘으로 이 강력한 시험에 맞설 수 없다. 우리는 하늘 아버지의 보호를 받아야 하고 실제로 그의 도움이 필요하다.

보호하시는 아버지

그러므로 시험에 들게 하지 말고 악에서 구원해주기를 구하는 여섯 번째 간구는 한 마디로 말해서 하나님의 보호를 간구하는 기도다. 보호는 아버지가 자식들에게 하는 부성(父性)의 중요한 표현이다. 하나님은 이스라엘의 아버지이시며 "보호자"셨다(참조. 렘 3:4). 그는 이스라엘을 원수의 군대에서 구원하셨다(삼상 30:23). 그래서 유다는 여러 가지 어려운 상황에서도 하나님이 교회를 보호하여 넘어지지 않게 지키실 것을 확신하였다. 하나님이 "능히 너희를 보호하사 거침이 없게 하시고 너희로 그 영광 앞에 흠이 없이 기쁨으로 서게 하실" 것이라고 말이다(유 24).

주기도문의 다른 기도 내용과 마찬가지로, 이 기도 역시 하나님 앞에서 우리 자신의 연약함을 정직하게 인정하는 신앙고백이다. 우리는 위기 상황에 놓여 있다. 이 위기를 벗어날 능력이 우리에게는 없다. 하나님만 우리의 구원이시며 우리를 안전한 곳으로 인도하시고 보호자가 되시므로 우리는 하나님 아버지를 의뢰해야 한다는 신앙고백이다. "여호와는 나의 목자시니······ 그가 나를······ 쉴만한 물 가로 인도하신다" (시 23:1-2). 목자이시며 또 아버지이신 하나님이 우리를 선한 길로 인도하시면, 평생에 선하심과 인자하심이 우리를 따를 것이다(시 23:6).

주기도문으로
기도하기

일곱 번째 간구

제 9 장

일곱 번째 간구
"다만 그 악한 자에게서 구하옵소서"

주기도문의 일곱 번째 간구는 "그 악한 자에게서 구하옵소서"다. 우리는 앞장에서 여섯 번째 간구인 "시험에 들게 하지 마옵시고"가 마귀의 유혹과 공격 앞에서 하나님의 보호를 구하는 것과 연결되었음을 확인했다. 사실 주기도문의 여섯 번째 간구와 일곱 번째 간구는 둘로 나누어 별개의 기도로 이해할 수도 있고, 하나의 간구에 속하는 두 측면으로 이해할 수도 있다. 이 내용이 들어 있는 문장은 "~하지 말고 ~하게," 즉 영어의 not ~ but ~ 형식으로 표현되었기 때문이다. 이 기도를 둘로 이해하든지 하나로 이해하든지 서로 깊은 관련이 있는 간구인 것만은 틀림이 없다.

하나님의 자녀가 시험에 들어가지 않는 가장 좋은 방법은 "다만 악(한 자)에서 구원함을 받는" 것이다. 악(한 자)에서 구원을 받는 것이 시험에 들지 않는 궁극적인 방법이기 때문이다. 사람들이 시험을 받는 데는 두 가지 원인이 있다.

첫째는 스스로 세상 욕심에 빠지는 것이다. "이 세상이나 세상에 있는 것들을 사랑하지 말라. 누구든지 세상을 사랑하면 아버지의 사랑이 그 안에 있지 아니하니, 이는 세상에 있는 모든 것이 육신의 정욕과 안목의 정욕과 이생의 자랑이니, 다 아버지께로부터 온 것이 아니요 세상으로부터 온 것이라"(요일 2:15-16). 세상에서 경험하는 여러 가지 욕심이나 눈으로 보는 욕망들과 세상의 것을 자랑하는 것들은 아버지의 뜻을 이루지 못한다(비교. 요일 2:17). 세상에 속한 것이기 때문이다. 하나님은 하늘에 계신 분이시다. 그래서 땅에 있는 것과 세상에 있는 것으로는 하나님의 뜻을 이룰 수가 없다. 마음에 있는 "독한 시기와 다툼"이 "땅 위의 것이며 정욕의 것이요 귀신의 것"의 대표적인 것들이다(약 3:14-15). 이런 것들은 진리를 거스른다. 야고보는 이러한 악들은 세상과 벗이 되게 하는 대신에 하나님과 원수가 되게 한다고 평가한다(약 4:1-4). 이러한 악들은 우리를 아버지에게서 멀어지게 하고 결국 타락시킨다. 이 악들에서 구원을 받아야 한다.

둘째는 시험의 더욱 근본적인 원인인 마귀의 유혹이다. 마귀는 태고적부터 사람들을 유혹하여 하나님의 뜻을 이루지 못하게 했다. 그후 인간은 하나님이 아니라 자신의 욕망과 욕심을 따르게 되었다. 마귀는 목표로 삼은 대상을 넘어뜨리기 위해 유혹거리를 눈앞에 둔다. 명예를 좋아하는 사람에게는 명예를, 돈을 사랑하는 사람에게는 돈 버는 것을, 쾌락을 좋아하는 사람에게는 재밋거리를 놓고 유혹한다. 마귀의 유혹에 넘어간 사람은 주님을 사랑하기보다 세상에 있는 것을 사랑한다. 마귀는 이런 일을 능수능란하게 하는 자여서 "유혹하는 자," 즉 "시험하는 자"라는 별명을 얻었다(계 12:9; 20:3, 8). 이뿐만 아니라 마귀는 좀 더 적극적으로 희생물을 찾아 헤맨다. "너희 대적 마귀가 우는 사자 같이 두루 다니며 삼킬 자를 찾나니"(벧전 5:8). 이 강력한 원수 앞에서 어떻게 대처할 수 있을까?

시험하는 자

만일 예수님이 "다만 악(한 자)에서 구하옵소서"라고 가르친 기도가 마귀에게서 구원하는 것을 의미하셨다면, 일곱 번째 간구는 여섯 번째 간구의 내용인 "우리를 시험에 들게 하지 마옵시고"가 시험하는 자에게서 구원하기를 간구하라는 것을 염두에 두고 말씀하신 것이 틀림없다. 그렇다면, "다만 악(한 자)에서 구하옵소서"에서 중요하게 생각할 것은 우리가 하나님께 기도할 때 하나님께 시험이 아예 우리에게 접근하지 말도록 기도하라는 것이 아니라는 사실이다. 이 기도는 우리가 시험(시련)을 당한 상황에서, 타락(배교)의 길로 들어가지 않도록 보호해 주기를 기도하라는 의미이며, 우리를 시험하고 있는 마귀의 손에 넘어가지 않게 구원해주시기를 간구하라는 뜻이다. 이 내용을 기도하면서 우리는 악의 근원이 마귀라는 것을 알고 하늘 아버지만이 우리를 마귀에게서 구해주실 수 있는 구원자라는 것을 알게 된다. 소요리문답 106문답은 주기도의 이 여섯째 간구에서 우리가 구할 것을 "시험을 당할 때 우리를 붙드시고 구원하여주시기를 간구하는" 것이라고 바르게 설명하였다. 그러므로 이 기도는 시련에서 유혹으로 진전되지 않기를 바라는 내용을 담고 있다. 악이든지 마귀든지, 시련을 당할 때, 우리가 하나님을 떠나지 않도록 그러한 모든 시험 거리에서 구원해주시기를 간구하는 것이다.

하나님의 자녀들을 시험하는 장본인은 "시험하는 자"인 마귀다. 예수님은 사탄이 믿는 사람을 얼마나 집요하게 넘어뜨리려고 하는지를 회화적으로 표현하셨다. "보라 사탄이 너희를 밀 까부르듯 하려고 요구하였"다고(눅 22:31). 이 말씀을 하시고 나서 예수님은 친히 우리의 믿음이 떨어지지 않기를 기도했다고 확신을 주셨다(22:32). 사탄의 공격이 너무도 심하기에, 그가 파놓은 함정에 빠지지 않거나 쳐놓은 덫에 걸려들지 않을 사람은 없다. 주님이 우리를 보호하지 않으신다면, 모든 사람은 사탄의 시험에 걸려들게 되어 있다. 그는 공중의 권세 잡은 자로서 불순종하는 자들을 여전히 유혹한다(엡 2:2). 만국이 다 마귀의 미혹의 대상이다(계 12:9. 비교. 계 20:3과 20:8). 예수님을 세 번씩이나 부인했던 베드로는 예수님이 기도하지 않으셨다면 돌이킬 수 없었을 것이다.

이런 의미에서 일곱 번째 간구는 여섯 번째 간구인 "시험에 들게 하지 마옵시고"에 이어지는 기도로 적합하며, 여섯 번째 간구와 대조되고 그 내용을 극복하는 방법을 알려준다. 우리는 시험에 빠져들지 않기 위해서 "악에서(또는 그 악한 자에게서) 구원"하는 것을 하나님께 전적으로 의지해야 한다.

"악에서"인가, "악한 자에게서"인가?

필자는 앞에서 일곱 번째 간구에 언급된 "악"이라는 단어를 "악한 자"라고 이해하는 것이 좋다고 했다. 이 시점에서 우리말 주기도문의 "악에서 구하옵소서"라고 번역한 "악"의 정확한 뜻을 설명할 필요가 있다. "악(惡)"이라고 번역한 단어의 정확한 의미를 규명해야 주기도문 일곱 번째 간구의 강조점이 드러난다. 이 단어는 헬라어로 "포네로스(πονηρός)"다. 원래 품사는 형용사인데, 명사로 사용되었다. 본문에는 소유격(투 포네루, τοῦ πονηρός)으로 표현되었기에, 이 단어의 정확한 문법적 성이 남성("악한 자")인지, 중성("악," evil)인지 모호하다. 우리말 성경과 많은 영어 번역 성경은 이 단어를 중성("악")으로 이해하여 번역했다(KJV, RSV, ESV). 신약성경에 그런 의미로 사용된 예는 마 12:34, 35a("악한 사람은 그 쌓은 악에서 악한 것을 내느니라." 참조. 눅 6:45a)와 롬 12:9("악을 미워하고 선에 속하라") 그리고 살전 5:22("악은 어떤 모양이라도 버리라") 등이다. 이런 용법이 주기도문에도 사용되었다고 생각하면, 신자들이 하나님께 기도하는 내용은 우리 주변과 도처에 있는 도덕적인 악과 종교적인 악에 현혹되지 않고 거기서 구원해달라는 의미가 된다. "세상에 있는 모든 것이 육신의 정욕과 안목의 정욕과 이생의 자랑"을 하지 말라는 요한의 가르침이 여기에 해당한다.

하지만 "투 포네루"는 남성형으로 "그 악한 자"(the evil one)를 의미할 수도 있다(NIV, NRSV). 신약성경에 형용사 포네로스가 그런 특성을 가진 사람이라는 의미로 사용된 예가 더러 있다(마 13:19; 요 17:15; 엡 6:16; 요일 2:13, 14; 5:18, 19). 특히 요한일서 5:18을 주목할 필요가 있다. "하나님께로부터 난 자는 다 범죄하지 아니하는 줄을 우리가 아노라 하나님께로부터 나신 자가 그를 지키시매 악한 자가 그를 만지지도 못하느니라." 하나님께로부터 나신 자, 즉 예수 그리스도가 하나님께로부터 난 자, 즉 신자들을 지키시는 까닭에, "악한 자"가 신자들에게 손도 댈 수 없다는 뜻이다. 특히 주기도문에서 이 단어는 신자가 하나님께 "~에게서 구원해주기를" 구하는 구문에 들어 있다(뤼사이 헤마스 아포

투 포네루, ῥῦσαι ἡμᾶς ἀπὸ τοῦ πονηρός). 주기도문의 이 구문과 동일한 구문이 신약성경에서는 발견되지 않지만, 70인역 잠 2:12("악한 자의 길과 패역을 말하는 자에게서 건져 내리라")에 비슷한 구문이 등장한다(참조, 사 25:4; 겔 37:23). 하나님은 자기를 경외하는 자를 악한 자에게서 구원하신다는 약속이다. 여기서 "포네로스"는 인격체로 그려졌다.

다른 한편 바울은 고린도 교회에게 이전에 음행하는 자들을 사귀지 말라고 편지한 내용의 정확한 의미를 밝히면서 그가 했던 말의 의미를 좀 더 분명하게 설명한다. 그의 말뜻은 "이 세상의 음행하는 자들이나 탐하는 자들이나 속여 빼앗는 자들이나 우상 숭배하는 자들을 도무지 사귀지 말라"는 것이 아니었다는 거다. 우리가 이 세상에 있으면서 혐오스러운 악이나 악을 행하는 사람들과 동떨어져서 살 수 있는 것이 아니기 때문이다(고전 5:10). 우리 주변에는 악을 행하는 사람들이 도처에 있다. 악을 행하는 자들의 근원은 당연히 마귀, 즉 "그 악한 자"다. 예수님도 틀림없이 이 사실을 염두에 두고 악의 근원이며 악한 자들 가운데서 역사하는 "그 악한 자," 즉 마귀의 공격에서 하나님의 보호를 구하는 의미로 주기도문의 여섯 번째와 일곱 번째 내용을 가르치셨을 것이다. 필자가 계속해서 강조해왔듯이, "다만 악에서 구하옵소서"는 마귀의 유혹에 빠져들지 않게 해주시기를 간구하는 기도다. 그러므로 이 간구는 이렇게 고쳐 쓸 수 있다. "아버지, 우리를 그 악한 자인 마귀에게서 구원해주십시오."

그래서 우리말 주기도문에 있는 "악"이라는 단어는 중성형으로 이해하기보다는 남성형으로 "그 악한 자"라고 이해하는 것이 더 낫다. 실제로 신약성경에는 사탄이 "악한 자"로 언급되었다(참고, 마 5:37, 39;

13:19; 요 17:15; 요일 5:18; 살후 3:3). 특히 마가복음 4:15에 사탄이라고 명명된 것을 마태복음 13:19에서 악한 자로 표현한 것은 의미심장하다. 설령 그러하다고 할지라도, 그리스도인이 살아가면서 사회적이고 윤리적인 죄를 범하지 않는 것은 무척 중요하다. 하나님은 자기 백성에게 이렇게 말씀하셨다 "너희는 그들(우상숭배자, 불법을 행하는 자, 믿지 않는 자) 중에서 나와서 따로 있고 부정한 것을 만지지 말라"(사 52:11; 고후 6:17) 고. 그래서 일곱 번째 간구에 악에서 구해달라는 내용이 완전히 배제되었다고 말할 수는 없다.

악한 자 마귀는 역사 초기에 아담과 하와를 시험하여 타락한 이래 계속해서 사람들을 시험하여 하나님을 의지하지 못하게 해왔다. 사탄은 이스라엘을 대적했고 다윗을 충동하여 하나님이 기뻐하지 않으시는 인구조사를 하게 했다(대상 21:1). 사탄은 욥을 시험하여 하나님을 경외하지 못하게 시도했다(욥 1:6-9; 2:1-7). 포로 귀환 후, 사탄은 대제사장 여호수아를 대적하려 했다(슥 3:1-2). 사탄은 심지어 광야에서 하나님의 아들도 시험했다(마 4:1-11). 지금도 여전히 불순종하는 사람들은 공중의 권세 잡은 자인 마귀를 따르고 있다(엡 2:2). 마귀는 더 많은 먹잇감을 찾으려고 배회한다(벧전 5:8). 그 악한 자가 사람들을 결정적으로 넘어뜨리는 방법은 복음을 듣지 못하게 하는 것이다. 그는 이 세상의 신이라고 불리는 자답게 믿지 아니하는 자들의 마음을 혼미하게 하여 그리스도의 영광의 복음의 광채가 비치지 못하게 하고 있다(고후 4:3, 4). 이런 막강한 권세를 가진 마귀를 누가 대적할 수 있단 말인가?

그 악한 자를 이기신 분

우리에게 "다만 그 악한 자에게서 구"해주시기를 기도하라고 가르치신 우리 주님 역시 사역을 시작하기 전에 악한 자에게 시험을 받으셨다. 그러나 그는 여자의 후손으로서 마귀의 권세를 멸하러 세상에 오신 분답게 마귀의 시험에서 이기셨다. 여자의 후손이 뱀의 머리를 상하게 하리라는 예언(창 3:15. 참조. 롬 16:20)의 궁극적인 성취는 미래에야 이뤄지겠지만, 우리 주님은 광야에서 마귀의 시험을 받았을 때, 그의 모든 시험을 이기고 마귀를 쫓아내셨다(마 4:10-11). 아담이 뱀의 시험에 빠져 세상에 죄와 사망을 가져왔던 것과 달리, 그리스도는 세상에 구원을 가져오셨다. 그가 마귀의 권세를 이기셨기 때문이다. 그리스도는 귀신을 쫓아내시고 이렇게 선언하셨다. "하나님의 나라가 이미 너희에게 임하였느니라"(마 12:28). 그가 성령으로 마귀의 권세와 그의 나라를 무찌르신 것이 그 증거다. 이제는 마귀의 나라가 아니라 하나님의 나라가 영향을 끼치기 시작했다. 마귀가 여전히 활동하고 있지만 우리는 마음이 든든하다. 우리 주님이 마귀보다 크시고 마귀의 능력을 무력화시키고 승리하셨고(골 2:15; 계 12:7-9), 마지막 때에 완전히 멸망시키실 것이 확실하기 때문이다(고전 15:24). 우리 주님은 우리의 믿음이 떨어지지 않도록 기도하셨다(눅 22:32). 그래서 우리는 마귀의 권세를 이기신 예수님을 의지하여 하나님께 "다만 그 악한 자에게서 구원하옵소서"라고 기도할 용기를 얻는다.

미래에 하나님은 사탄을 궁극적으로 멸망시키실 것이다. 바울 사도는 이 사실을 내다보며 "평강의 하나님이 속히 사탄을 너희 발아래서 상하게 하"실 것을 소망했다(롬 16:20). 그리스도께서 오시면 악한 자는 영원히 멸망할 것이다(계 20:10). 그리스도를 믿는 사람들이 마귀의 유혹에서 이길 수 있는 것은 신자들 역시 그리스도의 이김에 참여하기 때문이다. "하나님께로부터 난 자마다 세상을 이기느니라." 무엇으로 이기는가? 요한은 이렇게 말한다. "세상을 이기는 승리는 이것이니 우리의 믿음이니라." 그 믿음은 하나님의 아들이신 예수 그리스도를 믿는 믿음이다(요일 5:4-5). 하나님께서 나신 자 예수 그리스도를 믿는 사람은 그 자신도 하나님께서 난 자라는 확신 속에서 세상을 이기고 마귀를 이긴다.

이처럼 주님은 악한 자의 유혹에서 우리를 보호하실 것을 약속하셨다. 바울도 교회에게 하나님의 지키신다는 것을 확신시켰다. "주는 미쁘사 너희를 굳건하게 하시고 악한 자에게서 지키시리라"(살후 3:3). 그럼에도 신자들은 여전히 하나님께 그 악한 자에게서 보호하시고 구원해주시기를 기도해야 한다. 이유는 분명하다. 기도는 하나님이 악한 자로부터 자녀들을 구원하기 위해 사용하시는 중요한 수단이기 때문이다.[1]

세상을 본받지 말아야 하는 이유

이 세상에 있는 불신자들은 여전히 마귀의 권세아래 있다. 이런 의

---

[1] 하나님의 약속과 신자의 기도의 관계를 잘 설명한 토마스 R. 슈라이너, 『구원의 확신과 경주』, 조호영 옮김 (서울: CLC, 2013), 142-45를 보라.

미에서 하나님의 자녀들이 세상 사람들의 삶의 방식대로 사는 것은 마귀의 유혹에 빠지는 지름길이다. 의와 불법이, 빛과 어둠이, 그리스도와 벨리알이 조화를 이룰 수 없듯이, 믿는 자와 믿지 않는 자는 서로 관련을 맺기가 어렵다. 그래서 신자들은 "믿지 않는 자와 멍에를 함께 메지 말라"는 경고에 귀를 기울여야 한다(고후 6:14). 마귀는 때로는 강압적으로 때로는 대중의 심리를 이용하여 하나님의 자녀들을 넘어뜨리려 하고, 때로는 그들보다 수도 많고 힘도 강한 세상 사람들을 본받도록 미혹한다. 군중들이 사는 방식대로 살게 하고 그들의 가치관을 받아들이게 한다. 모두가 마귀의 시험이다. 예수님은 하나님의 말씀을 받았지만 결실하지 못하는 사람을 "이생의 염려와 재물과 향락에 기운이 막혀 온전히 결실하지 못하는 자"라고 규명하셨다(눅 8:14).

바울은 하나님을 "아바 아버지"라고 부르는 사람들에게 이렇게 권한다. "너희는 이 세대를 본받지 말고 오직 마음을 새롭게 함으로 변화를 받아 하나님의 선하시고 기뻐하시고 온전하신 뜻이 무엇인지 분별하도록 하라"고 말이다(롬 12:2). 마귀는 사람들의 마음을 혼미하게 하여 하나님의 말씀을 받지 못하게 하고(참조. 눅 8:12) 사도의 교훈을 깨닫지 못하게 한다. 그들 중에는 교회 공동체에 속한 사람들도 있었다(참조. 고후 4:1-4). 그러므로 신자들은 불신자들의 삶에서 나와서 따로 있고 부정한 것을 만지지 말아야 한다(고후 6:17).

"소외감"은 심리적으로 자신이 대중에게서 분리되었다는 의식이다. 대부분의 사람들은 자신이 대중에게서 외톨이가 되었다고 생각하면 심리적인 압박을 받는다. 마귀는 현대 사회에서 하나님의 자녀들로 하여금 세상을 본받게 하는 방법으로 소외감을 이용하는 것 같다. 요한은 세상에서 하나님의 자녀들과 마귀의 자녀들을 구별할 수 있는 방법을 제시한다. "의를 행하는 자는 그의 의로우심과 같이 의롭고, 죄를 짓는 자는 마귀에게 속하나니 마귀는 처음부터 범죄함이라"(요일 5:7-8a). 우리는 "하나님"께 속해 있지만, 세상은 "그 악한 자" 안에 거한다(5:19). 하나님의 아들이신 예수 그리스도는 "마귀의 일을 멸하려"고 나타나셨다(요일 5:8b).

예수 그리스도는 오셔서 참된 자를 알게 하려고 세상에 오셨다. 그는 구원하신 사람들을 자기 안에 있게 하셨다(요일 5:20). 사람이 하나님에게서 오신 예수 그리스도를 알고 그 안에 있느냐가 하나님의 자녀인지 사탄에게 속한 자인지를 가르는 기준이다. 하나님의 아들이신 예수 그리스도는 우리를 진리로 이끄셨다. 그리스도는 하나님께로 가는 유일한 "길"이시며, 참 "생명"이시다(요 14:6). 그가 아버지에게서 받아 교회에게 보내신 성령님은 우리를 모든 진리 가운데로 인도하는 영이시다(요 16:31).

이것이 사실이라면 우리는 하나님을 떠나 곁길로 가게 하는 모든 유혹을 피해야 한다. 우리를 곁길로 가게 하는 자는 마귀이고, 곁길로 가는 자의 그 최후는 멸망이다. 예수님이 세상에 오신 목적은 멸망하는 세상을 구원하시려는 데 있다. 사탄의 계략은 너무도 교묘하여, 심지어 광명한 천사로 가장하여 사람들을 미혹한다(고후 11:14-15). 사탄은 심지어 소원해진 부부관계를 이용해서도 신자들을 시험한다(고전 7:5). 그래서 마귀에게 시험을 받아 멸망으로 들어가는 것은 교회 공동체 바깥에 있는 세상에서만 일어나는 문제가 아니다. 교회 내부에서도 얼마든지 일어난다.

초대교회가 골머리를 앓았던 가장 큰 시험거리는 교회 내부에서 우상숭배를 부추기는 사람들에서 비롯되었다. 요한은 "너희 자신을 지켜 우상에게서 멀리하라"고 권한다. 하나님을 오롯하게 경배하지 않고 다른 우상이나 물건에 마음을 빼앗기는 모든 행위는 우상숭배다. 바울은 심지어 탐심도 우상숭배라고 규정했다(골 3:5). 우상 숭배하는 사람은 그리스도인들의 모임에도 정기적으로 나오고 기독교 공동체와 어떤 유든 접촉하고 있지만, 사실은 행위로써 공동체에 속했음을 거부한다. 우상숭배는 하나님이 가장 혐오하시는 죄다. 그것은 사망에 이르는 죄로서 그를 위해서는 기도하더라도 소용이 없다(요일 5:16). 하나님의 자녀들이 연약하여 도덕적인 죄를 짓고 또 회개하는 일을 반복하고는 있지만, 그들은 하나님을 배반하거나 하나님 대신에 우상을 숭배하는 죄를 범하지 않는다. 우상숭배는 마귀가 사람들을 멸망으로 인도할 목적으로 시험에 들게 하는 죄다. "자녀들아 너희 자신을 지켜 우상에게서 멀리하라"(요일 5:21).

이런 관점에서 볼 때, 주기도문의 마지막 간구에서 핵심 되는 내용은 일반적인 "악"에서 구해달라는 것 이상을 의미한다. 우상숭배에 빠뜨리려는 그 악한 자의 시험에서 구해달라는 기도다. 그래서 우리는 주기도문으로 기도하면서 "다만 악에서 구하옵소서"라고 기도할 때라도 머릿속으로는 "그 악한 자"인 마귀와 "그의 권세"에서 구해달라고 생각하면 좋을 것이다. 또한 우리는 주기도문으로 기도할 때마다 마귀의 권세가 아니라 하나님의 권세아래 있겠다고 거듭 다짐해야 한다.

소요리문답과 마태복음 관점에서 본 주기도문 이해

주기도문으로
기도하기

주기도문의 내용을 기도하는 이유

제 10 장

주기도문의 내용을 기도하는 이유

"나라와 권세와 영광이 아버지께 영원히 있사옵나이다"

현대 교회에서 사용하는 주기도문의 결론이면서 동시에 송영에 해당하는 내용은 원래 주기도문에는 없었던 것이라는 견해가 거의 정설로 받아들여지고 있다. 송영 형식으로 되어 있는 주기도문의 결론은 중요한 고대 사본들(N, B, D, Z, f¹)에 등장하지 않는다. 이들 사본에서 주기도문은 "우리를 그 악한 자에게서 구하옵소서"로 끝난다. 후기 사본들에 주기도문을 마무리하는 내용이 첨가되었는데, 세 종류가 있다.

첫째, 원래 주기도문의 내용에 "아멘"을 첨가한 사본(소문자 사본인 17, 30, 288).

둘째, "왜냐하면 아버지와 아들과 성령의 나라가 당신에게 영원히 있기 때문입니다. 아멘"을 첨가한 사본(소문자 사본인 1253).

셋째, 우리가 주기도문을 하면서 사용하는 문구인 "왜냐하면 나라와 능력과 영광이 당신에게 영원히 있기 때문입니다. 아멘"을 첨가한 사본(대문자인 사본 K, L, W, Δ, Θ 그리고 소문자 사본인인 f¹³ 외 다수사본) 등.[1]

---

1) 이것은 Nestle-Aland, *Novum Testamentum Graece*, 27판과 28판의 비평각주에 의거한 것

세 번째 내용을 주기도문에 삽입한 사본들은 역대상 29:11-13의 내용에 영향을 받은 게 분명하다. 세 가지 내용 중 어느 것도 주기도문에 포함되지 않았으며, 그래서 주기도문은 원래 일곱 번째 간구로 끝났다는 것이 거의 확실하다. 랍비들이 주기도문을 끝내면서 송영이나 결론의 말을 덧붙인 예에 영향을 받아 후대 교회가 원래 주기도문에 첨가했을 가능성이 높다. 어찌되었든지 세 번째 내용으로 이루어진 송영은 주기도문의 정신과 기도의 바른 자세를 잘 반영하고, 주기도문의 결론 어구로 사용하기에 적절하다.

주기도문의 결론은 왜 우리가 주기도문의 내용을 가지고 기도하는지를 정확히 제시한다. "왜냐하면"(호티, ὅτι)으로 시작하는 송영은 우리가 주기도문으로 기도하는 이유로, "나라와 능력(권세)과 영광이 아버지에게 영원히 있"다고 고백한다. 소요리문답은 주기도문의 송영이 우리에게 교훈하는 내용을 다음과 같이 요약한다.

> 제 107문: 주기도문의 맺음말은 우리에게 무엇을 가르칩니까?
> 답: 주기도문의 맺음말, 곧 "대개 나라와 권세와 영광이 아버지께
> 영원히 있사옵나이다"는 우리로 하여금 기도할 담력을 오직
> 하나님에게서 얻고, 기도할 때 하나님을 찬송하며 나라와 권세와
> 영광을 그에게 돌리라고 가르치며, 들어주시기를 바라는 우리의
> 소원과 확신의 표시로서 우리는 아멘이라고 합니다.

이다. 주기도문 송영의 사본 분석에 대해서는 최갑종, 『예수님이 주신 기도』 (서울: 이레서원, 2000), 265-72를 참조하라.

소요리문답은 주기도문의 맺음말이 교훈하는 바를 세 가지로 요약한다. 첫째는 우리가 하나님께서만 기도할 담력을 얻는다는 것을 가르친다고. 둘째는 기도할 때 하나님을 찬송하고 나라와 권세와 영광을 하나님께만 돌리라고. 셋째는 하나님이 우리의 소원을 들어주신다는 확신을 갖는다고 교훈한다. 기도할 때 반드시 가져야 하는 이 세 가지 내용에 무슨 반대 의견을 제기할 수 있겠으며, 여기에 어떤 내용을 더 첨가하겠는가. 소요리문답이 요약한 핵심 내용은 분명하다. 하지만 필자는 이 내용을 좀 더 자세히 설명하고 실제적인 기도행위를 고려하면서 여기에 몇 가지를 첨가하려 한다.

현실적으로 신자들 대부분은 기도가 우리의 소원을 올려드리는 것이라는 사실을 빌미로, 우리의 보호자이시며 자비로운 아버지가 되시는 하나님께 주로 자신들과 관련된 갖가지 내용을 구한다. 하나님이 "나의" 소원을 들어주셔서 빠른 시간 안에 기도한 내용을 이루어주시기를 구하는 데 마음을 쏟는다. 기도하는 사람은 하나님이 능력도 많으시고 은혜가 풍성하시다고 입바른 말을 해놓고는, 자신이 기도하는 내용을 얼마나 간절히 받고 싶어 하는지, 큰 소리로 자신의 필요를 아뢰고 자신의 궁핍함을 하나님께 필사적으로 전달한다. 때로는 울부짖기도 하고 때로는 금식을 하면서까지 자신의 소원을 집요하게 그리고 끈덕지게 알린다. 이것은 소요리문답에서 요약한 첫 번째와 세 번째의 내용에 해당될 수는 있어도, 우리가 기도할 때 기도하는 사람 자신을 칭송하거나 모든 영광을 자기가 취하려는 것이 아니라 "하나님을 찬송하며 나라와 권세와 영광을 그에게(만) 돌리라"는 두 번째 내용과 정면으로 충돌한다.

주기도문의 기도 내용은 기도하는 사람 자신의 개인적인 것을 구하기보다는 처음부터 하나님의 것을 구하는 데 집중되어 있다. 하나님의 이름이 거룩해지기를 바라고, 하나님의 나라가 임하기를 고대하며, 우리의 뜻이 아니라 하나님의 뜻이 이루어지기를 갈망해야 한다. 우리 자신과 관련된 내용을 구하더라도 풍족한 삶을 구하는 것이 아니라 우리가 하나님을 의존하는 존재라는 것을 알기 위해 일용할 양식을 구한다. 우리는 하나님께 무엇을 요구할 수 있는 위치에 있는 존재가 아니다. 하나님의 자비를 필요로 하는 죄인이라는 것, 그 죄는 하나님만이 용서하신다는 것을 고백한다. 우리는 날마다 하나님께서 멀어지게 하는 유혹을 받는다. 하나님만이 우리의 보호자가 되셔서 우리의 큰 원수에게서 구원해주실 수 있다는 믿음을 가지고 기도한다. 이 내용을 인정하고 하나님께 이 사실을 고백하는 것이 바로 주기도문의 송영이다. 그래서 주기도문의 송영은 이 기도가 기도하는 사람이 기도한 내용을 응답받느냐에 관심을 보이기보다는 하나님과 관련한 것에 관심을 두는 데 초점을 맞춘다.

"왜냐하면" – 주기도문의 내용을 기도하는 이유

주기도문의 송영은 앞의 일곱 개의 간구를 하는 이유를 설명한다. "왜냐하면"(호티, ὅτι)으로 시작하는 송영의 첫 단어가 우리말 주기도문에는 생략되어 있어서 많은 사람들이 이 단어의 의미나 중요성을 의식하지 못하고 있지만, 이 단어는 주기도문을 마무리함에 있어서 무척 중요하다. "왜냐하면"은 주기도문의 일곱 개의 간구로 기도하는 이유를 제시하면서, 기도하는 사람의 신앙고백을 표현한다. "아버지, 우리에게는 필요한 것이 많지만 우리는 다른 것을 구하는 데에는 관심이 없고, 오직 주기도문에 명시된 내용을 이루어 주시기만을 기도합니다. 그리고 우리가 이런 내용을 하나님께 기도하는 데에는 또 다른 중요한 이유가 있습니다. '왜냐하면' 모든 것을 주관하고 통치하시는 분이 하나님 아버지이시고, 기도 내용을 이루실 능력도 아버지께 있고, 기도가 성취됨으로써 영광을 받아야 할 분도 아버지이시기 때문입니다."

그래서 "왜냐하면"은 주기도문의 내용을 최우선적으로 구하는 이유를 제시하는 기도하는 사람 편에서 드리는 고백이다. 나라와 능력과 영광은 하늘에 계신 우리 아버지만이 가지고 계신, 그에게만 속한 품성이다. 우리가 구하는 것을 이룰 능력이 우리에게는 전혀 없다. 이처럼 엄청난 내용을 구하면서 우리는 주기도문의 맺음말로써 간구하는 것을 이룰 능력이 하늘에 계신 우리 아버지께만 있다고 고백한다.

통치와 부요함을 집대성한 단어인 "나라"는 사람들에게 속한 것이 아니라 하늘에 계신 우리 아버지의 전유물이다. 그가 왕이시기 때문이다. 그래서 하나님께만 사람들에게 명령을 내릴 수 있는 권위가 있고, 무슨 일이든 성취할 수 있는 능력(권세)이 있다. 존귀함과 칭송을 받으시기에 합당한 영광도 마찬가지다. 피조물인 우리는 조금이라도 영광을 받으려고 주장해서도 영광을 누리려고 해서도 안 된다. 영광은 전적으로 하나님만이 받으셔야 한다. 우리가 영광을 받으려 하면 주기도문으로 기도할 수 없다. 주기도문의 내용은 영광이 하나님에게 속했고, 그 영광이 영원히 그에게만 있어야 한다는 고백이기 때문이다. 말하자면 이것은 신앙고백이다. 바울은 하나님께만 모든 영광이 있어야 하는 당위를 표현하려고 이런 송영으로써 하나님의 영광을 기렸다.

> 만물이 주에게서 나오고
>
> 주로 말미암고
>
> 주에게로 돌아감이라.
>
> 그에게 영광이 세세에 있을지어다. 아멘(롬 11:36).

이 송영에서, 바울은 하나님이 만물의 기원, 즉 창조자("만물이 주에게서 나오고")가 되시고, 만물의 섭리자("주로 말미암고"), 만물의 궁극적인 목적("주에게로 돌아감이라")이 되심을 찬송한다. 하나님이 영광을 받지 않을 영역은 존재하지 않는다. 성경에서 이 사실을 깨달은 신자들이 이에 부합하게 모든 영역에서 하나님께만 영광을 돌려야 한다. 기도는 처음부터 하나님의 영광이란 차원에서 생각해야지 내가 원하는 것을 얻기 위한 주문이나 하나님께 복을 받는 수단으로 간주해서는 안 된다. 그러므로 주기도문은 그 내용 하나하나를 충분히 이해하지 못하고, 그 내용에 동의하지 않는 사람은 할 수 없는 기도다.

기도하는 사람은 그가 간구하는 기도가 하나님이 받으시는 기도인지 반성해야 한다. 주기도문의 내용을 기도하지 못하는 사람이라면, 결국 그는 오랫동안 기도하고 여러 사람들에게서 기도 잘하는 사람이라고 인정을 받는다고 해도, 실제로 하나님이 보실 때에는 "외식하는 사람"에 불과하다(참고, 마 6:5-8). 주기도문은 하나님의 말씀에 비추어 예수님이 친히 올바른 기도의 의미와 태도 그리고 방향을 가르쳐주신 기도다. 외식하는 사람들은 "사람에게 보이려고…… 기도하기를 좋아"
한다(마 6:5). 외식하는 사람들은 기도할 때에 "이방인과 같이 중언부언"
한다(마 6:7). 외식을 피하고 이방인처럼 중언부언을 피하는 유일한 방
법은 주기도문으로 기도하는 것밖에 없다. 주기도문은 하나님께 집중
하는 하나님 중심의 기도다.

그런데 주기도문의 일곱 개의 간구를 기도하고는 여전히 자신이 영
광을 받으려 하고 자신에게 문제를 해결할 힘이 있다고 생각한다면,
그는 주기도문 이전 상태(마 6:5-8)로 돌아간 것과 다를 바가 없다. 이런
의미에서 주기도문 결론의 "왜냐하면"이란 단어를 소홀히 여겨서는 안
된다. "왜냐하면"은 주기도문의 정신에 주의를 환기시킨다. 왜 우리가
주기도문의 내용을 기도하고, "나라와 권세와 영광이 아버지께 영원히
있사옵나이다"라고 고백하는지를 알려준다. 결론에 담겨 있는 내용을
하나씩 살펴보자.

나라와 권세는 아버지의 것

"왜냐하면" 다음에 이어지는 말은 "나라와 권세가 아버지께 영원
히 있사옵나이다"이다. "나라"와 "권세"(또는 "능력")는 같은 개념을 가진
단어들이다. 두 단어는 하나님의 왕적 통치를 염두에 둔 것으로서 이
미 주기도문에서 "(아버지의) 나라가 임하옵시며"라고 기도했던 내용과
관련이 있다. 우리는 이렇게 기도하면서 하나님을 온 세상을 다스리는
왕이심을 고백한다. 하나님은 신자들만을 다스리는 통치자가 아니다.
이 땅의 모든 나라들도 다스리시는 통치자이시다. 하나님은 세상에 있

는 나라의 왕들을 세우기도 하시고 폐하기도 하신다(롬 13:1-3; 골 1:16, 20). 그는 세상에서 일어나는 모든 일에 주권을 발휘하신다.

권세는 능력, 즉 힘이다. 이 권세는 주기도문이 추구하는 엄청나게 무게감이 있는 내용을 이룰 수 있는 힘을 가리킨다. 하나님 스스로 자신의 이름을 거룩하게 하실 수 있고, 다른 누구에게 의존하지 않고 친히 주권을 행사하고 자신의 뜻을 시행할 수 있으시다. 자녀들에게 양식을 주시고, 그들의 죄를 사하시고, 시험하는 자에게서 그들을 건질 수 있으시다. 하나님은 세상의 모든 통치자를 아무것도 아닌 것처럼 여기실 정도로, 어느 누구와도 비교할 수 없는 권세를 가지셨다. "그의 앞에는 모든 열방이 아무것도 아니라 그는 그들을 없는 것 같이, 빈 것 같이 여기시느니라"(사 40:17).

하나님은 느브갓네살에게 바벨론의 통치자가 느브갓네살이 아니라 하나님 자신이심을 일깨우셨다. 한 동안 정신이 나갔던 느브갓네살도 제 정신이 들자 하나님이 온 세상의 통치자이심을 알고 고백하였다. 다니엘은 느브갓네살에게 "하나님이 다스리시는 줄을 왕이 깨달은 후에야 왕의 나라가 견고하리"라고 주지시킨다(단 4:26). 느브갓네살은 하나님만이 절대적인 권세를 가지고 계심을 자기 입으로 시인하였다.

> 내가 지극히 높으신 이에게 감사하며 영생하시는 이를 찬양하고
> 경배하였나니, 그 권세는 영원한 권세요 그 나라는 대대에
> 이르리로다. 땅의 모든 사람들을 없는 것 같이 여기시며 하늘의
> 군대에게든지 땅의 사람에게든지 그는 자기 뜻대로 행하시나니
> 그의 손을 금하든지 혹시 이르기를 "네가 무엇을 하느냐"고

할 자가 아무도 없도다(단 4:34, 35).

하나님을 믿지 않는 사람이 하나님께 진정한 권세와 통치권이 있다는 것을 인정했다면, 하나님의 왕 되심을 인정하는 사람들은 더더욱 하나님의 권세를 인정해야 하지 않을까. 이럼에도 주기도문의 송영에 사용된 직접적인 어구는 역대상 29:11-13에서 온 것이다.

역대상 29장

역대상 29장은 이스라엘의 왕 다윗이 하나님을 송축하면서 부른 찬송이다. 10-13절 내용부터 살펴보자.

> 다윗이 온 회중 앞에서 여호와를 송축하여 가로되,
> "우리 조상 이스라엘의 하나님 여호와여 주는 영원히 송축을
> 받으시옵소서."
> "여호와여 광대하심과 권능과 영광과 이김과 위엄이 다 주께
> 속하였사오니 천지에 있는 것이 다 주의 것이로소이다."
> "여호와여 주권도 주께 속하였사오니 주는 높으사 만유의
> 머리심이니이다."
> "부와 귀가 주께로 말미암고 또 주는 만유의 주재가 되사 손에
> 권세와 능력이 있사오니.
> "모든 자를 크게 하심과 강하게 하심이 주의 손에 있나이다."
> "우리 하나님이여, 이제 우리가 주께 감사하오며 주의 영화로운

이름을 찬양하나이다." (대상 29:10-13)

역대상 29:10-13은 다윗 왕이 그의 통치의 절정기에 하나님이 어떠한 분이신지를 고백 형식으로 노래한 찬양시다. 거의 모든 통치자가 그러하듯이, 다윗은 통치의 마지막 단계에 이르자 재위 기간 그가 이룬 업적을 후대에도 기억되는 기념물을 세우고 싶었다. 다윗은 성전을 지으려 했다. 그러나 하나님은 다윗에게 성전 짓는 것을 허락하지 않으시고 그의 아들 솔로몬에게 성전 짓는 일을 맡기겠다고 하셨다. 성전을 세우는 일이 다윗의 숙원사업인지라, 그는 성전 건축에 필요한 건축 자재 등 성전 건축에 필요한 모든 것을 완벽히 준비하고, 온 백성에게 솔로몬이 성전을 건축할 것이라고 알렸다.

다윗은 백성들에게 이 사실을 공포하는 자리에서 성전 건축을 위해 노력하고 성전 재료를 준비하는 동안 그의 마음에 품은 생각을 하나님과 백성 앞에서 고백한다. 11-13절은 그의 마음이 하나님께 집중될 수밖에 없는 까닭을 묘사한다. 그 이유는 다른 곳에 있지 않다. "광대하심과 권능과 영광과 이김과 위엄이 다 주께 속하였"기 때문이며, "천지에 있는 것이 다 주의 것"이기 때문이다. 다윗의 고백은 계속된다. "여호와여 주권도 주께 속하였사오니 주는 높으사 만유의 머리심이니이다"(11절). 다윗은 권능과 영광, 승리, 위엄, 주권이 하나님께 있으며, 이런 것들은 다 하나님께 속한 것이라고 고백한다.

그는 계속해서 "부와 귀가 주께로 말미암고 또 주는 만유의 주재가 되사 손에 권세와 능력이 있"음도 고백한다(12절). 사람들이 땅에서 누리고 있는 경제적인 풍요로움(부)과 사회적인 지위의 높음(귀)은 하나님에게서 나왔으며, 하나님이 사람들에게 주셔서 누리게 되었다고 고백한다. 이런 이유로 다윗은 "주께 감사하오며 주의 영화로운 이름을 찬양한다"(13절). 하나님을 찬양하는 또 다른 이유는 이것이다. 이 땅에서 일어나는 일들의 근원이 하나님이시기 때문이다. 사람들이 할 수 있는 것은 아무것도 없다. 모든 능력은 하나님께만 있다.

다윗은 계속되는 본문(14-15절)에서 성전 건축을 위해 헌물을 내놓은 백성들을 주 앞에서 이렇게 평가한다. "나와 나의 백성이 무엇이관대 이처럼 즐거운 마음으로 드릴 힘이 있었나이까? 모든 것이 주께로 말미암았사오니 우리가 주의 손에서 받은 것으로 주께 드렸을 뿐이니이다"(14절). 우리가 받은 것은 전부 주님의 것이라는 고백이다. 다윗은 성전 건축이라는 거대한 사업을 계획하였고, 건축에 필요한 나무(백향목)를 이웃 나라 레바논에 준비해 놓았으며, 오빌에서 금도 가져왔다(3-9절). 무수히 많은 사람들도 성전 짓는 데 필요한 재료들을 가져왔다. 다윗은 사람들이 그렇게 드릴 힘을 갖게 된 것이 주님에게서 온 것이며, 사람들이 주님에게서 받은 것을 도로 주님께 가져온 것에 불과하다고 고백했다. 다윗은 하나님 앞에서 사람의 행위를 인정해 주기를 바라는 마음이 없었으며, 사람들의 행위를 드러낼 만한 요소가 없음을 인정했다.

그러면서 다윗은 사람이 하나님 앞에서 어떤 존재인지를 분명히 알렸다. "우리는 우리 조상들과 같이 주님 앞에서 이방 나그네와 거류민들이라. 세상에 있는 날이 그림자 같아서 희망이 없나이다"(15절). 사람은 정처 없이 다니는 구름에 불과하다. 어느 한 곳에 정착하는 사람이 아니라 떠돌아다니는 나그네는 씨족 사회나 마을 단위로 결속력이 강하게 있던 고대 도시에서는 어떠한 사회적인 보장도 받지 못하는 외인이고, 낯선 사람이다. 세상에 있는 동안 사람 사는 것은 잠시 있다가 없어지는 그림자와 같기에, 그런 사람이 다른 사람에게 희망이 되리라는 것은 기대할 수 없다. 사람은 그런 존재다(참조. 벧전 2:11). 그런 사람에게 영광과 권세와 능력이 있겠는가. 그래서 백성들이 성전 재료를 다 가져왔고 주님께 즐거이 드린다고 하더라도 그들은 드린 이 물건으로 인해 하나님께 어떤 주장을 할 수 없다는 것을 인정한다. 백성들은 그들의 소유를 기꺼이 드렸으며(17절), 주님의 것을 당연히 주님께 돌려 드린다고 생각했다(16절).

철저히 하나님만 높이고 의지하는 다윗의 기도는 주기도문의 송영으로 적합하다. 우리도 이런 고백을 해야 한다. 다윗과 우리가 동일한 하나님을 예배하기 때문이다. 이러한 사실은 우리가 주님께 드리는 헌상(獻上)이 어떠해야 하는지도 알려준다. "헌상"은 이 땅에 있는 모든 것, 심지어 우리의 힘과 우리의 손으로 벌어 우리가 가지고 있는 모든 것이 다 주님의 것이라고 고백하며, 그것을 아까워하지 않고 주님께 올려 드리는 행위다.[2] 주님의 것을 주님께 드리는 까닭에 생색을 내지도 않고, 권리 주장도 하지 않는다. 이런 사람이 기도를 받으시는 하나님께 자기의 주장을 관철시키려고 애를 쓰겠는가?

예수님이 가르쳐주신 기도를 하면서, 우리는 다윗의 기도가 주기도문을 기도하는 이유와 정확히 일치한다는 사실에 동의하게 된다. 이

---

[2] 헌금을 하면서 헌상을 실천하는 원리를 구속사와 신약시대의 관점에서 설명한 필자의 『헌상에 대한 성경신학적 이해』 (서울: 생명나무, 2014), 172–81을 보라.

를테면, 주기도문의 결론은 역대상 29장의 요약이다. 우리는 기도하면서 우리의 관심사가 아니라 하나님이 어떤 분이신지를 고백하고, 우리의 뜻을 관철시키는 것이 아니라 하나님의 뜻이 이루어지도록 기도하여, 하나님의 이름이 거룩함을 받게 되고 하나님의 나라가 이 땅에 세워지기를 소망한다. 그런 일은 "나라와 권세"를 영원히 소유하여 그 일을 이루시는 하나님으로 말미암아 이루어질 것이다. "나라와 권세"는 하나님께 속하였고 우리의 것이 아니기 때문에, 우리는 주기도문을 기도하면서 하나님께서 친히 기도의 내용을 이루시기를 소망하고 확신한다.

영광은 아버지의 것

마지막으로 주기도문의 송영에서 "(왜냐하면) 영광이 아버지께 영원히 있사옵나이다"라는 어구를 생각해보자. "영광"은 지극히 높으신 분의 위엄을 인정하여 그분을 높이고 기리는 것이다. 영광은 하나님의 거룩하심이 나타나고 사람들이 하나님의 권위에 복종할 때 나타난다. "영광"이 하나님께 있다는 것은 하나님의 거룩하심과 위엄을 사람들이 볼 수 있게 나타내는 것을 의미한다.

과거에 하나님은 애굽 군대를 심판하고 이스라엘 백성을 구원하심으로써 영광을 얻으셨다(출 14:4, 18; 15:6). 하나님은 백성들에게 먹을 것(만나와 메추라기)을 주심으로써 백성들에게 영광을 보이셨다(16:7). 하나님이 시내 산에서 모세를 불러 이스라엘과 언약을 맺으실 때, 그의 영광이 시내 산에 머물러 있었다(24:16-17). 성막과 성전은 여호와의 영광을 눈으로 볼 수 있게 하는 중요한 장소였다. 성막은 염소 털로 짠 직물로 여러 겹 겹쳐서 만든 천막에 불과하여 현대인들이 보기에 외형적으로는 누추하게 보일지 모르겠지만, 그 성막은 하늘에 계신 하나님이 현존하셨기에 영광스러웠다. "구름이 회막에 덮이고 여호와의 영광이 성막에 충만하매 모세가 회막에 들어갈 수 없었으니, 이는 구름이 회막 위에 덮이고 여호와의 영광이 성막에 충만함이었"더라(출 40:34, 35). 하나님은 그의 백성을 구원하시면서, 일상생활과 예배하는 곳에서 영광을 나타내셨다.

하늘 하나님의 영광은 지상에 있는 어떤 것도 무색하게 만들 만한 영광이다. 이런 영광은 하나님만이 소유한 영광이며, 하나님만이 보일 수 있는 영광이다. 그래서 "영광이 아버지께 영원히 있사옵나이다"라는 고백은 주기도문에서 기도한 거룩하신 하나님, 통치하시는 하나님, 뜻을 이루시는 하나님, 자녀들에게 삶에 필요한 양식을 주시는 하나님, 그리고 죄를 용서하시고, 자녀들을 악한 자에게서 구원할 능력이 있으신 하나님께만 그러한 영광이 있기를 바라고 시인하는 일종의 신앙고백이다. 이런 면에서 주기도문의 송영은 주기도문의 내용과 완전히 조화를 이루며, 주기도문을 마무리하는 어구로 적절하다.

정말 하나님의 영광을 위하여 기도하고 찬송하는가?

한국교회 신자라면 누구나 자부심을 갖고 자랑하고 있듯이, 한국교회는 기도도 많이 하고 찬송도 많이 부른다. 많은 사람들이 새로운 찬송을 만들고, 교인들이 그것을 다 익혀 부르기도 전에 또 다른 새로운 찬송들이 만들어져 소개되는 실정이다. 하나님의 위대하심과 우리에게 행하신 구원을 생각하면, 세상의 어떤 단어를 사용하더라도 하나님의 위대하심과 영광을 다 표현하기가 힘들다. 우리는 최선을 다하여 하나님의 영광을 찬송하고 그의 영광이 드러나도록 기도해야 한다. 그런데 이것 못지않게 중요한 것은 찬송을 하든지 기도를 하든지 이 모든 것이 오직 하나님께만 영광이 되도록 관심을 집중하는 일이다.

영광과 관련하여 구약의 신자들은 이렇게 고백했다. "여호와여 영광을 우리에게 돌리지 마옵소서. 우리에게 돌리지 마옵소서. 오직 주는 인자하시고 진실하시므로 주의 이름에만 영광을 돌리소서"(시편 115:1). 하나님이 높고 거룩하시다는 사실과 그분이 우리를 구원하고 우리의 죄를 용서하신다는 사실로 인해 영광은 오직 하나님만 받으셔야 하고, 우리가 그 영광을 조금이라도 차지하려 해서는 안 된다. 요한은 마지막 때에 하늘의 천사와 이십사 장로들과 교회가 모든 영광을 하나님께 돌리는 것을 보았다. "우리 주 하나님이여, 영광과 존귀와 권능을 받으시는 것이 합당하오니 주께서 만물을 지으신지라. 만물이 주의 뜻대로 있었고 또 지으심을 받았나이다"(계 4:11; 참조. 5:12, 13).

사람들이 기도를 하거나 찬송을 하면서 하나님께 영광을 돌리는 대신에 자기가 영광을 받으려고 하는 것은 그들 속에 허영과 교만이 있기 때문이다. 우리의 용모, 몸매, 옷, 기술, 지위, 영향력, 가문, 머리좋음, 업적, 심지어 감동적인 설교를 통하여 다른 사람들에게 칭찬받을 것을 기대하고, 그렇지 못할 경우 분개한다면, 이것은 영광이 하나님께 속했다는 것을 인정하지 않는 행동이다. 많은 신자들이 사람에게 보이고 사람에게 "상"을 받으려고 기도하고, 사람들에게 영광을 받으려는 허영에 휩싸여 있다. 그런 사람은 주기도문을 기도하지 않고 자기의 이익을 하나님께 얻어내려고 기도하는 사람이다.

주기도문은 우리가 가진 모든 것이 하나님의 선물이며, 모든 것이 하나님께서 기원한다는 것을 인정하고 하나님을 의존하면서 살겠다는 고백이 담긴 기도다. 우리는 하나님에게 주기도문에 있는 모든 내용을 이룰 수 있는 능력이 있고, 이 세상에서 발생하는 모든 일을 통솔하는 주권이 있다는 것을 인정하며 주기도문을 기도한다. 이 일을 이루시는 과정에서 또 이 일을 이루셨을 때 모든 영광은 하나님께서 받으셔야 한다. 모든 다스림(나라)과 능력(권세)과 영광은 하나님께만 영원히 있다!

소요리문답과 마태복음 관점에서 본 주기도문 이해

하늘에 계신 아버지께 기도하기

하늘에 계신 아버지께 기도하기

기도의 확신을 가르치는 비유들(눅 11:5-13)

마태복음의 주기도문(마 6:9-13)은 "왜냐하면, 나라와 권세와 영광이 아버지께 영원히 있사옵나이다"로 끝난다. 누가복음의 경우는 이와는 다르다. 마태복음의 주기도문보다는 짧지만 주기도문의 핵심을 잘 보여주는 누가복음의 주기도문(눅 11:1-4)은 공식적인 결론부분이 없이 주기도문 뒤에 비유 두 개와 짧은 격언 세 개가 이어질 뿐이다(눅 11:5-13). 필자의 생각에 이 비유와 격언들은 앞에 언급된 주기도문의 내용을 설명하는 비유들이라고 이해하는 것이 가장 좋을 듯하다. 여기서 가르치는 교훈의 핵심은 분명하다. "아버지"이신 하나님은 우리의 기도를 분명히 들으시고 즉각 응답해 주신다는 것이다.

주기도문의 정신은 아버지와 자녀 관계에 있는 사람이 아버지에 대해 기도해야 할 것과 자녀로서 아버지를 의존하며 필요한 것을 구하라는 데 있다. 신자들 중에는 주기도문으로 기도하는 것이 그들이 평상시 기도하던 것과 다르다는 것을 느끼면서, 의아해 하는 사람이 있을 것이다. 과연 주기도문의 내용을 기도할 때 기도의 효과가 나타날까? 이 간략하고 소박한 기도를 하는 데, 하나님의 나라가 임하고 하나님이 세상에서 거룩히 여김을 받으실까? 하나님이 과연 우리에게 일용할 양식을 주시고, 우리의 죄를 사하여 주실까? 하나님이 기도에 응답하신다는 확신을 정말 얻을 수 있을까? 우리가 우려하는 것과 달리, 예수님은 이 비유들로써 주기도문의 내용을 기도하는 사람에게 하나님은 반드시 그 기도를 들으시고 응답해 주신다고 확신을 주신다.

누가복음 11:5-11의 짧은 두 비유와 격언 세 개의 특성과 교훈의 핵심은 무엇일까? 그것이 주기도문과 어떤 방식으로 연결될까?

첫 번째 단락은 5-8절에 있는 밤중에 찾아온 친구 비유다. 여기서 예수님은 친구 관계에 있는 사람들끼리는 어떤 상황에서든지 구하는 것을 쉽게 얻는다는 것을 교훈한다. 두 번째 단락은 격언의 말씀(9-10절)이며 우리의 삶에서 어떤 조건을 부여하면 반드시 거기에 해당하는 결과가 나온다는 예를 통해 기도 응답의 확신을 준다. 세 번째 단락은 아버지와 아들 비유다(11-13절). 아무리 악한 아버지라고 하더라도 아들에게 악한 것을 주는 법이 없다는 아버지와 자녀 관계를 통해, 하늘에 계신 아버지는 자녀들에게 더욱 좋은 것을 확실히 주신다고 확신을 주신다.

두 비유에서 가르치려는 핵심은 하나님의 자비하심에 초점이 있다. 기도 응답은 즉각적이며 후하게 당연히 온다는 것이 교훈의 핵심이다. 세 격언은 우리의 생활에서 어떤 조건이 주어지면 반드시 그에 따르는 결과가 주어진다는 것에 비춰, 하나님께서도 기도의 응답은 반드시 온다는 사실을 강조한다. 이 내용을 하나씩 살펴보자.

1) 밤에 찾아온 친구 비유(눅 11:5-8)

"밤에 찾아온 친구 비유"라고 불리는 이 비유는 비유에 서술된 내용처럼 반응할 사람이 과연 몇 사람이나 있는지 묻는 말로 시작한다(5, 7절). 어떤 내용인지 한번 보자.

> 또 이르시되, 너희 중에 누가 벗이 있는데 밤중에 그에게 가서
> 말하기를, "벗이여 떡 세 덩이를 내게 꾸어 달라. 내 벗이 여행 중에
> 내게 왔으나 내가 먹일 것이 없노라" 하면, 그가 안에서 대답하여
> 이르되, "나를 괴롭게 하지 말라. 문이 이미 닫혔고 아이들이 나와
> 함께 침실에 누웠으니 일어나 네게 줄 수가 없노라" 하겠느냐?
> 내가 너희에게 말하노니, 비록 벗 됨으로 인하여서는 일어나서
> 주지 아니할지라도 그 간청함을 인하여 일어나 그 요구대로
> 주리라(눅 11:5-8).

예수님의 비유적 교훈은 "너희 중에 누가 벗이 있는데……"라는 말로 시작한다. 이것은 예수님의 교훈이 일방적이거나 사람들 사이에서 유례를 찾을 수 없는 특수한 경우를 이야기하시는 것이 아니라 예수님이 하실 교훈에 청중을 끌어들여 공감대를 얻는 교수법이다. 다시 말해서, 예수님이 하실 이야기는 우리 주변에서 얼마든지 일어날 수 있고, 누구나 공감하는 일이라는 것을 알려준다. 예수님은 비유를 듣는 사람들에게, 친구 간에 이 비유에 언급된 내용처럼 할 사람이 있느냐고 물으신다. 그들은 자기들 중에 어느 누구도 "이렇게 행동하는 사람

은 없습니다"라고 대답할 것이다.

비유에서 그리는 상황은 무엇일까? 이 비유는 우리가 기도할 때 마주하는 세 가지 요소를 이야기 식으로 보여준다.

> **기도하는 내용(문제)**은 밤늦게 친구 집을 찾아온 **여행객(갑)**과 그에게 대접할 빵 세 덩어리로 제시되었다.
>
> **기도하는 사람**은 밤에 찾아온 **여행객(갑)**을 대접하려고 동네에 있는 친구를 찾아가 빵 세 덩어리를 빌리려고 하는 **사람(을)**으로 등장한다.
>
> **기도의 대상(하나님)**은 잠자리에 들었는데, 느닷없이 찾아온 이웃 **친구(을)**의 요청을 받아 집안에서 반응하는 을의 **친구(병)**로 표현되었다.

이 이야기에 따르면, 세 사람 모두 서로가 서로에 대해 벗이다. 갑은 을과 벗이고, 다시 을은 이웃인 병과 친구 관계다. 예수님의 이야기는 을이 마주친 문제로부터 시작한다. 밤에 친구(갑)가 왔는데 대접할 저녁거리가 없다. 밤에 친구를 찾아오거나, 친구를 대접하는 것 때문에 밤중에 친구에게 가서 빵을 빌리는 일(문제)은 고대의 농촌 사회에서 얼마든지 발생할 수 있는 것이므로, 여행하다가 밤에 을을 찾아간 갑의 행동거지에 대해서는 왈가왈부할 수 없다. 다만 갑을 대접할 빵 세 덩어리를 을이 빌리러 병의 집에 갔을 때, 과연 병은 을의 요구(즉, 기도)에 응답할 것인가의 문제다.

병은 막 잠자리에 누웠다. 아이들도 자고 있다. 다시 일어나서 문앞까지 나가려면 번거롭다. 문도 잠겼다. 모든 상황이 좋지 않다. 그런데 예수님은 이것을 수사 의문문 형식으로 묻는다. 너희 중에서 이런 상황에 처했을 때, "괴롭게 하지 말라"며, 줄 수 없는 몇 가지 핑계거리를 대면서 "일어나 줄 수 없다"고 말할 사람이 있느냐고 물으시는 것이다.

이웃 간의 관계와 먼 곳에서 온 손님 대접을 중요시하던 당대의 사회에서는 이 경우 "일어나 줄 수 없다!"고 말하는 사람은 한 사람도 없다. 이런 명확한 사실을 염두에 두면서 예수님은 "너희 중에 누가⋯⋯ 없노라 하겠느냐?"라고 물으신 것이다. 병은 어떠한 상황에서도 친구의 요구를 들어주려고 일어나서 친구가 필요로 하는 것을 반드시 준다. 그것도 기꺼이. 왜 그럴까? 그들이 속한 사회에서는 그렇게 하는 것이 당연한 일이기 때문이다. 더군다나 을과 병은 친구다.

그런데 예수님은 8절에서 이런 난처한 상황에서도 을이 병에게 떡 세 덩어리를 빌려달라고 할 때 친구 관계로 줄 수 있는 것 이상으로 일어나서 줄 가능성이 있는 상황을 또 소개하신다. "내가 너희에게 말하노니 비록 벗됨으로 인하여서는 일어나서 주지 아니할지라도, 그 '간청함'을 인하여 일어나 그 요구대로 주리라." 예수님의 교훈에서 "비록⋯⋯으로 인하여는⋯⋯ 아니할지라도, ⋯⋯을 인하여는⋯⋯ 하리라"라고 말할 때는 뒷부분에 언급된 것이 앞에 언급된 것보다 더 무게감이 있고, 가능성이 훨씬 높은 경우 또는 관계를 가리킨다(참조. 요 10:38). 그 경우나 관계는 어떤 것일까? 한글개역개정역에서는 "그 간청함을 인하여 일어나 그 요구대로 주리라"를 을과 병의 친구 관계보다 더욱 강력한 근거로 제시한다.

을의 "간청함"인가? 병이 "부끄러움을 당하지 않으려고"인가?

상당히 많은 학자들과 상당히 오랫동안 설교자들은 "간청함"을 을이 병에게 하는 태도로 이해하면서, 을이 병에게 찾아가 떡 세 덩어리를 빌리는 데 성공한 것은 그가 "간청했기" 때문이라고 설명해왔다. 그래서 이 비유에서는 을의 행동에 무게 중심이 있고, 우리도 을처럼 하나님께 간청하는 기도를 해야 한다고 생각하게 되었다. 설교자들은 아무런 고민도 하지 않고 이런 식으로 설명하여 신자들에게 기도할 때 하나님께 간청하는 기도를 하라고 부추겼다. 신자들도 생떼를 부려가며 기도하는 것이 예수님이 권하신 방법이라고 생각하면서 아무런 고민도 하지 않고 하나님께 간청했다.

그런데 예수님이 이야기를 제시하신 문맥이나 상황에서 을이 간청한다는 것이 좀 이상하다고 생각되지 않는가? 친구 간에 떡 세 덩어리를 빌리자고 간청하다니. 물론 을이 병을 찾아간 시간대가 좋지 못한 것은 사실이다. 설령 그렇다고 하더라도, 친구 간에 간청하여 떡을 빌리는 것이 친구 관계보다 더 강력한 두 사람의 관계를 규정할까?

"간청함"이라고 번역된 단어는 헬라어로 "아나이데이아(ἀναιδεῖα)"이며, 신약성경에서 단 한 번 사용되었다. 그런 까닭에 이 단어의 의미를 확인할 선례나 다른 문맥이 없다. 단지 누가복음 11장 문맥을 잘 살펴야 하고, 이 단어가 형성된 어원학적 연구가 약간의 도움을 줄 수 있다. 이 단어는 창피, 부끄러움과 관련이 있는 단어("아이데이아(ἀιδεῖα)")에서 파생되었다. 거기에 부정(否定)을 나타내는 철자인 알파(ἀ)가 붙어 본문의 단어(ἀναιδεῖα)가 만들어졌다. 그러니 자연히 아나이데이아는 아이데이아와 관련하여 "부끄러움을 당하지 않으려고"라는 뜻이 되어야 하는데, 이 단어와 전혀 다른 의미인 "간청함"이라는 의미가 탄생하였으니, 누가 보더라도 이 단어의 어근과 어울리지 않는다. 이유가 무엇일까?

아나이데이아가 지금 우리말 번역 성경에 번역된 "간청함"이라는 의미로 알려지게 된 데에는 까닭이 있다. 히에라스무스(제롬)는 라틴어 번역 성경(Vulgata, 395년)을 만들면서 헬라어 "아나이데이아"를 라틴어로 impudens(창피한줄 모름, 염치없음)라고 번역하였다. 그런데 12세기에 유티미우스(Euthymius)라는 사람이 이 본문의 중심 내용을 설명하면서 이 염치없는 행동을 을이 행한 염치없는 부탁이라고 이해했다. 그래서 그는 그것을 을이 행한 "끈덕진 간구"라고 설명했다. 원래의 단어의 의미를 약간 왜곡하여 원래 당사자인 병이 아니라 을에게 적용한 것이 문제의 발단이 되었다. 그 후 교회는 오랫동안 이 단어를 을이 행한 "간청함"이라고 이해하게 되었다. 그것이 기도의 열심을 설명하기에 적합하다고 생각한 까닭이다.

누구라도 문맥을 조금만 진지하게 훑어 봐도, 이렇게 이해할 경우 문제가 발생한다는 것을 금세 알 수 있다. 앞에서도 언급했듯이, 을과 병의 관계에서 을이 병에게 간청하거나 끈질기게 졸라 떡 세 덩어리를 겨우(?) 얻어냈다는 것은 당대 문화에서도 낯설고, 좀 더 정확히 을과 병의 친구 관계, 그리고 나아가서 예수님이 여기서 말씀하려는 것과도 어울리지 않는다. 아나이데이아를 "간청함"이라고 이해하면, 예수님이 예로 든 이야기는 어색한 이야기가 되고 만다. "너희 중에 누가 벗이 있는데…… 없노라 하면,…… 네게 줄 수가 없노라 하겠느냐?"라고 물으신 것은 우선 여기까지만 하더라도 청중들은 한결같이 "우리 중에는 그런 식으로 말할 사람이 하나도 없습니다"라고 대답할 것이다. 그러고 나서 예수님은 더더욱 이렇게 행동하지 않은 경우를 제시했으니, 을이 간청해서 얻었다는 것은 앞뒤가 맞지 않는다. 상황을 정확히 파악하기 위해 우선 예수님이 이후에 하신 이야기의 흐름을 찬찬히 살펴보자.

이 이야기에서 "아나이데이아"의 의미를 밝히는 데 있어, 중요한 것은 "아나이데이아" 행동이 을과 병 중에 누구의 행동을 묘사하는지를 밝히는 것이다. 그 동안 교회는 이 행동이 을의 행동과 관련이 있다고 이해해왔다. 두 가지 이유에서다.

첫째는 간청함이 기도의 자세를 설명해주는 데 더 편리해보였기 때문이다. 하나님께 열심히 기도하고 매달리고, 간청하면 하나님이 들어주지 않을 리 없다고 스스로들 생각했다. 기도의 이런 자세를 설명하려고 자주 인용되는 본문이 누가복음 18:1-8에 언급된 과부와 불의한 재판장 비유다. 이 비유의 결론은 "하물며 하나님께서 그 밤낮 부르짖는 택하신 자들의 원한을 풀어 주지 아니하시겠느냐? 그들에게 오래 참으시겠느냐?"에 있다(7절). 그런데 과부와 불의한 재판장 비유는 "항상 기도하고 낙심하지 말아야 할 것"을 가르치는 목적으로 예수님이 드신 일종의 예화다(1절). 그러나 이와 다르게, 주기도문은 항상 기도하는 문제가 아니라, 잘못된 기도를 교정하는 데 초점이 맞춰져 있거나(마태복음), 기도의 모범을 제시하는 문제(누가복음)에 초점이 맞춰져 있다(눅 11:1). 앞에서 설명했듯이, 하나님을 "아버지"라고 고백하고 기도하라고 가르치는 기도 모범에서 간청함은 어울리지 않는다.

둘째는 "아나이데이아"의 의미인 "염치없음"이 "부끄러움을 당하지 않음"과 관련이 있고, 그것이 고대 중동의 농촌사회에서 어떤 의미를 지니는지, 당대의 문화에 대한 이해가 부족했기 때문이다. 고대 사회는 명예와 수치를 중요한 가치로 생각했던 사회였다. 특히, 농촌에서는 한 동네가 하나의 공동체였으며, 멀리서 온 나그네를 대접하는 것이 한 개인이나 한 집안의 문제가 아니라 공동체의 수치 문제와 연관되었다. 케네드 베일리(Kenneth E. Bailey)에 따르면, 갑의 문제로 자기를 찾아온 을에게 손님 대접을 위해 요구한 떡 세 덩어리를 주는 것은 병이 을과의 개인적인 문제만이 아니라, 병과 을이 속해 있는 공동체의 문제와 결부되었다. 을을 찾아온 갑은 을의 손님일뿐더러 을과 병이 속하여 있는 공동체의 손님이기도 했다.[1] 그러한 까닭에 병은 을과 친구 관계 이상으로 결속력이 있는 공동체를 생각했다. 그래서 병은 을이 친구인 것 때문만 아니라 자신과 을이 속한 공동체의 체면, 즉 수치를 생각하면서 (수치를 당하지 않으려고) 잠자리에서 일어나 을의 요구대로 필요한 것을 줄 것이다.

"비록 벗 됨으로 인하여서는 일어나서 주지 아니할지라도"라고 말했으니, 그 다음 이야기는 백 번 양보해서, 설령 그런 관계로는 주지 않는다고 해도, 다음에 소개한 내용("그 아나이데이아로 인하여는")으로는 반드시 줄 것이라는 의미다. 우리의 경험상, "~으로는 주지 않는다"고 한다면, 그 다음에 소개한 내용은 앞의 내용보다 더 무게가 있는 것을 가리킨다.

---

1) Kenneth E. Bailey, 『시인과 농부』, 오광만 옮김 (서울: 여수룬, 1998), 236, 258.

더군다나 병이 처음에 일어나 을에게 줄 때 작용한 것은 "벗 됨"이었다. 여기서 무게는 당연히 병이 을의 친구이기 때문에 을에게 준다는 데 있다. 그렇다면 이야기의 자연스런 흐름 속에서 다음에 소개할 "그 아나이데이아" 역시 병의 입장에서 가진 태도를 의미한다. 그것은 공동체와 관련하여 창피를 당하지 않으려는 병의 입장이다.

말하자면, 병이 을의 요구를 들어준 데에는 그가 을의 친구인 것은 물론이고, 병이 속한 공동체의 결속과 공동체에서 창피를 당하지 않으려는 문제가 작용했다. 그 큰 비중에 의거하여 병은 을에게 요구한 것을 준다.

그렇다면 "간청함"이라고 번역된 단어는 을의 행동이 아니라 병의 행동이고, 이 단어는 "부끄러움을 당하지 않으려고"라고 이해해야 바르다. 여기서 아나이데이아는 병이 기도하면서 진지함을 표현하는 "간청"과 아무런 관계가 없다. 친구 관계 이상을 가리키는 (공동체의) 체면이다. 당대 사람들이라면 누구나 수긍하듯이, 비유의 요점은 이것이다. 을은 친구를 찾아가기만 하면, 어느 때 무슨 상황에서라도 그의 문제(떡 세 덩어리를 빌리는 것)를 해결 받을 수 있다. 친구이기 때문이 아니라 공동체 속에서 병은 을에게 필요한 것을 줄 것이다.

필자가 장황하게 설명했지만, 이 비유를 통하여 예수님이 강조하시려는 것은 분명하다. 사람들이 평상시 기도하는 방식과 다르게 예수님이 가르쳐주신 주기도문의 내용으로 기도하더라도, 그리고 주기도문의 내용과 같은 엄청난 문제를 하나님께 구하더라도, 하나님은 기도를 들어주시고 그 기도대로 이루신다. 아버지와 자녀의 관계는 친구나 공동체의 관계보다 결속력이 강하기 때문이다. 이 비유는 하나님이 아버지가 되셔서 언제든지 그의 자녀의 기도를 들으신다는 기도의 확신을 가르친다.

너그러우신 하나님 아버지

누가복음 11:5-8 비유에서 을은 그의 친구(병)에게 가서 부탁했을 때 단 한 번 부탁해서 응답을 받았다! 여기에 을의 입장에서 꾸준히 요구하고 간청하는 일은 발생하지 않는다. 생떼를 쓰거나 집요하게 요구하는 행동(간청)은 친구 사이에 어울리지 않는다. 비록 짧은 비유이긴 하지만, 이 비유에서 여러 번 부탁하거나 간청했다는 흔적을 찾아보기 어렵다. 하나님께 기도하면서 자기가 구하는 것을 받아낼 때까지 고집 부려 가며 간청하면서 무엇을 달라고 요구하는 것은 친구 관계는 물론이고, 아버지와 자녀 관계에서 어울리지 않는다. 친구보다 더 자비롭고 너그러운 아버지께 무엇을 구하면서 때로는 감언이설로, 때로는 협박으로, 때로는 눈물 콧물을 흘리면서 마치 시위하듯이 기도한다면 어떠하겠는가? 아니 우리 사회에서 도대체 그런 식으로 아버지께 무엇을 달라고 부탁하는 자녀가 있기나 할까?

누가복음 11:5-8의 비유는 다른 비유와 마찬가지로 우리 주변에서 흔히 일어나며 누구나 공감할 수 있는 이야기를 통해 하나님이 어떤 분이신지를 보여준다. 즉, 친구 관계와 공동체의 결속이 강력한 사회에서 발생하는 예를 통해 하나님은 친구보다도 더 너그럽게 우리 기도를 들어주신다는 것을 가르친다. 그래서 아버지 하나님께 기도하는 사람은 주기도의 내용을 이룰 능력이 있을 뿐만 아니라, 기도하는 자녀의 소원을 너그럽게 들어주시는 하나님께 자주 나아갈 수 있으며, 그것도 담대하게 나아갈 수 있다. 기도하는 사람은 하나님이 기도를 들으시고 응답하신다는 확신을 가지고 기도할 수 있다. 하나님은 "후히 주시고 꾸짖지 아니 하시는" 하나님이시다(약 1:5).

우리 사회에서 자녀가 아버지에게 자기에게 필요한 것을 구할 때 아버지가 그러하듯이, 하나님은 그의 자녀가 주기도문의 내용처럼 단순 소박하게 기도하더라도 그 기도를 듣고 이루어주신다. 기도할 때 미사여구를 사용할 필요가 없다. 마찬가지로 기도하면서 자신의 간절함을 보이거나, 오래 간구할 필요가 없다. 아버지는 자녀에게 풍성하게 응답하신다. 아버지가 자녀에게 이처럼 풍성히 주시는 것은 하나님이 우리의 아버지가 되신다는 사실에 근거한다. 이것은 주기도문에서 하나님을 "아버지"라고 부르라고 한 것(눅 11:2)과 이 비유 다음에 이어지는 아버지와 아들 비유(11:11-13)에서 강조된다. 기도하고 응답하는데, 아버지와 자녀 관계 이상 더 무엇이 필요하겠는가?

2) 아버지와 아들 비유(눅 11:11-13)

두 번째로 소개할 비유는 누가복음 11:11-13의 아버지와 아들 이야기를 다룬 비유다. 이 비유는 "너희 중에 아버지 된 자로서 누가……주겠느냐?"로 시작한다. 질문 형식으로 시작하는 이 비유 역시 청중을 이야기 속으로 끌어들여 이 비유에 청중이 공감하는 내용이 담겨 있음을 강조한다. 이 질문은 아버지와 아들 관계에 있는 사람이라면 아들의 요구에 이처럼 행동하는 아버지가 없다는 것을 통해 아버지의 자비로움을 부각시킨다.

너희 중에 아버지 된 자로서 누가 아들이 생선을 달라 하는데 생선
대신에 뱀을 주며 알을 달라 하는데 전갈을 주겠느냐? 너희가
악할지라도 좋은 것을 자식에게 줄 줄 알거든 하물며 너희 하늘
아버지께서 구하는 자에게 성령을 주시지 않겠느냐?(눅 11:11-13).

이 비유 역시 너무도 분명한 메시지를 담고 있다. 양식이 부족한 사
회에서 아이들이 배고프다고 아버지께 생계에 필요한 최소한의 음식인
빵 한 조각이나 밥 한 그릇을 달라고 할 때, 세상 아버지라도 먹지 못
할 것을 아들에게 주지 않는다. 빵과 돌이 비슷하게 생겼고, 알과 둘둘
말은 전갈이 비슷하게 생겼다고 해도, 아버지가 자식에게 돌이나 전갈
을 주는 경우는 없다.

여기서 예수님은 다시 한 번 하나님이 간청해야 들어주는 인색한
분이 아니시라는 것을 설명하신다. 세상의 아버지는 다 이기적이고 본
성상 악한 성품을 가진 사람들이다. 그런데도 그런 사람이 자식을 낳
아 그 아이가 그에게 무엇을 달라고 할 때에는 그의 악한 성품이 발동
되지 않고 너그러움이 작용한다. 동서고금을 막론하고, 치사랑은 없
어도 내리사랑은 있다고 하지 않는가. 사람들 사이에서 아버지가 자식
사랑하는 것이 자연스럽다면, 선하고 은혜와 자비가 풍성하신 하나님
은 우리의 아버지로서 더욱 넉넉한 사랑으로 자녀에게 반응하지 않으
시겠는가!

예수님은 이 사실에서 점강법(원래는 "경중의 원리"라고 함)을 사용하여
하나님 아버지의 자비로우심을 부각시키신다. 악한 아버지라도 자식에
게 좋은 것을 주는 것이 당연하다면, "하물며" 그들보다 선하고 너그럽

고 관대하신 하늘 아버지는 그의 자녀들에게 얼마나 더 좋은 것을 주시겠는가. 구하는 자에게 심지어 성령님도 주신다. 성령님은 구약시대에 오랫동안 백성들이 갈망해왔던 종말론적인 선물이다(겔 36:25-27; 욜 2:28). 말세가 언제 올지 몰라 애태우며 수백 년 간 간구해왔던 성령님이 오시기를 구하는 이 엄청난 이 기도를 하늘 아버지는 들으시고 "성령님"을 주신다고 약속하신다. 얼마 있지 않아 오순절이 돌아오면, 그들은 마침내 성령을 받을 것이다(행 1:4; 2:1-4). 성령을 주신 아버지께서 다른 것도 얼마든지 주실 것이 분명하다.

사랑과 신뢰의 대명사인 아버지

밤에 찾아온 친구 비유(눅 11:5-8)나 아버지와 아들 비유(눅 11:11-13)를 통해 우리가 배워야 할 교훈은 이것이다. 주기도문 전체 내용의 기저가 되는 사상은 하나님이 우리의 하늘 아버지가 되신다는 사상이다. 우리는 기도할 때, 하나님이 기도를 들으시고 응답하시는 "아버지"라는 인식을 가지고 기도를 해야 한다. 세상의 아버지도 자식을 사랑하면서 좋은 것을 줄 줄 안다면, 하늘 아버지는 우리에게 더 좋은 것을 주신다. 그것도 즐겨 주시고 신속히 주신다. 땅에 있는 아버지와 비교할 수 없는 더 크고 많은 사랑과 자비를 베푸신다. 자녀들은 아버지의 사랑을 알기에 아버지를 가까이 하려하고, 원하는 것이 있으면 아버지께 아뢴다. 아버지와 자녀 사이에는 사랑과 신뢰의 관계가 형성되어 있다. 아버지가 자녀를 사랑하시고 자녀를 위해 희생적으로 행동하신다는 것을 아는 자녀만 아버지의 사랑에 의존한다. 그는 요구하는 것을 받게 될 것을 믿으면서 아버지께 나아가 구한다. 그는 아버지 앞에서 시위하듯이 소리를 지르거나 떼를 써가며 뒹굴면서 기도하지 않는다. 설령 자신의 마음이 답답하더라도 부드럽게 터놓고 이야기를 하지 악다구니를 쓴다든가 그가 얻고 싶은 것을 달라고 생떼를 부리지 않는다. 우리가 기도한 것이 때로는 응답이 늦게 올 때가 있다. 그렇더라도 자녀는 아버지를 신뢰한다. 아버지는 자녀가 드린 말을 기억해두고 계시다는 것을.

예수님은 당시 유대인들 사이에 하나님이 아버지라는 이해가 결여되었다는 것을 발견하셨다. 유대인들은 하나님께 기도했지만, 하나님을 "아버지"로 알지 못하고 기도했다. 예수님이 제자들에게 일깨우신 가장 중요한 것은 하나님을 아버지로 인식시키는 것이다. 주기도문의 첫 번째 원칙은 "하늘에 계신 아버지"라고 인식하고 그러한 관계에서 하나님께 나아가 소원을 아뢰라는 것이다. 자녀와 아버지의 관계는 사랑과 신뢰라는 인격적인 관계가 성립된 터 위에서 교제가 이루어진다.

예수님의 비유에 "친구"와 "아버지와 아들"이 등장한 것은 하나님이 기도하는 사람을 환대하시고 후하게 대우하시고 호의를 베푸신다는 사실을 강조하려는 데 목적이 있다. 하나님은 끈덕진 간청을 귀하게 보시는 분이 아니시다. 아버지를 신뢰하는 자녀의 인격적인 관계를 중요히 여기신다. 주기도문은 "아버지여"(눅 11:2) 또는 "하늘에 계신 우리 아버지"(마 6:9)로 시작하여 주기도문의 전체 흐름을 아버지에 대한 자녀의 소원을 묘사한다. 그리고 예수님은 주기도문을 마친 뒤에 하나님이 기도에 응답하신다는 확신을 친구 비유와 아버지와 아들 비유로써 확증하신다. 하나님을 우리의 자비로운 "아버지"라고 인식만 새롭게 하더라도 우리의 기도생활은 달라질 것이다.

3) 구하는 것은 확실하게 받는다(눅 11:9-10)

예수님의 교훈의 세 번째(실제로는 누가복음의 순서상 두 번째) 내용은 짧은 교훈 세 개로 구성되었다. 누가복음 11:9-10의 금언과 같은 말씀이 바로 그것이다. 세 쌍으로 이루어진 금언은 밤에 찾아온 친구 비유(눅 11:5-8)와 아버지와 아들 비유(11:11-13)의 내용과 관련이 있다. 인간 편에서 볼 때 이 금언은 우리가 하나님께 기도하면 확실하게 응답을 받을 수 있다는 것을 알리기 위해 일상에서 경험하는 내용을 모은 것이다.

구하라 그러면 너희에게 주실 것이요
찾으라 그러면 찾아낼 것이요
문을 두드리라 그러면 너희에게 열릴 것이니.

구하는 이마다 받을 것이요
찾는 이는 찾아낼 것이요
두드리는 이에게는 열릴 것이니라(눅 11:9-10).

이 말씀은 언뜻 보아 이해할 수 있는 것과 다르게, "~하라"는 데 강조점이 있는 것이 아니라, "그러면…… 할 것이요"에 강조가 있다. 두 번째 연에 있는 "~는 이마다 ~할 것이요"가 이 강조점을 더욱 부각시킨다. 설령 백보 양보하여 이 교훈에서 "~하라"를 강조한다고 하더라도 예수님은 다음과 같은 이유에서 "~하라"고 권하신다고 이해할 수 있다. 하나님께 기도할 용기가 없는 사람이나 그 동안 자신이 기도하던 습관이 주기도문에서 교훈하던 것과 달라서 실망하는 사람, 특히 주기도문으로 기도할 경우 하나님으로부터 기도의 응답이 올지 몰라 불확실함 속에 있는 사람에게 용기를 주시면서 이 말씀을 하셨다고 말이다. 구하듯이, 찾듯이, 문을 두드리듯이 하나님께 기도하라고. 여기에 든 예는 간절함에 초점이 있는 것이 아니라 기도를 권하는 데 초점이 있다.

여기서 "~는 이마다 ~할 것이요"는 구할 때 받게 되는 확실성을 강조한다. 격언을 인용한 것이기에, 일반화시켜 표현한 "~는 이마다"는 틀림없이 하나님의 자녀를 가리킬 것이다. 누구든지 자녀로서 하나님께 정당한 것을 구하기만 하면, 자기가 구한 것을 얼마든지 하나님께서 받을 수 있다. 일상생활에서 구하는 이는 받고, 찾는 이는 찾아내고, 두드리는 이에게 열리기 때문이다. 아버지와 정당한 관계를 가지고 살아가는 자녀라면 아버지께 구하는 것은 얼마든지 받는다는 확신을 가질 수 있다. "그러므로 그들을 본받지 말라. 구하기 전에 너희에게 있어야 할 것을 하나님 너희 아버지께서 아시느니라"(마 6:8. 참조. 6:32). 하나님은 우리가 구하기 전에 필요한 것이 무엇인지 아신다.

누가복음 11:5-11에 소개된 두 비유와 세 격언의 중심 되는 주제에 비춰 볼 때, 주기도문이 우리에게 교훈하는 내용은 분명하다. 우리가 하나님께 기도하면 하나님은 언제든지 응답하신다. 그러므로 하나님께 나아가라. 우리에게 필요한 것이 있으면 구하고, 잃은 것이 있으면 찾고, 안으로 들어가려면 문을 두드리라고 말이다. 그러면, 반드시 그에 대한 반응이 주어질 것이다.

우리 주님이 가르치신 기도를 통해 우리는 하나님을 전적으로 신뢰하고 그에게 자주 나아가게 된다. 우리는 기도의 대상이 누구인지 알면 우리가 구하는 것을 분명히 받을 수 있다는 확신을 얻을 수 있다. 이런 점에서 하나님의 자녀는 누구든지 확신을 가지고 하나님께 나아가는 용기를 얻는다. 목사와 신부에게만 하나님께 나아가 기도할 자격이 있거나 기도 응답의 효력이 있는 것이 아니다. 누구에게나 그런 자격과 효력이 있다. 하나님의 자녀라는 사실 자체에 이런 자격이 있는 것이다.

한국의 신자들은 산에서 기도를 많이 한 사람에게 기도의 능력이 있다고 생각하지만, 예수님은 이러한 외적인 것에서 기도의 힘이 오는 것이 아니라 하나님과의 바른 관계에서 기도의 힘과 확신이 온다고 가르치신다. 기도하는 사람이 하나님의 자녀인 것이 분명하다면 그의 신앙의 연륜과 상관없이 하나님께 나아가 기도할 수 있고, 또 기도한 것을 받게 된다는 확신을 얻을 수 있다.

우리는 주기도문에서 기도에 대해 몇 가지 중요한 진리를 배울 수 있다.

첫째, 기도에 열심을 낸다거나 전심으로 기도한다는 미명 하에 하나님이 아버지가 되시고 사랑이 많은 분이시라는 사실을 잊은 채 기도해서는 안 된다. 하나님을 "아버지"라고 부르면서도 하나님과 관계가 소원한 사람처럼 하나님께 기도하지 않도록 주의해야 한다.

둘째, 기도를 하나님과 인격적인 관계없이 내가 원하는 것을 얻어내는 수단으로 생각하지 말아야 한다. 하나님의 거룩하심을 인식하고 하나님의 이름이 거룩하게 되고 하나님의 나라가 임하여 그의 뜻이 이루어지는 것을 먼저 구해야 한다.

셋째, 두 번째 진리는 우리와 직접적으로 관련이 있는 것을 구할 때도 그대로 적용된다. 우리의 존재와 관련된 것을 구하면서 우리의 삶이 하나님을 의존하여 있다는 것을 고백해야 한다.

그러므로 우리 모두 하나님께 자주, 확신과 자신감을 가지고 나아가자. 하나님은 모든 신자들의 자비로운 아버지이시다. 우리에게 기도할 마음을 주고 기도의 확신을 주며, 기도할 때 하나님을 바라보게 하는 주기도문은 진정한 기도의 지침이다.